旅游经济学

主　编　梁　峰　雷　蕾
副主编　王　浩　于英鹏
　　　　牛文蕾　钱丽芸

南京大学出版社

图书在版编目(CIP)数据

旅游经济学 / 梁峰，雷蕾主编. — 南京：南京大学出版社，2024.9
ISBN 978-7-305-27781-8

Ⅰ.①旅… Ⅱ.①梁… ②雷… Ⅲ.①旅游经济学—高等职业教育—教材 Ⅳ.①F590

中国国家版本馆 CIP 数据核字(2024)第 076013 号

出版发行	南京大学出版社
社　　址	南京市汉口路 22 号　　邮　编　210093
书　　名	旅游经济学 LÜYOU JINGJIXUE
主　　编	梁　峰　雷　蕾
责任编辑	裴维维　　　编辑热线　025-83592123
照　　排	南京南琳图文制作有限公司
印　　刷	盐城市华光印刷厂
开　　本	787 mm×1092 mm　1/16　印张 14　字数 340 千
版　　次	2024 年 9 月第 1 版　2024 年 9 月第 1 次印刷
ISBN	978-7-305-27781-8
定　　价	47.00 元

网址：http://www.njupco.com
官方微博：http://weibo.com/njupco
官方微信号：njupress
销售咨询热线：(025) 83594756

✓ 题库
✓ 延伸阅读

* 版权所有，侵权必究
* 凡购买南大版图书，如有印装质量问题，请与所购图书销售部门联系调换

前　言

《旅游经济学》是旅游活动发展到一定阶段后兴起的一门交叉性很强的课程,它以经济学、管理学、社会学等学科的理论观点研究旅游活动发展过程中的经济现象、经济关系和经济规律,不仅在高等职业教育本科层次旅游类专业课程体系中具有基础和核心的地位,而且对于高职专科层次学生准备财经类和管理类专转本考试也具有重要指导作用。

本教材是作者在多年的"旅游经济学"课程教学基础上编写而成的。教材内容匹配经典的经济学基础框架,同时立足适应21世纪对旅游管理人才培养的需要。编写过程中贯彻立德树人理念,落实思政导向育人,突出对学生的市场经济观念、竞争意识、创新意识、实践意识的培养;旨在提高运用旅游经济学的基本原理、基本方法去发现问题、提出问题、分析问题和解决问题的能力。建议读者分别从了解、熟悉、掌握三个能力层次对本书内容予以把握。

——了解,要求对相关知识能够准确再认、再现,即知道"是什么";

——熟悉,在了解基础上,能够深刻领会相关知识并借此解释、论证观点,分析现象,辨明正误,即明白"为什么";

——掌握,要求能够灵活运用相关知识和方法,综合分析、解决理论和实际问题,即清楚"怎么办"。

教材编写过程中,编者广泛吸收了近年来国内外旅游业发展的最新成果,竭力使本书能够反映旅游业发展实际,同时适应高等学校旅游专业教学实践与改革的发展需求。本书着重突出以下几个特点:

1. 紧密围绕"培养什么人、怎样培养人、为谁培养人"这一教育根本问题。牢记立德树人根本任务,在每一个项目前增加思政导入案例和任务导读案例,让学生在学习知识时,树立正确的世界观、人生观、价值观,将价值塑造、知识传授和能力培养融为一体,真正落实课程思政。

2. 考虑教学组织需要进行内容编排。以项目化、模块化思路设计课程内容,全书共10个项目,每个项目设置项目目标、思政导入、知识讲解、项目小结和实验实训等五个环节,教师可以有选择地进行课堂教学和课外指导学生进行知识记忆和技能操作训练。让学生既能学习经济学知识，也能了解国情，同时通过收集汇报等工作提高旅游经济分析能力。

3. 教材内容对接专转本考试，与财经、管理类专转本考试的经济学基础科目内容体系保持高度一致，让同学们提前认知经济学基本框架和主要知识体系，为其进一步复习迎考提供帮助。

本书由无锡职业技术学院梁峰、雷蕾任主编；江苏城乡建设职业学院王浩，以及无锡职业技术学院于英鹏、牛文蕾、钱丽芸任副主编。其中，梁峰负责全书框架设计及统稿；王浩、于英鹏、钱丽芸负责全书电子资源的制作；牛文蕾、雷蕾负责全书实验实训指导和题库的编写工作。在教材编写过程中，参考和引用了许多国内外作者的研究成果及互联网相关资料，在此一并表示诚挚的感谢！

本书可作为高等职业教育专科层次、本科层次旅游类专业学生的教材，也可作为财经类、管理类专转本考试和旅游企事业单位相关从业人员业务素质提升的拓展培训用书。由于编者学识有限，书中难免会存在错漏之处，恳请各位专家、同行和广大读者批评指正，以臻完善！

编者

2024 年 7 月于无锡大学城

目 录

前 言 ·· 1
项目一　旅游经济学概述 ·· 1
　【项目目标】 ·· 1
　【思政导入】社会主义和市场经济之间不存在根本矛盾 ······································· 2
　【知识讲解】 ·· 4
　　任务 1-1　旅游中的经济学思维与研究方法 ··· 4
　　　一、旅游中的经济学思维 ·· 4
　　　二、旅游经济学研究方法 ·· 6
　　任务 1-2　旅游经济学的研究对象与内容 ··· 9
　　　一、旅游经济学的性质与特点 ·· 9
　　　二、旅游经济学的研究对象 ·· 10
　　　三、旅游经济学的理论体系及研究内容 ·· 11
　【项目小结】 ·· 13
　【实验实训】 ·· 14

项目二　旅游需求与消费 ·· 15
　【项目目标】 ·· 15
　【思政导入】从第七次人口普查数据看人口变动的总体情况 ······························ 16
　【知识讲解】 ·· 18
　　任务 2-1　旅游需求及其影响因素 ·· 18
　　　一、旅游需求的概念及内涵 ·· 18
　　　二、旅游需求的影响因素 ·· 19
　　　三、旅游需求规律 ·· 20
　　　四、旅游需求弹性 ·· 27
　　任务 2-2　旅游消费者行为理论 ··· 33
　　　一、旅游消费的概念与内涵 ·· 33
　　　二、旅游者消费行为理论 ·· 33
　　　三、旅游消费结构优化 ·· 38
　【项目小结】 ·· 42
　【实验实训】 ·· 42

项目三　旅游供给与生产 ……………………………………………………… 44
　【项目目标】 ……………………………………………………………………… 44
　【思政导入】上海：深化世界著名旅游城市建设　全面提升城市旅游供给品质
　　　　　　 …………………………………………………………………………… 45
　【知识讲解】 ……………………………………………………………………… 46
　　任务3-1　旅游供给及其影响因素 ………………………………………… 46
　　　一、旅游供给的概念及内涵 …………………………………………………… 46
　　　二、旅游供给的影响因素 ……………………………………………………… 48
　　　三、旅游供给规律 ……………………………………………………………… 50
　　　四、旅游供给弹性 ……………………………………………………………… 52
　　任务3-2　旅游生产者行为理论 …………………………………………… 54
　　　一、旅游生产的目标与约束 …………………………………………………… 54
　　　二、旅游企业生产函数 ………………………………………………………… 55
　【项目小结】 ……………………………………………………………………… 62
　【实验实训】 ……………………………………………………………………… 62

项目四　旅游市场均衡 …………………………………………………………… 64
　【项目目标】 ……………………………………………………………………… 64
　【思政导入】放宽市场准入　激发企业活力　推动行业发展 ………………… 65
　【知识讲解】 ……………………………………………………………………… 66
　　任务4-1　旅游市场的类型与结构 ………………………………………… 66
　　　一、旅游市场的概念及功能 …………………………………………………… 67
　　　二、市场结构的影响因素 ……………………………………………………… 69
　　　三、旅游市场竞争结构 ………………………………………………………… 73
　　任务4-2　旅游市场供求的均衡与调节 …………………………………… 77
　　　一、旅游供给与需求的矛盾运动 ……………………………………………… 78
　　　二、旅游供给与需求的均衡 …………………………………………………… 80
　　　三、旅游供求均衡的调控 ……………………………………………………… 82
　【项目小结】 ……………………………………………………………………… 85
　【实验实训】 ……………………………………………………………………… 85

项目五　市场失灵与微观经济政策 …………………………………………… 87
　【项目目标】 ……………………………………………………………………… 87
　【思政导入】航司OTA不得串通涨价，涉垄断行为 …………………………… 88
　【知识讲解】 ……………………………………………………………………… 89
　　任务5-1　旅游经济中的垄断 ……………………………………………… 89
　　　一、自然垄断的含义 …………………………………………………………… 89
　　　二、垄断组织形式 ……………………………………………………………… 90

　　　　三、旅游企业垄断使市场出现的失灵问题 …………………………………… 91
　　　　四、政府的反垄断措施 …………………………………………………………… 92
　　任务5-2　旅游经济中的外部性 ………………………………………………… 93
　　　　一、旅游经济外部性的含义 …………………………………………………… 93
　　　　二、旅游经济中外部性的三个内容 …………………………………………… 94
　　　　三、外部性问题政策分析 ……………………………………………………… 95
　　任务5-3　旅游经济中的公共物品 ……………………………………………… 96
　　　　一、公共产品与私人产品的定义 ……………………………………………… 96
　　　　二、旅游经济活动中的公共物品 ……………………………………………… 97
　　　　三、公共物品政策分析 ………………………………………………………… 98
　　任务5-4　旅游经济中的信息不对称 …………………………………………… 99
　　　　一、信息不对称的一般含义 …………………………………………………… 99
　　　　二、旅游市场信息不对称 ……………………………………………………… 100
　　　　三、对信息不对称的政策分析 ………………………………………………… 101
【项目小结】 …………………………………………………………………………… 102
【实验实训】 …………………………………………………………………………… 102

项目六　旅游生产要素与收入分配 …………………………………………… 104
【项目目标】 …………………………………………………………………………… 104
【思政导入】不断完善中国特色收入分配理论 ……………………………………… 105
【知识讲解】 …………………………………………………………………………… 107
　　任务6-1　旅游生产要素价格及其决定 ………………………………………… 107
　　　　一、旅游经济中的劳动市场 …………………………………………………… 108
　　　　二、旅游经济中的资本市场 …………………………………………………… 111
　　　　三、旅游经济中的土地市场 …………………………………………………… 113
　　　　四、旅游经济中的企业家才能 ………………………………………………… 115
　　任务6-2　旅游生产要素收入及其分配 ………………………………………… 116
　　　　一、经济租与机会成本 ………………………………………………………… 117
　　　　二、旅游收入分配及其作用 …………………………………………………… 119
　　　　三、旅游收入的乘数效应 ……………………………………………………… 123
　　　　四、旅游收入的漏损 …………………………………………………………… 124
【项目小结】 …………………………………………………………………………… 125
【实验实训】 …………………………………………………………………………… 126

项目七　宏观经济学概述 ………………………………………………………… 128
【项目目标】 …………………………………………………………………………… 128
【思政导入】2023年国民经济回升向好　高质量发展扎实推进 …………………… 129
【知识讲解】 …………………………………………………………………………… 130

任务7-1　认识宏观经济学 ·· 130
一、宏观经济学的产生与发展 ··· 130
二、宏观经济学的目标及工具 ··· 133
任务7-2　国民收入核算 ·· 135
一、经济的总循环流转 ··· 136
二、流量与存量 ··· 137
三、国民收入核算的主要概念 ··· 139
四、物价和失业的衡量 ··· 143
任务7-3　国民收入决定 ·· 143
一、总供给与总需求 ··· 144
二、宏观经济均衡分析 ··· 145
【项目小结】 ·· 149
【实验实训】 ·· 150

项目八　旅游经济运行与调控 ·· 152
【项目目标】 ·· 152
【思政导入】文旅部发布《"十四五"文化和旅游市场发展规划》 ·················· 153
【知识讲解】 ·· 154
任务8-1　旅游经济运行的过程与特点 ·· 154
一、旅游经济运行的基本过程 ··· 154
二、旅游经济运行的基本规律 ··· 156
三、旅游经济运行的特点 ··· 157
任务8-2　旅游经济核算 ·· 158
一、旅游经济核算的重要性 ··· 158
二、旅游经济核算指标体系 ··· 159
三、旅游卫星账户 ··· 162
任务8-3　旅游经济运行的调控 ·· 165
一、旅游经济调控的目标 ··· 166
二、旅游经济调控的主体、对象及内容 ····································· 167
三、旅游经济调控的方法和手段 ··· 169
【项目小结】 ·· 170
【实验实训】 ·· 171

项目九　旅游服务贸易 ·· 173
【项目目标】 ·· 173
【思政导入】旅游服务专题展　打造旅游服务贸易新平台 ·························· 174
【知识讲解】 ·· 175
任务9-1　国际贸易的原因 ·· 175

一、国际贸易与国内贸易的区别与联系 ………………………………… 175
　　　二、国际贸易的主要原因 ……………………………………………… 178
　　　三、国际贸易理论基础 ………………………………………………… 178
　　任务 9-2　旅游服务贸易的模式 …………………………………………… 181
　　　一、国际货物贸易和国际服务贸易 …………………………………… 182
　　　二、旅游服务贸易的模式 ……………………………………………… 182
　　　三、旅游服务贸易的分类与统计 ……………………………………… 183
　　　四、旅游服务贸易的原因 ……………………………………………… 184
　　任务 9-3　旅游服务贸易的经济效应 ……………………………………… 186
　　　一、旅游服务贸易的经济效应 ………………………………………… 186
　　　二、旅游服务贸易政策 ………………………………………………… 190
　　　三、旅游服务贸易国别政策 …………………………………………… 192
　【项目小结】 …………………………………………………………………… 192
　【实验实训】 …………………………………………………………………… 192

项目十　旅游经济增长与发展 …………………………………………… 194
　【项目目标】 …………………………………………………………………… 194
　【思政导入】文化和旅游赋能全面小康，文旅部提供了三大思路 …………… 195
　【知识讲解】 …………………………………………………………………… 197
　　任务 10-1　旅游经济增长 …………………………………………………… 197
　　　一、旅游经济增长方式 ………………………………………………… 197
　　　二、旅游经济增长的影响因素 ………………………………………… 199
　　　三、旅游经济增长波动 ………………………………………………… 200
　　任务 10-2　旅游经济发展 …………………………………………………… 202
　　　一、旅游经济发展的影响因素 ………………………………………… 202
　　　二、旅游经济发展模式的类型 ………………………………………… 204
　　　三、我国旅游经济发展模式 …………………………………………… 206
　【项目小结】 …………………………………………………………………… 210
　【实验实训】 …………………………………………………………………… 210

参考文献 ……………………………………………………………………… 212

项目一 旅游经济学概述

【项目目标】

　　知识目标：了解旅游经济学产生与发展背景，掌握旅游经济学的研究对象及内容框架，理解旅游经济学思维及研究方法。

　　技能目标：能够运用经济学思维与方法分析旅游经济现象，并区分不同经济现象、研究方法间的内涵与区别。

　　能力目标：收集、整理、分析相关案例和资料，通过制作、美化、展示、汇报等工作，掌握旅游经济学的相关概念、研究方法，并能举例说明。

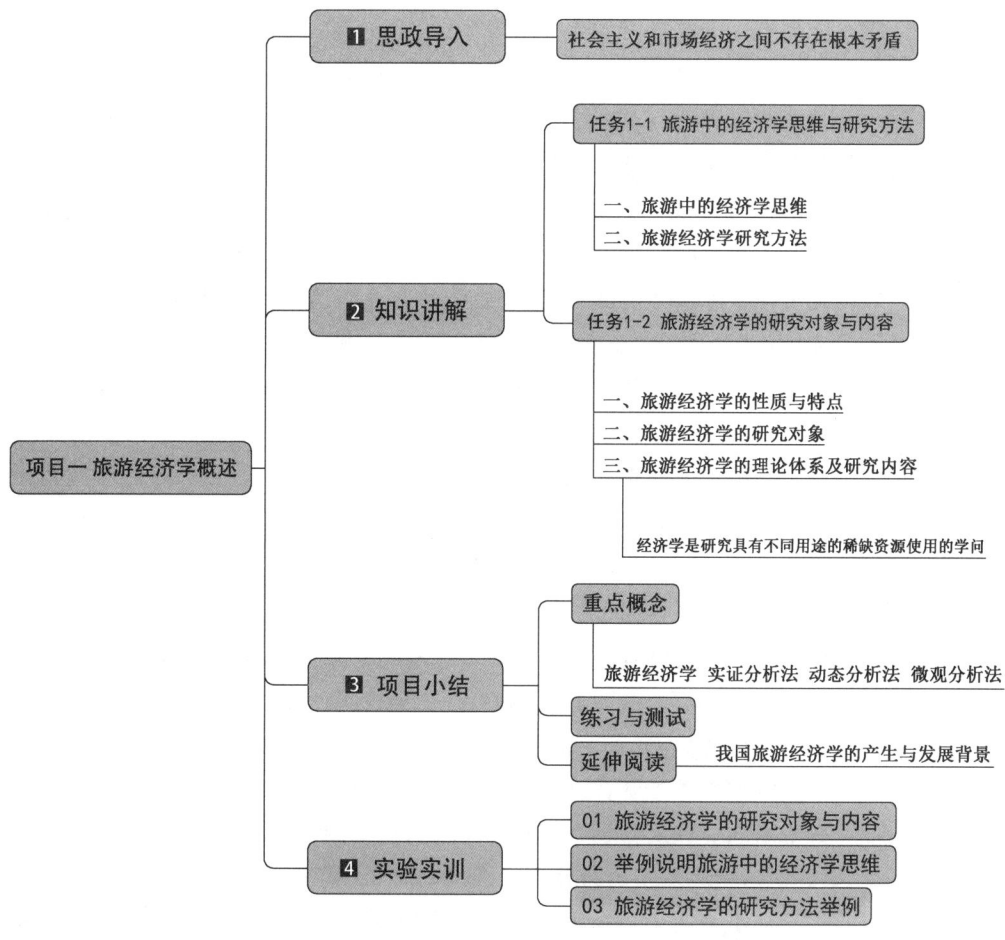

思政导入

社会主义和市场经济之间不存在根本矛盾

每个社会都必须解决三个基本问题,即在一切可能的物品与劳务中,生产什么?如何生产?为谁生产?不同的社会以不同方式解决这些问题。如今,经济组织最重要的形式是计划经济和市场经济。计划经济,或计划经济体制,又称指令型经济,是对生产、资源分配以及产品消费事先进行计划的经济体制。几乎所有计划经济体制都依赖于指令性计划,因此,计划经济也被称为指令型经济。因为大部分资源是政府拥有的,计划经济由政府直接进行集中控制,以解决三个基本经济问题,政府指导分配资源,不受市场影响;市场经济则由价格和利润等非正式体制指导,大多数决策由个人或私有企业做出。其实,所有的社会都是计划经济和市场经济的不同比例的组合,因此也可以说所有的社会都是混合经济。

背景导读:社会主义和市场经济之间不存在根本矛盾。问题是用什么方法才能更有力地发展社会生产力。

> 了解市场经济及学习经济学的必要性与重要性。

1985年10月23日,邓小平会见美国时代公司组织的美国高级企业家代表团时指出:"社会主义和市场经济之间不存在根本矛盾。问题是用什么方法才能更有力地发展社会生产力。"邓小平说,我们过去一直搞计划经济,但多年的实践证明,在某种意义上说,只搞计划经济会束缚生产力的发展。把计划经济和市场经济结合起来,就更能解放生产力,加速经济发展。

邓小平还指出,社会主义优越性最终要体现在生产力能够更好地发展上。多年的经验表明,要发展生产力,靠过去的经济体制不能解决问题。所以,我们吸收资本主义中一些有用的方法来发展生产力。现在看得很清楚,实行对外开放政策,搞计划经济和市场经济相结合,进行一系列的体制改革,这个路子是对的。这样做是否违反社会主义的原则呢?没有。因为我们在改革中坚持了两条,一条是公有制经济始终占主体地位,一条是发展经济要走共同富裕的道路,始终避免两极分化。我们吸收外资,允许个体经济发展,不影响以公有制经济为主体这一基本点。相反,吸收外资也好,允许个体经济的存在和发展也好,归根到底,是要更有力地发展生产力,加强公有制经济。

邓小平关于社会主义市场经济的论述在邓小平理论中占有重要地位,是建设有中国特色社会主义理论的一个重要组成部分。综观邓小平关于经济建设的论述与实践,回顾我国社会主义市场经济的建立和发展,可以体会到,他关于社会主义市场经济的理论精髓就是在社会主义条件下尊重并发挥市场经济的一般规律。

来源:武娟. 社会主义和市场经济之间不存在根本矛盾[EB/OL]. 人民日报,(2017-04-12)[2023-12-25]. http://cpc.people.com.cn/gb/n1/2017/0418/c69113-29219341.html.

背景解析: 中华人民共和国成立之初的七年,即在1949年至1956年间基本形成的具有中国特点的计划经济体制,起过重要的积极作用。首先,运用这种新的经济体制在短期内解决了旧中国遗留下来的经济恶性波动问题,顺利渡过了经济困难时期;其次,在经济发展水平低,建设资金严重短缺,国力有限的条件下,运用这种行政集权的计划经济体制,保证把有限的资源集中到重点建设上,奠定了国民经济良性循环的物质基础。在国民经济恢复后的第一个五年计划时期(1953—1957),正是由于国家利用手中的行政力量对重点建设进行集中统一的管理,使我国建立起比较完整的基础工业体系和国际工业体系的骨架,从而为国民经济的长远发展创造了有利条件。

党的十四大报告曾这样评价我国以往实行的计划经济体制:"原有的经济体制有它的历史由来,起过重要的积极作用,但是随着条件的变化,越来越不适应现代化建设的要求。"因为,国家政权力量的作用有一定的限度,超过这个限度就会产生负效应。首先,国家管理经济的职责,主要限于宏观经济领域;微观的经济活动应属于生产者的职责范围,而用行政手段配置资源的最大弊端,在于限制和排斥商品经济的发展和市场的调节作用,包办或代替本属市场经济主体权力范围内的微观营运职责。其次,计划经济体制的基本形成,还在人们的思想观念上形成一种错觉,以为搞计划经济就是搞社会主义。搞社会主义就只有搞计划经济;搞市场经济就是搞资本主义,搞资本主义就只有搞市场经济。总之,把计划经济等同于社会主义,而把商品经济等同于资本主义,并把指令性计划等同于计划经济。

我国经济体制改革确定什么样的目标模式,是关系整个社会主义现代化建设全局的一个重大问题。而这个问题的核心,是正确认识和处理计划与市场的关系。邓小平在1992年视察南方的讲话中指出:计划与市场都是经济手段,计划多一点还是市场多一点,不是社会主义与资本主义的本质区别。这使我们对计划与市场关系问题的认识有了重大突破。今天,在建立社会主义市场经济体制的过程中,我们又面临着如何把市场经济与宏观调控相结合的问题。对此,借鉴历史经验,进行大胆探索,以促进经济体制转换的顺利进行,非常必要。

知识讲解

任务1-1　旅游中的经济学思维与研究方法

经济学思维就是让我们在错综复杂的经济现象里,如何合理利用有限的资源,发挥其最大效益的思维。它是认识经济现象,把握经济规律,揭示经济本质、指导经济工作的思维方式。旅游经济学就是使用经济学的思维与方法对旅游经济现象进行观察和研究的学科。

一、旅游中的经济学思维

(一) 经济学中的人性假设

> 自私与自利其实是一对非常容易分清的概念,二者截然不同。前者是只顾自身的利益而不考虑他人的利益,而后者只强调自身利益的最大化,没有他者的问题。

所有的人性假设中,影响最为深远的可能要数西方理论经济学中的"经济人"假设了。所有经济学中的不同流派,不管是凯恩斯主义还是古典主义都没有否认"经济人"这一假设,否则,经济学的基础就荡然无存了。

"经济人"指的是人的"自利性"而非"自私性"。在上海辞书出版社的《辞海》中对"自利"做了如下描述:"西方古典经济学分析人类行为的逻辑出发点,指人都以自身利益的最大满足为目标,认为理性的自利动机,在客观上并不危害社会,反而有益于社会……"

之所以要严格区分"自私"和"自利"两个概念,是考虑到市场经济背景下的道德问题。"自私"是不可能和道德相容的,而"自利"却可以。亚当·斯密正是考虑了与道德相容性的问题才选择了"自利原则",而非人性自私的假设。这也是西方经济学假设人性自利而非自私的第二个原因。

> **学习小贴士**:经济学包括微观经济学和宏观经济学两部分,微观经济学研究资源配置问题,宏观经济学研究资源利用问题。微观经济学的基本假设主要包括完全理性假设、完全信息假设、市场出清假设等三个;宏观经济学的基本假设主要包括市场机制不完善、政府有能力调节经济两个假设。微观经济学和宏观经济学是彼此联系、互相补充的。

(二) 分工是进步的源泉

在《国富论》开篇,亚当·斯密用很大的篇幅说明了分工的重要性。斯密指出,分工有三方面的好处:第一,有助于手的技巧的完善,提高人的劳动熟练程度和判断力;第二,节约了在不同工作环节之间转换劳动的时间;第三,增加了发明新工具的可能性。正是由于有了这些好处,人们才得以通过分工合作大幅提升自身的力量,完成仅靠单个人难以完成的事情。

分工是和交易相联系的。分工使人们在资源占有上可能有丰寡之别,在个人特质上可能有各自差异。这些差异性的存在,给通过交易改进彼此的收益创造了巨大空间。如果没有分工,人类的交易就会很少。只有有了精细的分工,人与人之间的交易才能更加频繁地开展。分工是市场规模扩大的结果。如果没有市场就不会有分工,只能自给自足。市场的扩大促进了分工的细化,分工的细化导致了技术进步与创新,进而促进了经济发展,而经济发展反过来又使得市场进一步扩大……如此反复,就是经济良性发展的整个过程。

(三) 世界上没有免费的午餐

经济学家米尔顿·弗里德曼曾说过,如果要用一句话概括经济学,那就是"没有免费的午餐"。这里,要为午餐所付的那个"费",就是机会成本。

相对于人们的欲望,在任何时间点上,用来满足欲望的资源总是稀缺的。因为稀缺性的存在,人们在行动时就必须有选择,为了得到一样东西就得放弃另一样东西。所谓机会成本,就是你为了达成某项目标所要放弃的最大的价值。举例来说,如果你现在面临两个工作机会,一个是年薪10万元的大学教职,另一个是年薪50万元的投行交易员,那么在不考虑非货币利益的前提下,选择去大学任教的机会成本就是50万元。当然,在现实中情况可能会比较复杂,人们在选择时还必须考虑很多不能用货币衡量的因素,例如亲情、友情、自由、尊严等。从这个意义上讲,机会成本在更大程度上是一种主观的判断。

需要强调的是,虽然人们在个人决策时比较容易理解"没有免费的午餐",但在考虑公共福利等问题时,却很容易忘记这一点。很多人总希望政府能够多建设公共设施,增加公共福利,仿佛这些都无需成本;但事实上,政府为了增加公共福利,就必须通过征税、发行货币以及举借公债等途径获得收入,而无论是哪一种途径,成本最终还是会被转嫁到老百姓身上,减少个人可获得的资源和产品。由于相对于私人,政府在提供公共服务时效率往往更低,因此那些本想获取"免费午餐"的人

一亩地可以用来种麦子,可获产值700元;用来种棉花,可得800元;用于种西瓜,可产出1 000元。这亩土地用来种麦子所放弃的种植其他作物的最大产值是1 000元,即种麦子的机会成本是1 000元;用来种棉花的机会成本是1 000元;用来种西瓜的机会成本是800元。

最终得到的往往是一份更加昂贵的午餐。

> **学习小贴士**：生产可能性边界(production-possibility frontier,PPF)。一个国家无法没有限制地拥有它想要的一切物品，因为这要受到资源和可供利用的技术的制约。生产可能性边界表示在技术知识和可投入产品数量既定的条件下，一个经济体所能得到的最大产量。PPF代表可供社会利用的物品和劳务的不同组合。在一个稀缺的世界里，选择一样东西意味着需要放弃其他的东西。其机会成本就是所放弃的物品或劳务的价值。
>
> 当一个经济体处于其生产可能性边界上时，它只能通过减少一种物品的产量来增加另一种物品的产量。社会有时处于其生产可能性边界之内，例如当失业率较高时，该经济就是低效率的，会在其生产可能性边界之内运行。生产可能性边界也说明了许多基本的经济过程：经济增长如何将边界向外推移；一个国家如何在私人物品和公共品之间进行选择；社会如何在消费品与增加未来消费的资本品之间进行选择。

(四) 人是在边际上做选择

所谓"边际"，指的是对现有行动进行的微小调整，这些微小调整所带来的成本和收益分别被称为"边际成本"和"边际收益"。经济学所要关注的问题，通常不是极端的非此即彼，而是"多一点"还是"少一点"的比较，也就是对"边际成本"和"边际收益"的权衡。值得一提的是，"边际"概念的引入破解了经济史上的一个著名难题——水和钻石的悖论。

19世纪的经济学家们曾一直困惑于一个问题：为什么对于人类生存至关重要的水的价值很低，而对人类生存可有可无的钻石则有很高的价值？对于这个问题，古典经济理论并没能给出很好的解释，而从"边际"的概念入手，这个问题则很容易回答。这是因为，物品的价值是由它带给人的边际效用决定的——虽然水很重要，但是由于它很多，因此在边际上多一滴、少一滴对效用的影响不大；而钻石虽然无关紧要，但由于它很稀少，因此在边际上多一颗、少一颗对效用的影响很大。正是由于这个原因，钻石的价值要远远高于水。

二、旅游经济学研究方法

旅游经济学是一门综合性的学科，其研究的内容十分广泛，涉及多种学科的内容和多种社会实践活动。因此，要使旅游经济学的研究成果具有科学性，并能对实际工作有指导意义，必须选用科学的研究方法。

具体讲,在研究旅游经济学的过程中,必须坚持以下方法:

(一) 规范分析与实证分析

经济学中,实证分析就是分析经济现象"是什么""为什么"的方法,也即对客观事物的状况及客观事物之间关系是什么的事实性陈述的分析。通过对实际经济运行状况的考察,归纳可能的规律,然后从一定的假设出发,以严密的逻辑推理演绎证明这些规律并推论可能存在的规律。实证分析是一种经验研究,只解释经济本身的内在运行规律而不对经济活动进行价值评价。

规范分析是研究经济活动"应该是什么"的方法,也就是对价值主体与价值客体间的价值关系的分析。规范分析基于一定的价值观念和道德标准对经济运行结果的好坏进行分析,并研究如何才能符合这些标准。规范分析回答"应该吗""好不好"的问题。

(二) 均衡分析与非均衡分析

经济学中,均衡指各种有关变量在相互作用后处于相对平衡的状态。对这种经济变量均衡的形成和变动条件的分析,称为均衡分析。如某一商品在市场上的价格保持不变,就可以看作影响该商品价格的需求、供给等因素相互作用达到平衡的结果。如果某一因素发生变化,价格便会相应变化,由旧的均衡变化到新的均衡状态。市场处于均衡状态的价格称为均衡价格,与价格相对应的产量称为均衡产量。

均衡分析一般包括局部均衡分析和一般均衡分析两类。局部均衡分析假定其他条件不变,分析经济中某个特定生产者、消费者或局部市场的均衡;一般均衡分析指将经济不同部分看作一个有机整体,考察商品、要素市场同时达到均衡时的价格决定问题。

非均衡分析强调预期的不确定性,实际上隐含着前提假设,即现实生活中信息是不完备的,搜寻信息是要花费成本的,行为人的交易不可能完全是均衡的交易,非均衡现象不可避免。非均衡理论打破了以往统治经济学界的均衡观,均衡理论将大量现实情况的假定抽象掉,而非均衡理论认为现实世界存在着不确定性,时间序列中的经济运行总是相互作用。行为人搜寻信息需要花费成本,因此在均衡达成前交易也可实现。

(三) 静态分析、比较静态分析与动态分析

静态分析是指在一定条件下,运用一定的理论揭示各个变量之间的相互关系。对旅游经济活动的研究而言,首先要分析它的一般特征,

即在规定的理论前提下,运用抽象思维,构建分析的纯粹条件,目的是提示各变量本身的相互依存关系,这被称为静态分析。

比较静态分析主要通过对某一经济现象不同均衡状态(一般是两个均衡状态)的比较,来分析导致均衡状态变化的因素,而不管从一种均衡状态到另一种均衡状态变化的过程及其所需要的时间。例如在分析某旅游商品的价格时,比较静态分析方法通过对某商品不同水平的均衡价格比较,来研究商品价格变化到底是由需求还是由供给引起的。

动态分析的目的主要是为了掌握动态发展的规律,是建立在不同状态的静态分析基础之上的。静态分析是观测和评价事物某一时点状态的一种方法。动态分析是纳入时间等变量,分析的结果随着时间等变量的变化而变化的方法,也即在发展、运动中研究的方法。

只进行静态分析不能了解事物发展的趋势和规律,不进行静态分析则动态分析难以进行,只有将两者结合起来,才能把握旅游经济发展的内在客观规律。

(四) 微观分析与宏观分析

微观分析是对旅游企业、旅游者个人的活动和行为进行分析,微观经济学研究市场、企业和居民等单个实体的行为;而宏观分析是对旅游企业和旅游者个人的活动对社会经济的影响或产生的效果进行分析,宏观经济学研究作为一个整体的经济的运行。没有对旅游企业和旅游者活动的行为进行分析,就不可能掌握旅游经济的整体运行的基础;而旅游活动的整体运行状况又是个别旅游企业和旅游者经济活动的环境和条件。因此,要了解和掌握旅游经济发展的规律就必须采用微观分析和宏观分析相结合的方法。学习经济学一定要警惕合成谬误和后此谬误,并切记保持其他条件不变。

> **学习小贴士**:合成谬误(Fallacy of Composition)是萨缪尔森提出来的。如果你认为对局部来说成立的东西,对总体也必然成立,那你就犯了合成谬误。在经济学领域中,十分肯定的是:微观上而言是对的东西,在宏观上并不总是对的;反之,在宏观上是对的东西,在微观上可能是十分错误的。合成谬误是缺乏创造性和缺乏开拓性的表现,它会造成重复生产、资源浪费、供求单一。但合成谬误也是市场自我调节的一种表现,平衡着供求和价格的关系。
>
> 后此谬误出自因果推理,字面意思是在此之后,因而必然由此造成。如果我们仅仅因为一件事发生在另一件事之前,就想当然地认为前者是后者的原因,那么,我们就犯下了后此谬误。比如理性消费者减少购买量,必然是由于价格上涨。但现实中"买涨不买落"屡见

不鲜。出现这一谬误在于"其他条件相同"这一前提。造成这种错误的原因在于思维的逻辑过于简单了,往往只根据"是或否"的逻辑就作出了最终的判断。因为在现实生活中的大量问题确实就是这么直接,要"是"就不可能"不是";反过来,要断定"不是"就一定"是"。但问题在于,在现实生活中,特别是在经济领域,还有很多问题并非这么简单。也就是说,通过否定的间接证明不一定就能得到肯定的答案。

不能保持其他条件不变。这是经济学初学者在经济推理中常见的思维谬误。当你分析一个变量对经济体系的影响时,一定要保持其他条件不变。

> 不同的教材与参考资料上对于旅游经济学有着不同的表述,如何理解这些表述的不同?

任务1-2 旅游经济学的研究对象与内容

经济学是研究社会如何进行选择,以利用具有多种用途的、稀缺的生产资源来生产各种商品和服务,并将它们在不同的人群中间进行分配的学科。学习经济学不仅可以帮助我们理解现实世界,也可以帮助我们理解那些改革者们不断倡议的、拥有多种可能性的未知世界。学习经济学也是将经济学思想运用于人类社会核心问题分析的过程,包括旅游经济领域的问题。

一、旅游经济学的性质与特点

旅游经济学是伴随旅游活动的商品化进程而逐步形成和发展起来的。它是对旅游活动中的各种经济现象、经济关系和经济规律进行理论概括而形成的科学。

旅游经济学是经济学的一个分支,以经济学理论为指导,以旅游活动为基础,主要研究旅游活动中旅游者、旅游经营者、旅游组织之间各种经济现象、经济关系和经济规律的科学。

旅游经济学既从微观角度研究旅游者、旅游经营者等个体经济单位的行为;也从宏观角度研究旅游经济运行和整体经济行为。因此,旅游经济学具有不同于其他学科的性质与特点。

(一)旅游经济学是一门应用性学科

旅游经济学与经济学间既有区别又有联系。经济学是研究整个经济社会发展一般规律的科学,属于理论经济学范畴。而旅游经济学以经济学理论为指导，以旅游活动为基础，揭示旅游经济发展的客观规律及其作用条件、范围和表现形式的应用学科。

(二) 旅游经济学是一门基础性学科

旅游经济学是旅游类专业的一门基础性学科，与旅游学、旅游管理学等既有联系又有区别。旅游学是旅游经济学的前提与基础，它为旅游经济学研究提供旅游活动的性质、特点、内容及发展规律；而旅游管理学、区域旅游经济学等则是旅游经济学的延伸，是在旅游经济学所揭示的旅游经济基本原理和发展规律的前提下，从空间、管理等不同的角度，研究如何对旅游活动和旅游经济运行进行更加有效的组织和管理等。

(三) 旅游经济学是一门综合学科

旅游经济学是一门年轻的学科，伴随现代旅游业发展而逐渐形成的。由于旅游活动的综合性特点，研究旅游经济学，不仅要以经济学、旅游学的理论为指导，还必须借助其他学科的理论成果来丰富旅游经济学的研究内容与方法，例如在旅游经济学的研究中，必须应用心理学、社会学、文化人类学等理论和方法，分析研究人们的旅游需求产生、旅游消费决策等问题；需要应用经济学、地理学、资源学的理论和方法，分析研究旅游供给规律、旅游产品开发、旅游经济结构优化等问题；需要应用统计学、市场学、价格学等理论和方法，分析研究旅游经济运行的内在规律及其运行机制等。

二、旅游经济学的研究对象

旅游经济学的研究对象是旅游活动中的经济问题，即旅游活动中有关旅游者、旅游经营者、旅游组织间的各种经济现象、经济关系和经济规律，目的是揭示旅游活动中各种经济问题的主要矛盾、内在规律及其运行机制，以采取有效的对策和措施，科学地指导旅游经济实践，促进旅游经济健康、持续、协调地发展。具体讲，旅游经济学的研究对象和任务主要有以下几方面：

(一) 旅游经济学研究旅游经济的形成过程及规律

旅游经济伴随着旅游活动的发展而形成。旅游活动是人类社会发展到一定阶段的产物，是商品生产和交换发展的必然结果。因此，旅游经济学研究的首要任务就是要分析旅游经济的形成条件，揭示其商品化过程的客观规律性，以及在社会经济发展中的作用和影响。

(二)旅游经济学研究旅游经济运行的机制及实现条件

旅游经济运行是旅游活动在经济领域的表现,而贯穿旅游经济运行的主要矛盾是旅游需求与旅游供给的矛盾,它决定了旅游经济运行中其他一切矛盾。因此,旅游经济学的研究应以分析旅游需求和旅游供给的形成、变化及矛盾运动入手,揭示旅游经济运行的内在机制,分析旅游供求平衡的实现条件,为旅游经济有效运行和顺利实现提供科学的理论指导。

(三)旅游经济学研究旅游经济的地位及发展条件

旅游经济是国民经济的有机组成部分,在国民经济中占有十分重要的地位,旅游经济的形成和发展必须以整个社会经济发展为基础,同时旅游经济的发展又对社会经济、文化及环境产生重要的影响。因此,必须研究旅游经济与社会经济各产业、部门间的相互联系,从整个社会的角度为旅游经济的发展创造良好条件,以促进旅游经济健康、快速、持续地发展。

(四)研究旅游经济的国家宏观调节与管理

我国是一个社会主义国家,又是一个发展中国家,一个已加入世界贸易组织,并把自己的经济融入国际经济的国家。我国正在建立和逐步完善社会主义市场经济体制,市场的力量已成为经济调节的一个重要杠杆,然而国家和地方政府的宏观调节和管理仍起着重要作用。国家如何调节旅游需求和旅游供给这一旅游经济活动的内在矛盾,协调游客、旅游产品经营者和国家三者之间的利益关系,以促进社会经济和旅游经济协调发展,这也是旅游经济学必须研究的问题。

三、旅游经济学的理论体系及研究内容

每个经济体的资源存量都是有限的,无论是劳动、技术知识、工厂和工具,还是土地和能源。由于人们需要的数量远远多于社会所能提供的数量,因此物品总是稀缺的。经济品是稀缺品,而不是免费品,社会必须在可利用资源所生产出来的有限物品之间做出选择。一个经济体系必须决定如何利用有限的资源。它必须在物品的各种可能组合之间进行选择(生产什么),在不同的生产技术之间进行选择(如何生产),最后还必须决定谁消费这些物品(为谁生产)。

> 经济学是研究具有不同用途的稀缺资源使用的学问。主要解决三个基本问题:生产什么?如何生产?为谁生产?而解决三大问题时,有几种基本经济组织形式:市场经济、计划经济和混合经济。

> **学习小贴士**：经济学是研究具有不同用途稀缺资源使用的学问
>
> 稀缺是指需求大于供给，比如城中的一块土地就是稀缺资源。它可以用来建住房，也可以建商业中心，甚至还可以用来种菜，这就是具有不同的用途。而该用来建什么，建什么可以实现利益最大化，或者达成别的什么目的，这就是经济学要研究的。
>
> 经济对我们每个人都有用。但经济学的研究并非只教我们如何赚钱，而是以整个社会为中心来研究资源分配的问题。社会整体经济效益提高，相应的每个人也能从中获益。
>
> 不同经济体有不同的做法，比如由政府统一分配，或者按劳动量分配，多劳多得，或者按年龄分配等等。这些都是由一个机构来统一负责分配的。但在市场经济下，不需要任何机构来负责分配，只要用价格就能保持整个分配有秩序地进行。
>
> 价格通过调节供需关系来影响资源分配，当一件产品的需求大于供给时，价格就会提高，具有多种用途的稀缺资源就会更多地流向这件产品。
>
> 牛奶可以用来生产酸奶和奶酪，如果消费者更喜欢喝酸奶，那么酸奶产量增加，牛奶这种原材料将更多用于生产酸奶。这是价格引导稀缺资源获得有效利用的最简单的例子。
>
> 在更复杂的情形中，价格同样重要，比如消费者同时想喝酸奶和吃奶酪。消费者购买酸奶或奶酪，间接地也就在购买牛奶，牛奶的价格因此上升。牛奶变贵，酸奶或奶酪的购买就会减少。同样，牛奶变贵，奶牛宰杀就会减少，进而牛皮的供应会减少，牛皮价格上涨，牛皮包、牛皮鞋的价格也会由于成本上涨跟着上涨。这样一来，价格的影响一步步蔓延到整个经济体。
>
> 不光普通商品，劳动力也是通过价格来分配的。工作总是比人们工作时间多，所以劳动力也是一种稀缺资源。劳动力越强，为企业提供的价值越高，薪资也越高。某种技能需求量大，会的人少，那企业也愿意付高薪雇用这些人。
>
> 除了价格能够作用于资源的分配，企业、政府、资本都能影响。比如说企业，企业总是偏向于生产那些利润高的产品，这就使得原材料这种资源向着高利润产品倾斜。企业的规模经济也能大大降低生产成本。
>
> 来源：[美]托马斯·索维尔. 经济学的思维方式[M]. 成都：四川人民出版社，2018.

旅游经济学理论体系以旅游活动的商品化即旅游产品为基础，通过研究旅游者对旅游产品的需求和消费、旅游经营者对旅游产品的开发、供给和经营等微观经济行为,构成旅游经济学的微观基础;再从微观旅游经济研究逐步扩展到对旅游市场、宏观旅游经济的研究,并使旅游产品的生产、交换、消费、分配和供求平衡等成为贯穿整个旅游经济学的主线,于是围绕这条主线就构成了旅游经济学的理论体系。

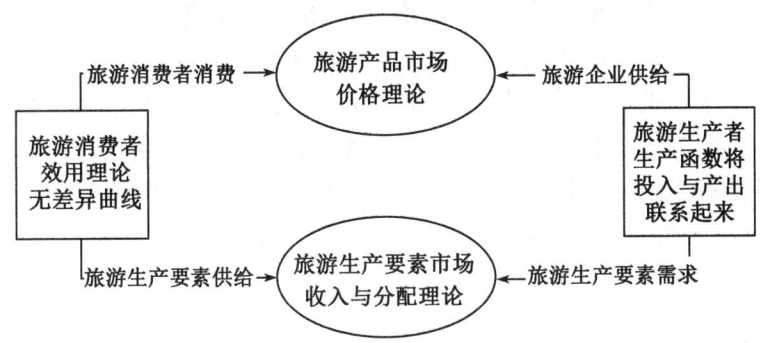

图 1-1 旅游经济学理论体系示意图

根据旅游经济学的理论体系,旅游经济学的研究内容首先要从总体上揭示旅游活动的商品化过程和客观规律性,分析旅游经济的形成基础和条件,分析旅游经济在经济社会发展中的地位、作用和影响等。旅游经济学一般重点研究以下内容:旅游需求及消费、旅游供给及生产、旅游市场及竞争、旅游收入与分配、旅游经济运行与调控、旅游服务贸易、旅游经济增长与发展等主题。

项目小结

重点概念:
旅游经济学　　　　　实证分析法
动态分析法　　　　　微观分析法

练习与测试:
1. 名词解释:旅游经济学;定量分析法;微观分析法
2. 简析旅游经济学的研究对象。
3. 简述旅游经济学研究的内容体系。
4. 举例说明旅游中的经济学思维与研究方法。

延伸阅读:
我国旅游经济学的产生与发展背景。

实验实训

1. 实训任务

将学生进行编组,每组 4—8 名同学,组内学生自行分工合作,进行资料收集、整理、制作、美化、展示、汇报等工作。教师可以发布实训任务一览表中的任务,每组同学以此任务作为主题,利用课余时间进行展示材料的整理与制作。在此基础上,教师将利用 2—4 课时时间,用于学生自行汇报展示其工作成果。任务目的在于了解旅游经济学的产生与发展、研究对象与内容、旅游中的经济学思维与研究方法等。

实训任务一览表

序号	实训任务名称	实训学时
01	旅游经济学的研究对象与内容	2—4
02	举例说明旅游中的经济学思维	
03	旅游经济学的研究方法举例	

注:教师可根据需要选用实训项目和学时。

2. 成果要求

每组同学制作完成一份 WORD 文档和一份展示 PPT,WORD 文档用于图文资料的整理汇总,PPT 文件用于课堂汇报展示,并将上述两个文件放入文件夹,命名规则为:班级名称＋小组编号＋任务名称。

3. 考核标准

评价标准与打分表

项目	考核内容和要求	分值	得分	备注
态度	能够按时完成,积极主动,组内分工合作	20		
内容	导向正确,内容完整、准确,逻辑清晰	20		
形式	格式规范、语言简洁、图表样式美观	20		
展示	仪态形象得当,表达清楚,语言流畅	20		
创新	内容、格式、展示过程有创意,特色明显	20		
	小计	100		

4. 其他备注

项目二　旅游需求与消费

【项目目标】

　　知识目标：了解旅游需求、旅游需求弹性及旅游消费的概念；了解旅游需求影响因素及预测方法；了解旅游消费水平及结构的概念，理解旅游需求规律及旅游消费决策过程。

　　技能目标：能够运用旅游需求函数进行市场预测，掌握旅游消费行为决策过程及旅游消费结构优化的原理。

　　能力目标：收集、整理、分析相关案例和资料，通过制作、美化、展示、汇报等工作，掌握旅游需求预测和旅游消费决策过程，并能举出相应的案例。

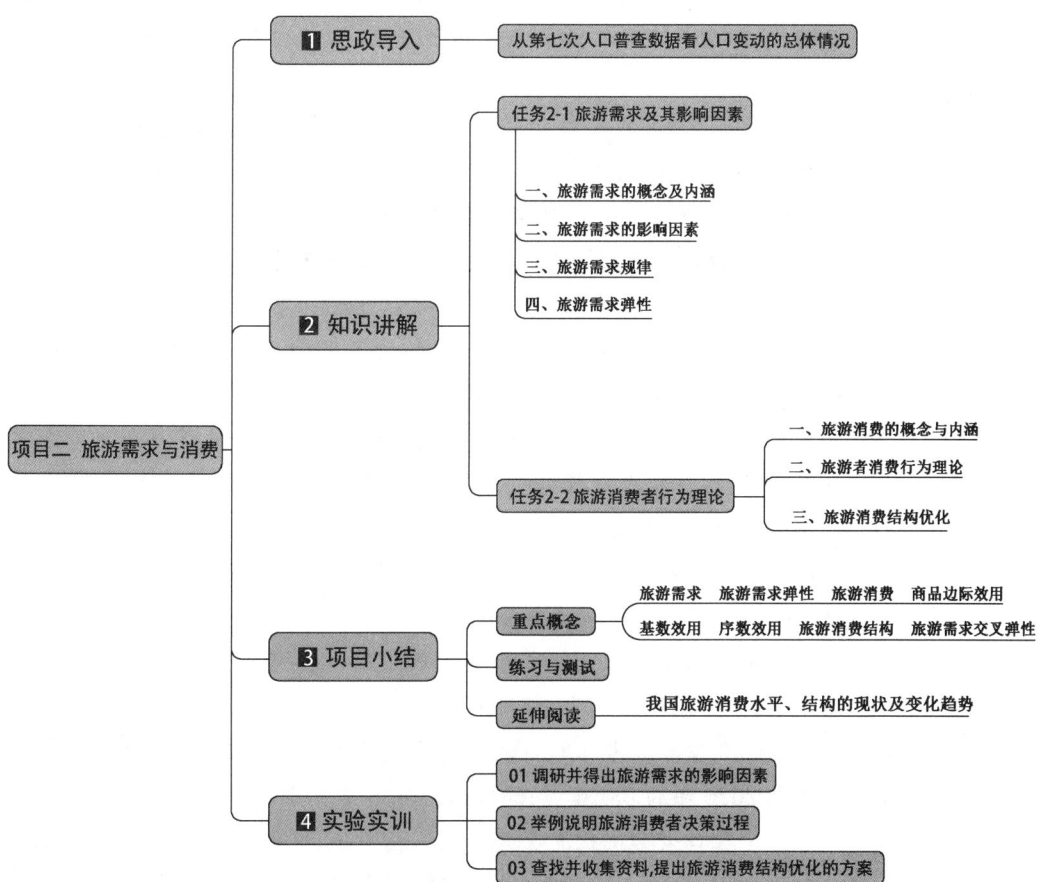

思政导入

从第七次人口普查数据看人口变动的总体情况

人口结构变动,对劳动力供给、消费需求等方面都有重要影响。一方面,劳动力资源是产业经济发展的重要因素,人口年龄结构变动会影响劳动力数量供给;另一方面,人口年龄结构变化也会影响社会最终消费数量及结构。人口数量的增加会使需求数量增加,人口数量减少会使需求数量减少。人口结构的变动主要影响需求的构成,从而影响某些商品的需求。例如,人口的老龄化会减少对时髦服装、儿童用品等商品的需求,但会增加对保健用品的需求。

> 以第七次人口普查数据为基础,引导学生思考人口变动现象背后的需求变化趋势,从而引出项目任务。

背景导读:根据第七次人口普查结果,我国总人口为141 178万人,与2010年第六次人口普查的133 972万人相比,增加了7 206万人,增长5.38%,年平均增长率为0.53%,与2000年至2010年的年平均增长率0.57%相比,下降0.04个百分点。由此可见,尽管我国人口总数仍在增长,但增长速度不断下降。与此同时,人口结构呈现以下主要趋势和特点:

一是0至14岁人口数量和占比有所提高。此次普查数据显示,2020年我国0至14岁少儿人口数量达到了25 338万人,占17.95%,比2010年增加了3 092万人,比重上升了1.35个百分点。但同时,2020年出生人口规模为1 200万,与往年相比有大幅下降,比如2019年出生人口1 467万人,2018年出生人口1 527万人,2017年出生人口1 728万人等。在出生人口不断下降的情况下,0至14岁人口占比不降反升,主要是此次人口普查误差率降低、准确性提高所致。多出的人口显然不是一年或两年增加的结果,而是每年抽样调查的误差积累所致。一般来说,在分析人口数据时,不能将普查年份数据和非普查年份数据直接进行对比。因为非普查年份人口数据是以普查年份数据为基础,再加上当年抽样调查数据估算所得,难免出现误差,而每一次人口普查都是一次矫正人口数据的机会。

二是劳动年龄人口数量和占比双下降。15至59岁劳动年龄人口总规模为89 438万人,与2010年的93 962万人相比减少4 524万人;同时15至59岁人口占总人口的比重也有所下降,从2010年的70.14%下降至2020年的63.35%,降幅达到6.8个百分点。

三是人口老龄化程度快速加深。我国60岁及以上人口为2.64亿,占比达到18.70%,65岁及以上人口1.91亿,占比为13.5%,与上个十年相比,上升幅度分别提高了2.51和2.72个百分点。

四是出生性别比向正常水平回归。"七普"数据显示,我国出生人口性别比为111.3,较2010年下降了6.8。出生性别比偏高是我国过去面临的一个严重的人口问题,随着生育政策的调整变化,出生性别比正在快速回归正常水平。

生育水平决定了一个国家人口的长期增长趋势,国际上一般认为2.1的总和生育率为更替水平,低于2.1称为低生育水平。我国2000年第五次人口普查总和生育率为1.22,2010年第六次人口普查总和生育率为1.18,这次普查显示总和生育率为1.3。影响生育水平的因素有很多,包括政策性因素,但主要是一个国家的经济发展水平、劳动力受教育水平以及妇女参与社会劳动的程度等。以2015年份年龄性别结构人口为基数,并根据"七普"提供的最新数据,使用人口学中的队列要素预测模型,对2035年的人口规模和年龄结构进行预测,结果显示,中国人口将在"十四五"末期或"十五五"初期达到最大值。

来源:张车伟.从第七次人口普查数据看人口变动的长期趋势及其影响[EB/OL].光明日报,(2021-05-21)[2023-12-30]. https://m.gmw.cn/baijia/2021-05/21/34862444.html.

人类的消费行为不仅受到来自经济发展水平的影响,还要受到来自年龄和心理因素的制约,在不同年龄阶段,人的消费需求和消费倾向也存在显著差异。就人口老龄化而言。人口老龄化是国际社会对人口年龄类型的一种分类,用于反映一定时期内人口年龄结构的特点。不同国家因为经济发展水平、文化传统以及社会发展阶段的差异,在人口年龄结构的划分标准上也存在差异。

1956年联合国发表的《人口老化及其社会经济后果》文件中,将65岁以上人群视为老年人群,老年人群的人口数量与总人口数量之比则视为老龄化人口比重。在具体人口年龄结构上,年轻型的人口比重标准设定为4%以下,成年型的标准是4%—7%,7%以上则为老年型。此后,随着各国人口老龄化比重的加剧,各国对老龄化标准也在动态修订。现阶段,世界各国在人口结构是否属于老年型的界定标准上,普遍遵循60及60岁以上老年人口比重在10%以上或者65及65岁人口比重在7%以上两个标准。人口老龄化指年长人口数量提高导致的老龄化人口比重增长的一个动态过程。

人口老龄化是消费群体中的一个重要组成部分,其消费行为的演变特征,将对储蓄结构和市场结构产生重要影响。19世纪30年代,研究人员就观察发现储蓄偏好与人的生命周期间存在紧密的联系,这种关系的具体表现就是,人的寿命与利息率成正比关系,即如果人的寿命短,那么利息率相应就会很低,反之,如果人的寿命长,则利息率会偏高。其原因在于,随着年龄的提高,人类有为后代积累财富的心理偏好,这种偏好对储蓄的提高产生积极影响,当然存在这种偏好在社会没有养老保险制度的条件下更为明显。当社会养老保险制度建立起来以后,人积累财富的偏好并未随之改变,唯一改变的可能是动机,之前是为后代积累财富,现今则为养老储备财富。

知识讲解

任务 2-1 旅游需求及其影响因素

一、旅游需求的概念及内涵

> 在旅游业中,近年来消费需求也发生了较大变化,通过对"消费"这一关键词的解释,引导学生思考旅游消费需求的转变。

从经济学意义上说,需求(demand,D)是指消费者在某特定时空内,在某一价格水平时,愿意而且能够购买的商品量或劳务量。旅游需求是指在一定时期内,旅游者具有旅游动机并能够以一定货币支付能力和可支配时间购买的旅游产品数量。可以看出,需求是购买欲望与支付能力的统一,缺少任何一个条件都不能构成有效或现实的需求。

由于旅游活动的特点,要购买旅游产品除了购买欲望与支付能力外,还必须拥有足够的余暇时间。这也是旅游需求形成的三个基本条件,即旅游动机、支付能力和闲暇时间。因此,旅游需求就是有一定支付能力和余暇时间的人购买某种旅游产品的欲望。从理论角度看,旅游需求有两种主要类型,分别是:潜在需求,即个人愿意旅游,但是因为可支配收入不足、没有足够的可支配时间、身体状况不允许、外部条件等原因而无法实现的需求;现实需求,旅游者具备满足旅游的一切条件而且外部条件允许,又称有效需求。

基于上述旅游需求的划分,对于潜在需求,一旦条件成熟,会立刻转变为有效需求,成为旅游企业的竞争对象。总之,正确理解旅游需求的概念,需要掌握以下几点:

(1)旅游需求表现为旅游者对旅游产品的购买欲望

旅游需求作为旅游者的一种主观愿望,表现为旅游者对旅游活动渴求满足的一种欲望,即对旅游产品的购买欲望,这是激发旅游者旅游动机及行为的内在动因。

(2) 旅游需求表现为旅游者对旅游产品的购买能力

购买能力是指人们在其收入中用于旅游消费支出的能力，即旅游者的经济条件。通常是用旅游者的个人自由支配收入来衡量。

(3) 旅游产品，它指的是旅游目的地提供的一切有形与无形的产品，既包括实实在在的纪念品、实物景观，也包括旅游目的地提供的旅游资源(比如文化资源)和旅游服务等。

(4) 旅游需求表现为旅游市场中的一种有效需求

在旅游市场中，有效旅游需求是指既有购买欲望，又有支付能力的需求，它反映旅游市场的现实需求。因此，旅游需求是分析旅游市场变化和预测旅游需求趋势的重要依据，也是旅游经营者制定经营计划和营销策略的出发点。

学习旅游需求的目的是为更好地了解市场，把握未来一段时间旅游市场的走向，做好市场预测，及时调整企业战略，开拓市场，从而保证企业的生存和发展。

二、旅游需求的影响因素

对于个人旅游需求，主要指单个消费者或家庭的旅游需求；对于旅游市场需求，则指个人旅游需求的总和。对旅游市场需求而言，除了旅游动机、可自由支配收入、闲暇时间这三个影响旅游需求的基本因素外，旅游需求的变动还受其他因素的影响。这些因素可分为三个方面：一是旅游客源地方面的因素；二是旅游目的地方面的因素；三是客源地与目的地之间的互动因素。

(一) 客源地推力因素

客源地推力因素和旅游市场需求量的大小成正比，即客源地推力越大，旅游需求量就越大，反之，旅游需求量就减少。客源地推力的影响因素有以下几方面：

(1) 客源地经济发展状况及国民收入水平。

(2) 社会政治环境，国家或地区的旅游政策和法律措施。

(3) 个人因素，包括个人的家庭情况、经济状况、身体状况、文化水平、消费偏好、所在群体的同事及亲朋好友等因素。

(4) 客源地旅游宣传因素。主要指旅游目的地的旅游资源和景观在客源地的宣传效果和知名度情况。

(二) 目的地拉力因素

目的地拉力因素与旅游需求量的大小成正比，目的地拉力越大，旅

游需求量就越大,反之,旅游需求量就会下降。目的地拉力的影响因素主要有以下几方面:

(1) 旅游目的地的社会环境,主要是指治安环境是否稳定。
(2) 旅游目的地旅游资源状况,即旅游资源的吸引力,包括旅游资源的丰富程度、类型、质量状况等。
(3) 旅游目的地的交通条件,主要是指旅游区内旅游景点间的交通条件。
(4) 旅游目的地内旅游设施的完善程度。
(5) 旅游目的地内旅游服务水平。
(6) 旅游目的地旅游资源对外宣传的力度。
(7) 旅游目的地旅游产品的促销水平和目的地居民友好态度等。

(三) 两地间的互动因素

两地间的互动因素主要有以下几个方面:

(1) 两地间的旅游资源距离,即旅游客源地与目的地之间的旅游资源差异、文化差异等。
(2) 两地间的交通通达性。
(3) 两地间价格和汇率,汇率变动影响国际旅游价格,进而影响旅游需求。如果旅游目的地货币汇率下跌,相当于旅游产品价格下跌,则旅游需求增加;如果旅游目的地货币汇率升高,相当于旅游产品价格升高,则旅游需求下降。

三、旅游需求规律

(一) 旅游需求的预测

> 解释需求与需要间内涵的差异,指出旅游需求的含义及基本条件。

旅游需求影响着所有经济部门——个人和家庭、私营企业和公共部门。因此,旅游需求的预测成为很多经济部门的重要任务,对公共部门的政策制定和私营部门都有好处。旅游需求建模中通常使用单一议程和方程组模型两种方法,单一方程模型认为需求是很多决定性变量中的一个函数,测算方程需要计算需求对这些变量变化的敏感性。单一方程模型首次涉及需求影响因素的理论化,然后使用多元回归分析技术测算需求和每一个因素的关系,需求函数可以写成如下方程:

$$D = f(X_1, X_2, \cdots X_n)$$

其中,D 为旅游需求,$X_1, X_2, \cdots X_n$ 是自变量,为决定需求。单一方程实施简单,可以提供很多有用信息。一元回归分析被用于研究旅游需求和其决定变量间的关系,任何变量变化改变旅游需求的程度可以由相关计算进行量化。由于一种商品价格是决定需求量的最基本因素,所以往往假定其他因素保持不变,仅仅分析价格因素对该商品需求量的影响,这样,需求函数可以表示为:

$$D=f(P)$$

式中,P 为商品价格;D 为商品需求量。

(二) 旅游需求规律

需求规律的基本内容是:在其他条件不变的情况下,人们对某一商品的需求量随该商品价格的变动呈反方向变化,即需求量随商品价格的上升而减少,随商品价格的下降而增加。同一般商品一样,旅游产品也遵循需求规律。

但与一般商品不同的是,旅游需求的产生和变化不仅由价格因素决定,而且还受到旅游者收入和闲暇时间等因素的影响。具体说来,旅游需求规律可以用下列函数式来表示:

$$D_a=f(P_a;P_1,P_2\cdots P_n;I;T;\cdots)$$

其中,D_a 指某种旅游需求;P_a 指某种旅游产品或服务的价格;P_1,P_2,P_3 指其他产品或服务的价格;I 指旅游者可支配收入的水平;T 指闲暇时间。

1. 旅游需求量与旅游价格呈反向变化

价格变化对旅游需求量的影响主要表现在两个方面:一是旅游产品价格变化所产生的收入效应(income effect),二是价格变化所产生的替代效应(substitution effect)。首先,当旅游产品价格下降时,意味着在收入水平不变的情况下购买力提高了,从而会增加对旅游产品的需求;反之,当旅游产品价格提高时,意味着在收入水平不变的情况下购买力降低了,从而会减少对旅游产品的需求,这便是价格变化带来的收入效应。其次,对那些与旅游产品形成替代关系的替代品,如电脑、音响、电视等,当替代品价格下降时,意味着旅游产品即使价格不变但是其相对价格上升了,从而减少对旅游产品的需求;反之,当替代品价格提高时,意味着旅游产品即使价格不变但是其相对价格降低了,从而会增加对旅游产品的需求,这便是价格变化产生的替代效应。旅游价格是影响旅游需求的基本因素,在其他因素不变的情况下,旅游需求量随着旅游产品价格的变化而变化,当旅游产品价格上涨时,旅游需求量就会下降,当旅游产品价格下跌时,旅游需求量则会上升,将旅游需求量与旅游产品价格的这种关系反映到坐标系中就形成了旅游需求曲线图

（见图2-1）。

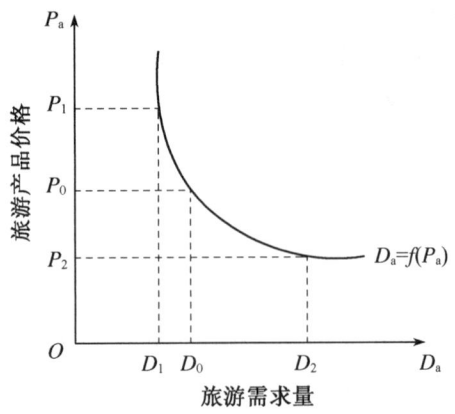

图 2-1 旅游需求曲线

如图 2-1 所示，当 a 种旅游产品价格为 P_0 时，旅游需求量为 D_0；若价格上升至 P_1 时，则旅游需求量下降至 D_1；若价格下降至 P_2，则旅游需求量上升至 D_2。旅游需求量（D_a）与旅游价格（P_a）的关系，用函数式可以表示为：

$$D_a = f(P_a)$$

下面讨论旅游产品间的替代或互补关系，替代品是指两种商品的功用相同或相近，可以满足人们的同一需要；互补品是指两种商品必须组合在一起才能满足人们的某种需要。日常生活中猪肉、牛肉、鸡肉间通常呈现替代品关系，而汽车与汽油、牙刷与牙膏间通常呈现互补品关系。

现假设 b 类商品与 a 类旅游产品有替代关系，由图 2-2 可以发现，当 b 类商品的价格上升时，旅游者在实际收入不变的情况下，将会减少 b 的需求量，增加 a 产品的需求量；当 b 产品价格下降时，旅游者在实际收入不变的情况下，将会增加对 b 商品的需求，减少对旅游 a 产品的购买量。因此，b 产品价格与 a 产品的需求量呈现出一种正相关关系。

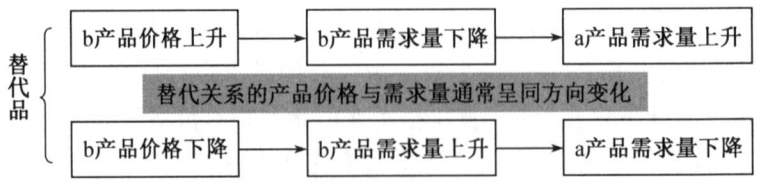

图 2-2 替代品的价格变化对旅游产品需求量的影响

现假设 b 产品与 a 类旅游产品成互补关系，这些商品的价格变化对旅游产品需求量的影响如图 2-3 所示。

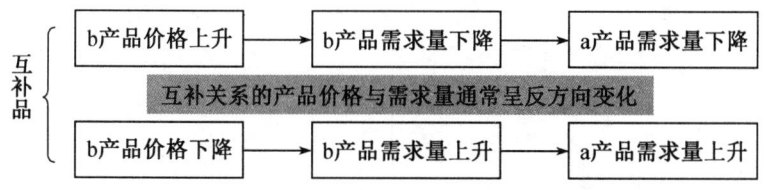

图 2-3 互补品的价格变化对旅游产品需求量的影响

从图 2-3 中可以看出,当 b 产品价格上升时,在其他条件不变情况下,旅游者将会减少对 b 产品的购买,从而也会减少对 a 旅游产品的需求量;当 b 产品价格下降,在其他条件不变的情况下,由于 b 类商品价格下降刺激了旅游需求量,旅游者对 a 旅游产品的需求量会上升,两者呈现一种负相关关系。

2. 旅游需求量与人们的可自由支配收入呈同向变化

人们的可支配收入与旅游需求也有着密切的联系。因为旅游需求是一种有效需求,而有效需求必须是具有支付能力的需求。如果人们仅有旅游欲望而无支付能力,是不可能形成有效需求的。通常,在其他情况不变的条件下,人们可支配收入越多,对旅游产品的需求就越大。主要表现为:一是出游的次数增多;二是出游的天数增多。因而人们可支配收入同旅游产品之间存在着正相关关系,如图 2-4 所示。

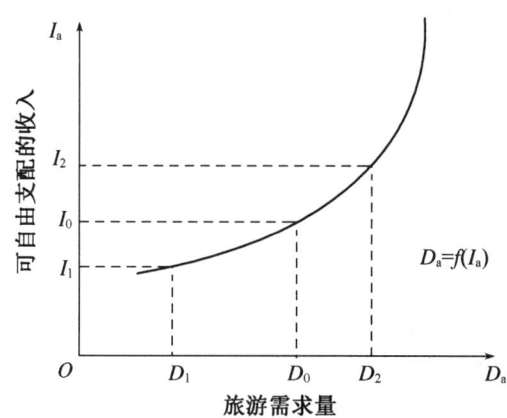

图 2-4 旅游需求量与可自由支配收入间的关系图

图 2-5 说明,当可自由支配收入为 I_0 时,旅游需求量为 D_0;当可自由支配收入增加至 I_2 时,旅游需求量增至 D_2;当可自由支配收入减少至 I_1 时,旅游需求量降低至 D_1。

学习小贴士:可自由支配收入与旅游需求量之间的关系有时也会发生例外,即当人们缺乏闲暇时间时,尽管其可自由支配收入增加了,也不会引起人们的出游需求。因为出游不仅需要有支付能力,还需要有一定的闲暇时间,图 2-5 便揭示了这种情况。

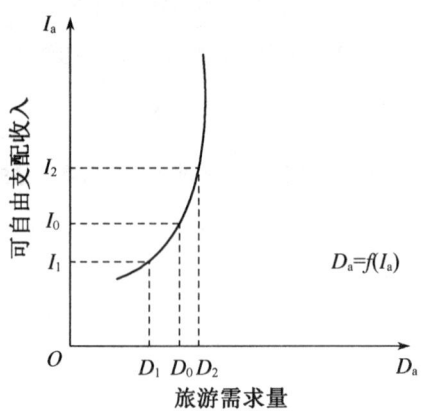

图 2-5　旅游需求量与可自由支配收入间关系的例外

3. 旅游需求量与人们的闲暇时间呈同方向变化

旅游产品的消费是一种特殊的消费,必须占用一定的时间。尽管人们的闲暇时间并不属于经济的范畴,但它同旅游需求也有密切的联系。所有旅游活动的开展都在闲暇时间内发生,这意味着一个人需要有足量且比较集中的闲暇时间,才有可能实现外出旅游。也就是说,足够的闲暇时间乃是实现个人旅游需求不可缺少的必要条件。

旅游消费者的集中闲暇时间足够多,一方面促成了外出旅游的客观条件,大部分旅游者有了外出旅游的时间。另一方面,对旅游消费者目的地的选择以及在旅游目的地逗留时间的长短有着很大影响。闲暇时间增多,旅游消费者当然会选择一些距离比较远的旅游目的地且其可能逗留时间也延长了。

闲暇时间不仅对旅游需求的产生具有决定性作用,而且直接影响着旅游需求量的变化。当人们闲暇时间增多时,旅游需求量就相应增加;当人们的闲暇时间减少时,旅游需求量就相应减少。因而旅游需求同闲暇时间的关系就像旅游需求同可支配收入的关系一样,也呈同方向变化。如果在坐标图中绘出旅游需求闲暇时间曲线,则是同旅游需求收入曲线相类似的曲线。

当然,闲暇时间与旅游需求量之间的关系也存在着例外情况。从经济学角度看,时间是有机会成本的。当一些人收入提高后,闲暇时间对他们来说会比购买旅游产品更加宝贵,因而可能会将来之不易的闲暇时间用于其他个人放松活动,从而减少或放弃出游的需求。

> **学习小贴士**:闲暇时间是指人们在日常工作、学习、生活之余以及必需的社会活动之外,可自由支配的时间。在社会生活中,人们的闲暇时间分为四种基本类型:每日闲暇、周末闲暇、法定假日与带薪假期。

> 这四种闲暇时间对形成现实旅游需求有不同的意义。每日闲暇对现实旅游需求没什么直接作用，一般用于每日的休闲和娱乐。周末闲暇可以促进短期、近距离的旅游需求。法定假日的闲暇时间可以促成远程的旅游需求，但是，休假方式不同和假日时间长短的不同对旅游需求的影响是不一样的。带薪休假是旅游真正走向大众的必要的配套制度。发达国家旅游业之所以能够达到较高程度，除了旅游支付能力外，与带薪休假不无关系。《中华人民共和国劳动法》规定劳动者在连续工作一年以上的，可以享受带薪年休假，但是带薪休假对旅游的促进作用尚不明显。

4. 旅游需求水平受其他因素影响而变动

旅游需求除了与旅游产品价格呈反向变化外，还受其他各种因素的影响。在旅游产品价格既定条件下，由于其他因素的变动而引起的旅游需求变化，称为旅游需求水平的变化。例如，在图 2-6 中，当人们可支配收入增加时，在旅游产品价格 P 不变情况下，旅游需求就会增加，从而引起旅游需求曲线 $D—D_0$ 右移到 $D_1—D_1'$，并使旅游需求量由 A 增加到 B；反之，当人们可支配收入减少时，在旅游产品价格 P 不变情况下，旅游需求就会减少，从而引起旅游需求曲线 $D—D_0$ 左移到 $D_2—D_2'$，并使旅游需求量由 A 下降到 C，这种变化就表现为旅游需求水平的变化。

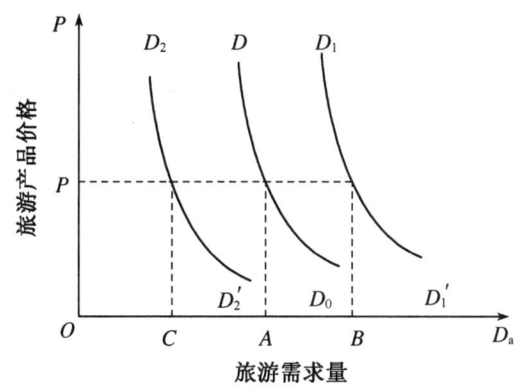

图 2-6　价格不变，可自由支配收入变化导致旅游需求变化

(三) 旅游需求规律的例外情况

大多数商品都遵循需求规律，但也有一些例外情况：吉芬效应 (Giffen Effect) 和凡勃伦效应 (Veblen Effect)。

传统的收入效应是指在货币收入不变的情况下，某种商品价格变化对其需求量的影响。如果某种商品价格上涨，而消费者的货币收入不变,那么就意味着消费者的实际收入相对于该种商品的价格上升而言在减少,购买能力在下降,从而对这种商品的需求会减少。

然而,1845年爱尔兰发生灾荒,英国人吉芬发现,土豆价格上升,但是土豆的需求量反而增加了。这类需求量与价格呈同方向变动的特殊商品也因此被称作"吉芬商品"。吉芬商品的存在是因为在极端的情况下,收入不增加甚至减少,但人们消费选择也会不按常理,饥荒情况下,人们担心基本的生存问题,所以会通过囤积淀粉属性食物来渡过难关,即使价格节节攀升,但人们会担心现在不买而别人在抢购,随着商品物资越来越稀缺,价格还会越来越高,在生命价值下便会不计成本了。

20世纪初,美国经济学家凡勃伦提出:商品价格定得越高,越畅销。与吉芬商品针对低端商品或生活必需品不同,凡勃伦效应针对的是高消费品甚至奢侈品,它反映了人们进行挥霍性消费的心理愿望。商品价格定得越高,越能受到消费者的青睐。

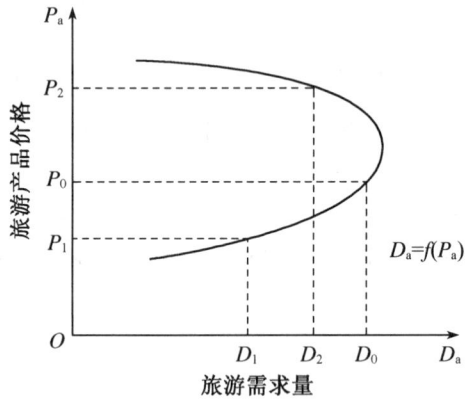

图2-7 旅游需求量与旅游产品价格变化关系的例外

随着社会经济的发展,人们的消费会随着收入的增加,逐步由追求数量向追求品位品质过渡,所以凡勃伦效应在营销领域也得到了广泛运用。商家在商品设计和定价中,通过提升包装、服务,从而提升产品附加值,建立消费文化。价格高的定位不仅不会打压销量,反而会提高销售额。但是,很多消费陷阱和欺诈行为,也会利用人们的这种心理诉求来实现其目的。

吉芬效应和凡勃伦效应的根源在于消费者的消费心理。人们在遭遇恐慌、担忧、攀比、嫉妒等心理状态下的心理诉求会导致消费选择的不同,而个体的选择会形成现象,进而变成效应,正如马歇尔在《经济学原理》中说道:一切科学的学说无不暗含一些前提条件。而这些前提条件会因时代的不同、环境的改变,以及人的观念的不同而发生变化。

四、旅游需求弹性

(一) 弹性的一般概念

在经济学中,弹性主要用来表明两个经济变量变化的关系。所谓弹性是指作为因变量经济变量 y 的相对变化对作为自变量经济变量 x 的相对变化的反应程度。用公式表示如下:

$$E=\frac{\Delta y/y}{\Delta x/x}$$

式中:E——弹性;

　　　y——因变量;

　　　x——自变量;

　　　Δy——因变量增量;

　　　Δx——自变量增量。

弹性一般可分为点弹性和弧弹性。点弹性是指当自变量变化很小时(即在某一点上)而引起的因变量的相对变化。上式实际上就是点弹性的计算公式。而弧弹性是指自变量变化较大时,取其平均数即平均变化对因变量的相对变化量。计算公式如下:

$$E_a=\frac{y_1-y_0}{(y_1+y_0)/2}\Big/\frac{x_1-x_0}{(x_1+x_2)/2}$$

式中:E_a——弧弹性;

　　　x_0,x_1——变化前后的自变量;

　　　y_0,y_1——变化前后的因变量。

点弹性与弧弹性的重要区别在于:点弹性是指因变量相对于自变量某一点上的变化程度;而弧弹性则是指因变量相对于自变量某一区间上的变化程度。

(二) 旅游需求弹性

商品需求弹性的影响因素有很多,包括:(1) 消费者对商品的需要程度,一般来说,人们对生活必需品需求大且稳定,因而需求弹性小,对奢侈品需求小且不稳定,因而高档奢侈品需求弹性大。(2) 商品在家庭支出中占比越小,价格变动对需求影响越小,其需求弹性越小;在家庭支出中占比越大,价格变动对需求影响越大,其需求弹性也大。(3) 商品可替代程度。一般来说一种商品可替代品越多,相近程度越高,则商品需求弹性越大;反之,替代品越少,相近程度越低,则需求弹性越小。(4) 商品用途越广泛,其需求弹性越大,反之则越小。(5) 商品的耐用程度。一般来说,商品使用寿命越长越耐用,需求弹性越大,反之越小。(6)不同消费者收入水平的差别。同一商品对不同收入阶层需求弹性是不同的,度假旅游对于高收入阶层来说是必需品,因而其需求弹性小,而对于低收入阶层可能是奢侈品,因而其需求弹性大。(7)消费者调节需求量的时间,一般来说时间越长,需求弹性越大,因为当消费者决定减少或停止购买价格上升的某商品前,要花时间去寻找和了解该商品的替代品。当然,某种商品的需求弹性到底多大,是多种因素综合作用的结果,不能只考虑其中一种因素。地域差别、文化风俗、消费水平、消费习惯、商品质量、售后服务等都会影响需求弹性。

旅游需求弹性是指旅游需求量对各种影响因素变动的反应程度。主要的影响因素有旅游产品的价格、消费者的可自由支配收入和其他相关商品的价格。

1. 旅游需求价格弹性

旅游产品价格与旅游需求量之间呈反方向变化的规律,旅游产品价格提高,旅游需求量会减少,相反旅游产品价格降低,旅游需求量会增加。

这种旅游需求对于旅游产品的价格变化所表现出来的数量增减程度就称为旅游需求的价格弹性。

旅游需求价格弹性系数是指旅游价格变化的百分数与旅游需求量变化的百分数的比值。由于旅游需求量与旅游价格的变化方向相反,旅游价格弹性系数总是表现为负数,通常用绝对值来表示,计算公式如下:

$$E_{dp} = \frac{Q_1 - Q_0}{Q_0} / \frac{P_1 - P_0}{P_0} \tag{1}$$

$$E_{dp} = \frac{(Q_1 - Q_0)}{(Q_1 + Q_0)/2} / \frac{P_1 - P_0}{(P_1 + P_0)/2} \tag{2}$$

式中:E_{dp}——旅游需求价格弹性系数;

P_0, P_1——变化前后的旅游产品价格;

Q_0, Q_1——变化前后的旅游需求量。

式(1)反映的是旅游产品价格变动引起旅游需求量的直接变化程度,即需求曲线上某一点的弹性系数。式(2)表示的是旅游产品价格变动引起旅游需求量的平均变化程度,即需求曲线上某一段的弹性系数。即(1)式计算的是点弹性,(2)式计算的是弧弹性。

由于价格与需求量成反比例关系,因此旅游需求价格弹性系数为负值,在分析旅游需求价格弹性系数时,取其绝对值。根据旅游需求价格弹性系数E_{dp}的绝对值大小,通常可区分为以下三种情况(如表2-1

所示）：

当$|E_{dp}|>1$时,表明旅游需求量变动的百分比大于旅游产品价格变动的百分比,这时称旅游需求富于弹性。旅游需求弹性较大,需求曲线表现得比较平坦。此时,只要旅游价格稍有变化,便会引起旅游需求较大幅度的变化。因此,在旅游需求弹性系数大于1的情况下,提价便会引起旅游需求量的锐减,从而减少总收益,降价则可以刺激旅游需求量的剧增从而增加总收益。

当$|E_{dp}|<1$时,表明旅游需求量变动的百分比小于旅游产品价格变动的百分比,因此称旅游需求弹性不足或称为缺乏弹性。旅游需求曲线表现得比较陡峭。此时,旅游价格若发展变化,只会引起旅游需求量较小幅度的变化。因此在旅游需求弹性系数小于1的情况下,适度的提价可以增加总收益,降价则会在一定程度上减少总收益。

当$|E_{dp}|=1$,表明旅游需求变动的百分比与旅游产品价格变动的百分比相等,因此称这种旅游需求价格弹性为单位弹性。旅游需求弹性适中,旅游需求曲线表现为一条正双曲线。此时,旅游产品价格若有所变化,旅游需求则发生相同幅度的变化。因此,在旅游需求价格弹性系数等于1的情况下,提价不会增加总收益,降价也不会减少总收益。

表2-1 旅游需求价格弹性系数与旅游总收入间的关系

旅游需求价格弹性	价格变动	需求变动	总收入变动
$|E_{dp}|>1$	上升	下降更多	下降
	下降	上升更多	上升
$|E_{dp}|=1$	上升	同比下降	不变
	下降	同比上升	不变
$|E_{dp}|<1$	上升	下降更少	上升
	下降	上升更少	下降

形成旅游需求价格弹性系数大小不同的主要原因有以下几个：一是不同等级或档次的旅游产品对旅游者的重要程度不同,重要程度越高则需求弹性系数越小,重要程度越低则需求弹性系数越大；二是不同旅游产品替代程度不同,替代程度越高则需求弹性越大,替代程度越低则需求弹性越小；三是旅游者对价格变化反应的时间长短不同,旅游者对旅游产品价格变化反应时间越短则需求弹性越小,反之则需求弹性越大；四是某种旅游产品在总产品价格中所占比重不同,所占比重越大则其需求弹性越大,反之则越小。

> **学习小贴士**：用弹性理论解释"薄利多销"与"谷贱伤农"。首先,需求富有弹性的商品,其价格与总收益呈反方向变动。"薄利"就是降价,

降价能"多销","多销"则会增加总收益。"薄利多销"是指需求富有弹性的商品小幅度降价可使需求量较大幅度增加,从而引起的总收益的增加。其次,需求缺乏弹性的商品,其价格与总收益呈同方向变动。谷,即粮食,是生活必需品,需求缺乏弹性,其弹性系数很小,在粮食丰收、粮价下跌时,需求增加得并不多,而总收益减少,农民受到损失。

需求价格弹性与总收益间的关系。总收益是产品价格与销售量的乘积,不同产品其需求弹性不同,价格变动引起的销售量的变动也不同,因而总收益也不同。下面我们运用弹性理论来具体分析。

如下图所示,当 $E_d>1$ 时,价格提高1%,会带来需求量下降的幅度大于1%,由此造成的总收益降低幅度大于1%,从净的效应来看,总收益是减少的;反过来,价格降低时,价格效应为负,产量效应为正,降低价格带来总收益减少的幅度小于由此造成的需求量增加而增加的总收益,对总收益影响的净效应为正,即总收益是增加的。综合可得出一条基本的结论,即当需求缺乏弹性时,价格变化方向与总收益变化方向相同,当需求富有弹性时,价格变化方向与总收益变化方向相反。

$$\underset{\text{净效应为负}}{\overset{\downarrow}{TR}} = \underset{1\%}{\overset{\uparrow}{P}} \times \underset{>1\%}{\overset{\downarrow}{Q}}$$

如下图所示,当 $E_d<1$ 时,当价格提高1%,会带来总收益提高1%,但价格提高的同时又会带来需求量下降,不过需求量下降的幅度小于1%,即由此造成的总收益降低幅度小于1%,从净的效应来看,总收益是增加的。反过来,价格降低时,价格效应为负,产量效应为正,降低价格带来总收益减少的幅度大于由此造成的需求量增加而增加的总收益,对总收益影响的净效应为负,即总收益是减少的。

$$\underset{\text{净效应为正}}{\overset{\uparrow}{TR}} = \underset{1\%}{\overset{\uparrow}{P}} \times \underset{>1\%}{\overset{\downarrow}{Q}}$$

对于旅游产品来说,一般情况下经济型旅游产品的弹性系数较小,豪华型旅游产品的弹性系数较大。由于某项旅游产品多是各种类型产品的综合体,其需求弹性系数不尽相同,因此,不能盲目采取降价策略来刺激需求量。

2. 旅游需求收入弹性

旅游需求收入弹性是指旅游需求量对可自由支配收入变动的反应程度。旅游需求的收入弹性系数是指人们可自由支配收入变化的百分数与旅游需求量变化的百分数的比值。

由于旅游需求量与可自由支配收入的变化方向相同,所以旅游需求收入弹性系数总是表现为正数,其计算公式如下:

$$E_{di} = \frac{Q_1 - Q_0}{Q_0} \div \frac{I_1 - I_0}{I_0}$$

式中:E_{di}——旅游需求收入弹性系数;

Q_0,Q_1——变化前后的旅游需求量;

I_0,I_1——变化前后的可自由支配收入。

旅游需求的收入弹性系数也会出现以下三种情况:

当$E_{di}>1$时,表示旅游需求量变动的百分比大于可自由支配收入变动的百分比,说明旅游需求对收入变化的敏感性大,因此可支配收入发生一定的增减变化,会引起旅游需求量发生较大程度的增减变化。此时旅游需求曲线表现得比较平缓。

当$E_{di}<1$时,表示旅游需求量变动的百分比小于可支配收入变动的百分比,说明旅游需求对收入变化的敏感性小,因而人们可支配收入发生一定的增减变化,只能引起旅游需求量发生较小程度的增减变化。此时旅游需求曲线表现得较为陡峭。

当$E_{di}=1$时,表示旅游需求量变动的百分比与可支配收入变动的百分比相等,因此旅游需求收入弹性为单位弹性,即旅游需求量与人们可支配收入按相同比例变化。

国际旅游组织的有关研究表明,各主要客源国的旅游需求收入弹性系数一般都比较高,有些国家甚至高达3.0左右。随着社会生产力的发展和人民生活水平的提高,旅游将逐渐成为人们日常生活的一部分,旅游需求的收入弹性系数将会逐渐缩小。通常,高级消费品的需求收入弹性都较大。因为,随着社会生产力的发展及人们收入水平的提高,人们用于低级的生活必需品的支出比重将逐渐下降,而用于高级生活消费品的支出比重将逐渐上升。

学习小贴士:恩格尔定律和恩格尔系数。由于不同商品的收入弹性不同,当收入增加时,不同商品需求的增长速度是不同的,不同商品支出在总支出中所占份额会发生变化。恩格尔在研究中发现随着消费者收入水平的提高,食物支出在全部消费支出中的比重会越来越小,这便是恩格尔定律。食物支出占全部消费支出的比例被称为恩

> 格尔系数。一般来说,恩格尔系数越小,富裕程度和生活水平越高;恩格尔系数越大,富裕程度和生活水平越低。恩格尔系数可以反映一个国家、一个地区和一个家庭的富裕程度与生活水平。

3. 旅游需求的交叉弹性

旅游产品之间有些有替代性,有些有互补性。所谓旅游产品的替代性,是指相同性质而不同类型的旅游产品在满足旅游需求之间具有相互替代的关系,例如宾馆、度假村、招待所、公寓、临时帐篷等都是向旅游者提供住宿需求的,而各种不同类型的住宿设施随着价格变化可以互相替代。

所谓旅游产品的互补性,是指旅游产品各部分构成中,是互相补充和互相促进的,即某一部分的存在和发展必须以其他部分的存在和发展为前提,或者某一部分旅游产品作用的有效发挥,必须以其他部分的存在及配合为条件。例如,航运公司旅客的增加,必然使旅游饭店和旅游餐饮的接待人数相应增加。

正是由于旅游产品具有替代性和互补性的特点,因而某种旅游产品的需求量不仅对其自身的价格变化有反应,而且对其他旅游产品的价格变化也有反应。所以,旅游需求的交叉弹性就是指某一种旅游产品的需求量对其他旅游产品价格变化反应的敏感性,其计算公式是:

$$E_{dc} = \frac{(Q_{x1}-Q_{x0})/Q_{x0}}{(P_{y1}-P_{y0})/P_{y0}}$$

式中:E_{dc}——旅游需求交叉弹性系数;

Q_{x0},Q_{x1}——变化前后 x 旅游产品的需求量;

P_{y0},P_{y1}——变化前后 y 旅游产品的价格。

计算出来的旅游需求交叉弹性是正值或负值取决于两种商品之间的关系,如两种产品之间为替代关系,二者的价格和需求量同方向变动,则计算出来旅游需求交叉弹性的数量为正值;如果两种产品之间为互补关系,二者的价格与需求量之间呈反向变动,则计算出来旅游需求交叉弹性的数量为负值。正的交叉弹性越大,两种商品替代性越高;负的交叉弹性越大,两种商品的互补关系越密切。

任务 2-2　旅游消费者行为理论

一、旅游消费的概念与内涵

消费是促进国民经济循环的动力,在生产、交换、分配和消费的四个环节中,生产是起点,消费是终点。如果把社会再生产看作一个周而复始、不断更新的过程,那么消费是第一个生产过程的终点,又是第二个生产过程的起点。因此,旅游消费是社会再生产过程中的重要环节。

旅游消费,是指人们在旅行游览过程中,为了满足其自身发展和享受的需要,而进行的各种物质资料和精神资料消费的总和。旅游活动作为一种生活方式,说到底是一种高级消费方式。它是在人们的衣、食、住、行等基本物质文化生活需要得到满足之后,还有多余的收入和闲暇时间而产生的新的消费需求。旅游消费从其性质上可作如下界定:

(1) 旅游消费属于个人消费的范畴;
(2) 旅游消费的内容具有综合性;
(3) 旅游消费是一种超出生存需要的高级消费方式。

二、旅游者消费行为理论

(一) 旅游者的选择和效用

效用是指商品满足人的欲望的能力,或指消费者在消费商品时所感受到的满足程度,效用具有主观性、非伦理性和差异性等特点。非伦理性指效用不受社会伦理标准衡量和评价。效用是一种主观的心理状态,同一物品对于不同的人有不同的效用;同一消费者,对同一物品,在不同时间、地点和消费不同数量时,其效用也不相同。

消费者行为是指人们为了满足自己的欲望而利用产品效用的一种经济行为,即个人或团体在市场上做出的购买决策和购买活动。消费者行为理论,就是研究消费者在商品价格一定的情况下,如何把有限的收入分配到各种商品的消费上,以实现消费效用的最大化。

旅游者消费行为理论就是研究在旅游产品价格和旅游者收入一定时,旅游者如何把有限的收入分配在各种旅游产品或其他消费品的购买与消费上,以实现旅游消费的最大满足,即旅游者在付出一定费用、精力和时间的前提下,通过旅游消费获得物质和精神上的最佳感受。

在度量效用问题上,西方经济家先后提出了基数效用和序数效用的概念。在此基础上,形成了分析消费者行为的两种方法:基数效用论的边际效用分析法和序数效用论的无差异曲线分析法。

微观经济学以稀缺规律作为分析消费问题的出发点,认为人的欲望是无限的,而能够用来满足人的欲望的物品和劳务,相对来说是有限的(受收入水平限制),即具有稀缺性。效用理论就是研究消费者如何以具有稀缺性的商品获得最佳消费满足(感受)或效用的学问。

商品的效用分为总效用(total utility,TU)和边际效用(marginal utility,MU)。消费者在一定时间内消费一定数量的商品或劳务所得到的效用总量或总体满足程度,称为总效用。消费者在一定时间内增加一个单位的商品或劳务的消费所增加的效用或增加的满足,称为:

边际效用=效用的增量/商品消费增量

效用也可能为负值,即负效用,指消费者在购买或使用商品时所感到的不舒适或痛苦的程度。

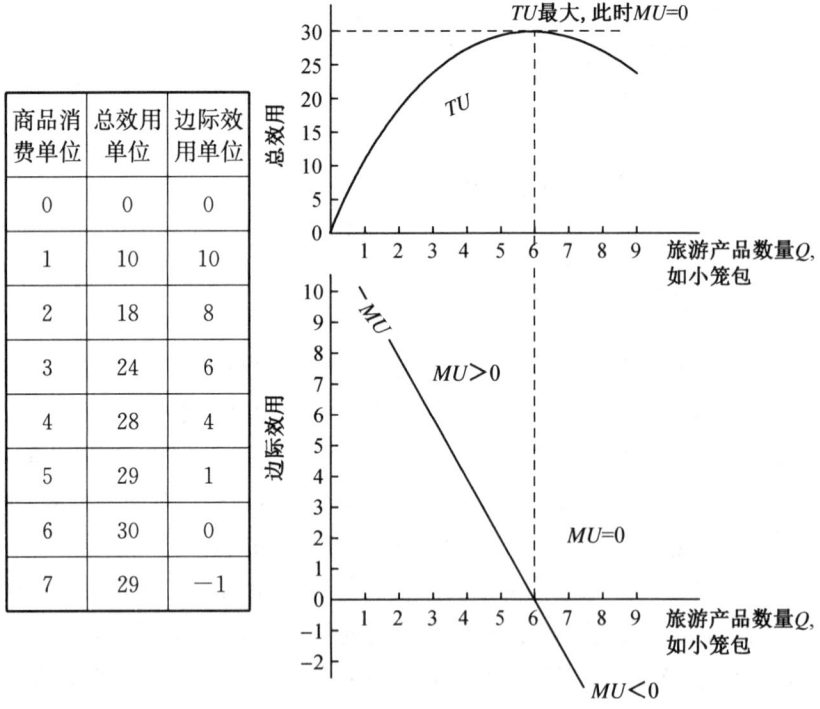

商品消费单位	总效用单位	边际效用单位
0	0	0
1	10	10
2	18	8
3	24	6
4	28	4
5	29	1
6	30	0
7	29	−1

图 2-8 边际效用与总效用关系

当物品的消费数量增加时,总效用开始增加,增加到一定程度达到饱和,然后开始下降;而边际效用总是递减的,当边际效用递减为 0 时,总效用最大;这时再增加消费量,则边际效用为负,总效用逐渐递减。

边际效用递减规律:假定其他条件不变,在一定时期内,某一产品的边际效用随其本身消费数量的增加而递减,称之为边际效用递减规律。

(二) 基数效用分析

基数效用理论认为,效用量(总效用)随着消费者所消费的商品量的变化而变化,效用量与商品量之间有一种对应关系。即效用函数。

$$U(效用量)=f(q)$$

一般而言,效用函数是增函数。

若消费者消费多种商品,则效用函数:

$$U=f(q_1,q_2,q_3,\cdots q_n)$$

通常消费者按最大效用原则进行消费。假定其他条件不变,在一定数量的货币收入下,消费者所购买的各种商品能使他获得最大效用的状态,称之为消费者均衡状态。

任何一个消费者总是在商品价格和自己收入一定的条件下,使自己的购买行为实现效用最大化。

假如消费者在购买一种商品时,认为所获得的该商品的边际效用大于他所支付的货币量所代表的边际效用,这时他将继续交换(购买该商品),直到所获得的该商品的边际效用与其所支付货币量所代表的边际效用相等,即达到消费均衡。

消费者均衡的条件用公式表示为:

$$MU_x/P_x=MU_y/P_y=\cdots=MU_m$$

式中:MU_x 表示 x 商品的边际效用;

P_x 表示 x 商品价格;

MU_m 表示一定货币量所代表的边际效用。

基数效用分析法一般用在旅游消费者对旅游产品和高档消费品购买选择的决策上,以及对不同的旅游产品购买的决策上。

(三) 序数效用分析

1. 无差异曲线

基数效用理论对消费者行为的研究是假定效用是可以测量的,可用基数 1、2、3、4……n 来表示计量。而序数效用理论认为效用具有不可测性,可根据消费者偏好顺序与选择行为来分析消费效用问题,其几何表示形式,就是无差异曲线分析法。

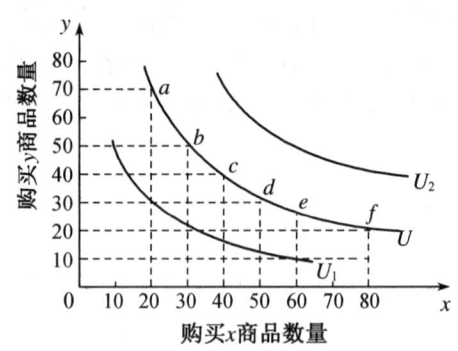

图 2-9 无差异曲线

无差异曲线是用来表示两种商品或两组商品不同数量的组合对消费者所提供的效用是相同的。无差异曲线符合这样一个要求:如果听任消费者对曲线上的点作选择,那么,所有的点对他都是同样可取的,因为任一点所代表的组合给他带来的满足都是无差异的。无差异曲线(indifference curve)是一条向右下方倾斜的曲线,其斜率一般为负值(注意坐标轴表示的含义),这在经济学中表明在收入与价格既定条件下,消费者为了获得同样的满足程度,增加一种商品的消费就必须减少另一种商品的消费,两种商品在消费者偏好不变的条件下,不能同时减少或增多。

将无差异表绘成图形,可得到无差异曲线,曲线上的每个点都代表两种物品的一种组合,各种组合给消费者提供的满足程度都是相同的,因此又称之为效用等高线,一条无差异曲线代表着消费者某一特定的满足水平,不同的满足水平对应着不同的无差异曲线。无差异曲线的特点:

(1) 无差异曲线是由左上方向右下方倾斜的曲线,且一般凸向原点。

(2) 距离坐标原点愈远的无差异曲线所代表的满足水平愈高。

(3) 任两条无差异曲线不能相交。

2. 预算线

一般情况下,消费者在购买物品时,不仅要考虑他的满足水平,还要考虑物品的价格及自己的收入水平。

例:消费者可自由支配收入为 M,要选购 x(价格 P_x)、y(价格 P_y)两种物品。若:

M 只用来购买 x,则可得到 M/P_x 单位 x 物品;

M 只用来购买 y,则可得到 M/P_y 单位 y 物品;

M 用来购买数量为 x 的 x 物品,数量为 y 的 y 物品,

则，$x * P_x + y * P_y = M$

消费者在一定的货币收入下，所能购买到的一定价格水平上的两种商品的组合产生的点的连线，称之为预算线。

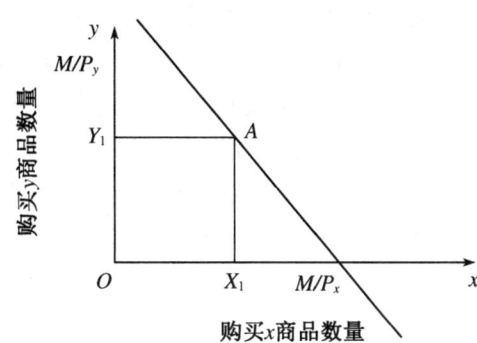

图 2-10 消费者预算线及预算组合

预算线上 A 点，消费者购买 X 商品数量为 X_1，购买 Y 商品数量为 Y_1，须满足：$X_1 P_x + Y_1 P_y = M$。

3. 消费均衡

无差异曲线从主观上表示消费者可做出多种选择以达到相同的满足程度，而预算线从客观上表示消费者可以购买的各种产品组合，把二者结合起来，消费者可以决定最佳购买，以达到消费的最大满足水平（效用最大），这一最佳消费状态被称为消费均衡（消费者最大效用均衡）。

消费均衡是由无差异曲线和预算线的切点决定的。假定消费者的收入为 M，购买 X_1、X_2 两种物品，则预算线与无差异曲线的关系有三种可能：两个交点、一个切点、无交点。

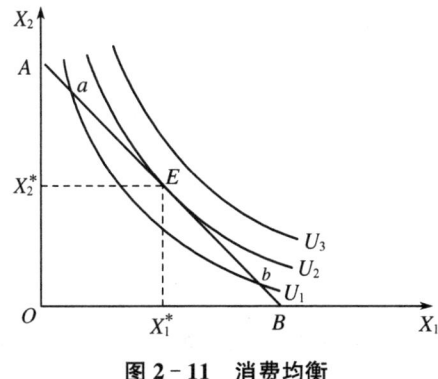

图 2-11 消费均衡

由图 2-11 可知，AB 与 U_3 无交点，表示消费者在收入 M 水平下，达不到无差异曲线 U_3 代表的满足水平；与 U_2 相切于 E 点，表示消费者

购买 X_1^* 单位的 X_1 商品,X_2^* 单位的 X_2 商品得到的消费效用最大,E 点成为消费均衡点;与 U_1 有两个交点,达不到最大满足水平。

> **学习小贴士**:消费者剩余(consumer surplus)。一种物品的总效用与其总市场价值之间的差额称之为消费者剩余,指消费者从商品中得到的满足程度超过了实际付出的价格部分,或者说消费者剩余是消费者愿意为一种商品支付的数量减去消费者为此实际支付的数量,是一种心理现象,在购买过程中并未得到真实的利益。之所以产生剩余,是因为我们所得到的大于我们所支付的,这种额外好处的根源在于递减的边际效用。我们所购买的某一物品的每1个单位,从第1单位到最后1单位,支付的是相同的价格。但根据边际效用递减规律,前面各个单位都要比最后1个单位物品带来更高的价值。因此,我们便会从前面每1单位中享受到了效用剩余。在简化的情况下,可以用需求曲线与价格线之间的面积来衡量消费者剩余(如图 2-12 所示)。

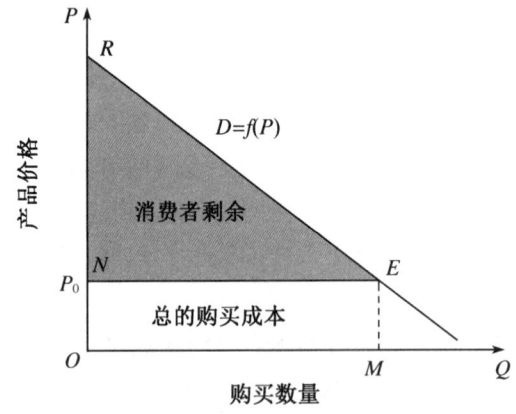

图 2-12 总的消费者剩余是需求曲线与价格之间的面积

图 2-12 中,需求曲线 D 衡量了消费者每单位支付的代价。因此,需求曲线之下的总面积 $OREM$ 代表了从消费者的消费中得到的总效用,减去消费者所支付的市场价格剩余 $ONEM$,就可以得到该商品消费中所获得的消费者剩余,即灰色三角形区域 NER。

三、旅游消费结构优化

> 我国旅游消费结构的现状及存在的问题主要有哪些?

旅游消费结构是指旅游产品消费的数量比例和相互关系,其不仅反映了旅游消费方式的基本特征,还反映了由生产力所决定的旅游消费的质量和水平。

旅游消费不是人类生存的必要消费,它属于人类高级享受和发展需要的消费。因此,它的需求弹性较大,很多因素都会影响旅游消费的数量和质量。除了国际上政治、经济、环境或气候变化等因素的影响外,旅游者的收入水平、年龄、性别、职业和受教育程度以及风俗习惯、兴趣爱好等,都是影响旅游消费结构的因素。此外,旅游供给国或目的地服务范围、服务项目、服务质量、服务态度和旅游各部门的协调配合能力,以及社会治安等也都是影响旅游消费构成的因素。旅游消费结构可从不同角度进行划分。

(一)旅游消费结构的分类

1. 按满足人们旅游需求的不同层次分类

从满足旅游者旅游消费需要的不同层次出发,可将旅游消费划分为生存资料消费、享受资料消费和发展资料消费。生存资料是指人们满足基本生活需要,维持劳动力简单再生产所必需的消费资料;享受资料是指为了提高人们的生活质量,丰富物质生活,增进健康所需要的消费资料;发展资料是指保证人们的体力和智力不断获得发展所需要的消费资料。具体而言,旅游者在旅游过程中对饮食、住宿、交通等方面的消费,是满足其在游览过程中基本生理需要的消费,而在观赏、学习以及娱乐等方面所消费的物质产品、精神产品和服务,是满足旅游者的精神享受和智力发展的需要。在旅游活动过程中,这几种消费资料的消费相互交错,很难严格划分它们之间的区别和界限。因为在满足旅游者基本生活需要的过程中必然渗透着享受和发展需要,许多旅游者在消费饭店产品时,既要得到基本生理需要的满足,同时也要求获得精神享受上的满足。

2. 按旅游消费资料的形态分类

从旅游消费资料的形态出发,可将旅游消费划分为物质消费和精神消费。物质消费是指旅游者在旅游过程中所消耗的物质产品,如食品、饮品等必需品,以及客房用品等低值易耗品。精神消费是指提供旅游者在旅游活动中观赏、游玩的山水名胜、文物古迹、民族文化、人文风情等精神产品,以及在旅游活动过程中所享受到的一切服务性产品。这一分类也具有相对性,物质消费主要满足旅游者的生理需求,但物质消费若使旅游者的生理需求得到满足,则旅游者在精神上也会感到愉悦。精神消费主要是指满足旅游者的精神需求,但其中也包括不少物质形态产品的消费。

3. 按旅游消费对旅游活动的重要程度分类

从旅游消费对旅游活动的重要性出发,可将旅游消费分为基本旅游消费和非基本旅游消费。基本旅游消费是指进行一次旅游活动所必需的而又基本稳定的消费,如旅游住宿、旅游交通、旅游餐饮和景区游览等方面的消费;非基本旅游消费是指并非每次旅游活动都需要的并具有较大需求弹性的消费,如旅游购物、医疗、通信消费等。

从旅游消费的组织方式出发,可将旅游消费分为散客旅游消费和团体旅游消费。此外,旅游消费结构还可以根据不同国家或地区的旅游者,不同旅游者的性别、年龄、职业等进行分类。

(二) 旅游消费结构的合理化

旅游消费合理化是一个动态的发展过程,是指旅游消费从不合理状态向合理化状态不断逼近的渐进过程。合理旅游消费的内容和基本标准包括以下几个方面:

1. 旅游消费多样化

所谓旅游消费多样化,是指旅游消费的内容必须丰富多彩,方式要生动活泼、多种多样。因为旅游实际上就是人们花钱买享受,要让旅游者玩得痛快、充实,那么可供旅游者选择的旅游消费内容和旅游活动方式,就必须能满足旅游者各种各样的需要。既要有观光游览、休闲度假的旅游设施,又要有各种能让旅游者参与其中、亲身体验的旅游项目;既要有利于旅游者消除疲劳,又要有利于旅游者增长知识、开阔视野。因此,旅游消费多样化是旅游消费结构合理化的基本要求。

2. 旅游消费结构不断优化

旅游消费结构反映旅游者在旅游过程中消费的各种类型的消费资料(物质产品、精神产品和服务)的比例关系。所谓旅游消费结构的优化,是指在旅游消费中,食、住、行、游、购、娱及其各自内部的支出比例要恰当,要体现出旅游消费的经济性、文化性以及精神享受等特点,这样才能最大限度提高旅游消费的经济和社会效益,并且能促进旅游者的身心健康和全面发展。

3. 旅游消费水平逐步上升

旅游消费是人们文化生活的组成部分,是一种包含较多精神内容的、高层次的生活方式。它的发展必然能给旅游者以新颖、舒适、优美、健康的感受;能够激发人们热爱生活、追求理想、积极向上、努力学习的情感和动力;能不断提高人们的思想、艺术、文化修养,抵御各种腐败和不健康现象,用丰富多彩的旅游活动内容来充实旅游者的精神世界。因此,旅游消费水平越高,即旅游者在旅游活动中消费旅游产品的数量和对旅游需求的满足程度越高,意味着旅游消费结构越趋向合理。

4. 旅游消费市场供求平衡

由于受多种因素的影响和制约,旅游消费需求具有较大的弹性,而旅游产品的供给一旦形成,则具有一定稳定性。所以,合理的旅游消费结构,应能保证旅游消费需求与旅游产品供给相互适应、协调发展。一方面,应保证在旅游淡季和旅游"温冷点"地区仍有一定的旅游消费规模,以提高旅游设施设备的利用率,充分发挥旅游消费对旅游生产的促进作用;另一方面,应保证在旅游旺季和旅游"热点"地区,旅游消费的水平结构与旅游地的接待能力相适应。

5. 有利于旅游环境的保护

良好的旅游环境既是重要的旅游资源,也是旅游产品的重要组成部分,同时还是旅游消费得以顺利进行的必要条件。人们出门旅游的主要动机就是追求一个清新、优美、安全的自然环境和社会环境。因此,合理的旅游消费构成必须有利于保护环境和维持生态平衡,任何不利于环境保护或超越旅游资源承受能力的旅游消费项目都应受到限制。

旅游消费结构的合理化是相对的,没有一个统一的标准。因此,应以上述合理旅游消费结构的原则为依据,结合一定时期的具体情况,科学地组织旅游产品的生产,正确引导旅游消费,不断改变不合理的旅游消费结构,使旅游消费结构逐渐趋于合理。

> **学习小贴士**:旅游消费结构优化的最终目的是要实现旅游者个人、旅游经营者以及整个社会的和谐有序发展,对旅游消费效果的评价就是要考察是否达到了这些目的。第一,对旅游者来说,在旅游消费过程中需要消耗一定的金钱、时间、精力和体力,即旅游消费的投入,通过旅游消费使人们的体力、智力得到恢复和发展,精神得到满足,即旅游消费的产出,这种投入产出的对比关系就是旅游消费的效果。第二,从旅游经营者角度看,通过消耗一定的生产资料和劳务,即生产性消费而向旅游者提供旅游产品,最终获得相应的旅游收入、声誉和影响力以及顾客的满意等成果,旅游消费效果就是旅游经营者的投入产出对比关系。第三,从整个社会角度看,旅游消费对社会生产力及再生产的积极影响,以及对社会经济发展所起的促进作用。

项目小结

重点概念：

旅游需求	旅游需求弹性
旅游消费	商品边际效用
基数效用	序数效用
旅游消费结构	旅游需求交叉弹性

练习与测试：

1. 名词解释：旅游需求弹性；旅游消费结构
2. 简析基数效用理论的基本观点。
3. 简述序数效用理论的基本观点。

延伸阅读：

我国旅游消费水平、结构的现状及变化趋势。

实验实训

1. 实训任务

将学生进行编组，每组 4—8 名同学，组内学生自行分工合作，进行资料收集、整理、制作、美化、展示、汇报等工作。教师可以发布实训任务一览表中的任务，每组同学以此任务作为主题，利用课余时间进行展示材料的整理与制作。在此基础上，教师将利用 2—4 课时时间，用于学生自行汇报展示其工作成果。任务目的在于了解旅游需求预测的方法、旅游消费者决策行为的原理以及旅游消费结构优化方法。

实训任务一览表

序号	实训任务名称	实训学时
01	调研并得出旅游需求的影响因素	2—4
02	举例说明旅游消费者决策过程	
03	查找并收集资料，提出旅游消费结构优化的方案	
注：教师可根据需要选用实训项目和学时。		

2. 成果要求

每组同学制作完成一份 WORD 文档和一份展示 PPT，WORD 文档用于图文资料的整理汇总，PPT 文件用于课堂汇报展示，并将上述两个文件放入文件夹，命名规则为：班级名称＋小组编号＋任务名称。

3. 考核标准

评价标准与打分表

项目	考核内容和要求	分值	得分	备注
态度	能够按时完成,积极主动,组内分工合作	20		
内容	导向正确,内容完整、准确,逻辑清晰	20		
形式	格式规范、语言简洁、图表样式美观	20		
展示	仪态形象得当,表达清楚,语言流畅	20		
创新	内容、格式、展示过程有创意,特色明显	20		
小计		100		

4. 其他备注

项目三 旅游供给与生产

【项目目标】

知识目标：了解旅游供给的内涵及影响因素，了解旅游生产目标及约束条件，掌握旅游供给规律及供给弹性，理解旅游生产函数的主要变量及表达形式。

技能目标：能够举例说明旅游供给规律及供给弹性。

能力目标：收集、整理、分析相关案例和数据，通过统计分析、制作、美化、展示、汇报等工作，掌握旅游供给规律及供给弹性，以及旅游生产函数的计算。

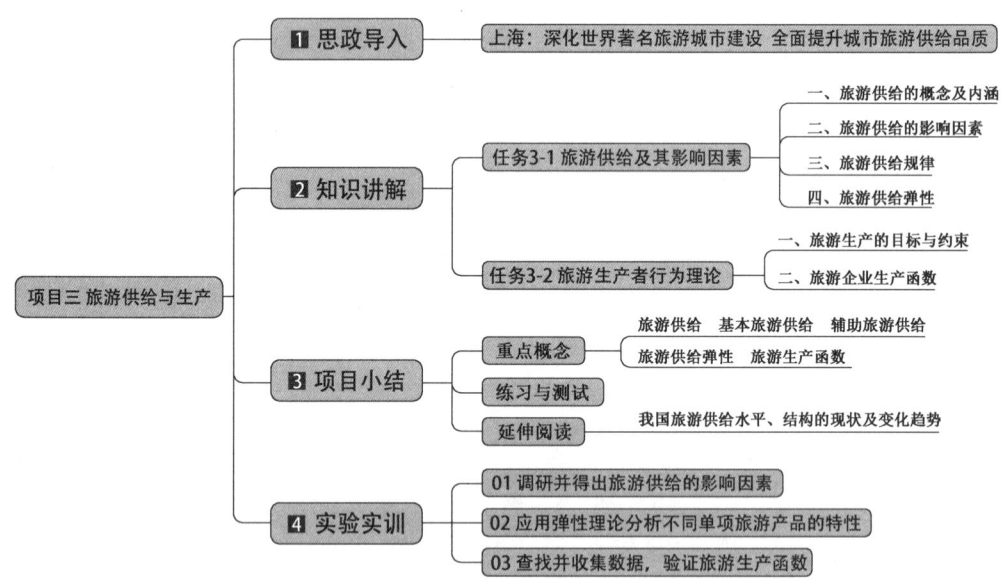

思政导入

上海:深化世界著名旅游城市建设 全面提升城市旅游供给品质

旅游是涉及交通、住宿、餐饮、自然资源、娱乐,以及其他像商店、银行、旅行代理商和旅游营销商一类的机构和服务的综合产品。现实中,人们往往会根据各自的动机和出行目的,如公差、探亲访友、外出度假、旅游观光等,前往一个特定地区,这个特定的地区便是旅游目的地。旅游目的地主要集中在以下三类地区:一是中心城市和重要城镇,二是风景名胜区或休闲度假区,三是人造旅游胜地。在旅游者看来,大到一个洲,小到一个村庄都可以成为旅游目的地。

背景导读:以城旅一体、主客共享构建全域旅游发展"高原",以引领性重大项目、名片性重大活动、功能性重大平台构筑旅游发展"高峰",以全力增加旅游总收入实现旅游贡献"倍增",全面提升城市旅游供给品质……"十四五"时期,上海将这样深化世界著名旅游城市建设。

上海(2021年6月)22日正式发布《上海市"十四五"时期深化世界著名旅游城市建设规划》。规划提出,至2025年,上海将力争实现旅游年总收入由2020年的3 139.78亿元增加到7 000亿元,旅游产业增加值占上海GDP比重由2020年的3.4%增加到6%左右。

上海市文化和旅游局局长方世忠说,上海旅游发展目标以"一梁四柱"为特点,即以建设高品质世界著名旅游城市为主轴,以建设都市旅游首选城市、国际旅游开放枢纽、亚太旅游投资门户、国际数字旅游之都为四大功能支撑。

上海旅游发展将遵循"以人为本,共建共享"原则。数据显示,2020年底,上海拥有国家级旅游功能区6个,国家A级旅游景区130个,红色旅游经典景区12个;千余历史建筑面向市民开放,105处文旅场所点亮"夜经济",结合城市微更新的"家门口的好去处"达到50个……这些为市民游客带来丰富体验的载体将在"十四五"期间进一步扩容。到2025年,上海将形成以"建筑可阅读"为标志的海派文化旅游集群,黄浦江"世界会客厅"十大旅游板块各具特色,200个"家门口的好去处"助力构筑城市"15分钟旅游圈"。

在"科技赋能,开放创新"方面,上海将加快推进旅游数字化转型,全方位打造旅游数字新场景,并以开放促活力,不断提升上海旅游市场配置、创新策源能力。在"城景一体,融合发展"方面,上海将以文塑旅、以旅彰文,全面提升"旅游+""+旅游"产业能效。在"品质服务,现代治理"方面,上海将面向全球市场,构建门类丰富、品质优秀、服务一流的旅游供给体系,优化旅游活动环境,提升旅游治理效能。

来源:陈爱平.上海:深化世界著名旅游城市建设 全面提升城市旅游供给品质[EB/OL].新华社,(2021-06-22)[2023-12-28]. https://www.gov.cn/xinwen/2021-06/22/content_5620137.htm.

旅游目的地是旅游者选定去访问并在那里度过一段有意义时间的特定地区。不同类型旅游目的地形成的原因不同,但是必须具有满足游客暂时停留和实现其旅游目的的基本条件,即旅游资源、基础设施和旅游设施。旅游目的地如同生产旅游产品的工厂,凭借目的地旅游吸引物、交通运输设施和旅游设施向游客提供用以满足其旅游活动需要的全部服务。这些服务包括但不限于吃、住、行、游、购、娱等六大基本方面。

知识讲解

任务 3-1 旅游供给及其影响因素

一、旅游供给的概念及内涵

供给(supply,S)和需求是相互对应的一组概念。需求是对消费者而言的,而供给则是指厂商在一定时期内对应于一定的价格水平,愿意并且能够提供的某种产品的数量。从旅游经济角度看,旅游供给是指在一定时期和一定价格水平下,旅游经营者愿意并且能够向旅游市场提供的旅游产品数量。可以从以下几个方面来理解:

首先,旅游供给以旅游需求为前提。旅游需求与旅游供给是一对既矛盾又统一的两个概念,两者相互依存。

其次,旅游供给是旅游产品经营者愿意提供的旅游产品。

最后,旅游供给是旅游产品经营者可以提供的旅游产品。

由此可见,旅游供给必须是有效的供给,必须是旅游经营者愿意并能够提供的旅游产品。要真正提供有效的供给,即企业愿意并可能向市场提供旅游产品,一方面取决于生产者的生产成本与市场价格水平的比较,企业有利可图;另一方面取决于生产者已掌握的生产手段和技术,能够生产出旅游者所需的产品。当然,从旅游市场发展趋势上看,凡是旅游者的需求,社会终会通过生产来满足,但不是在任何时点上,都能够实现某种具体供给。所以,有效供给必须是生产者的意愿与可能相结合的供给。

根据旅游供给要素的特点及它们与旅游经济活动间的共生关系,旅游供给可以分为基本旅游供给与辅助旅游供给两大类。

(一) 基本旅游供给

基本旅游供给,是指一切直接与旅游者发生联系,使旅游者在旅游过程中亲身接触和感受的旅游产品,主要包括吸引游客来访的旅游资源、为游客旅游活动需要而专门开发和建设的旅游设施和面向游客提供的各种旅游服务等三类。基本旅游供给直接针对来访游客需要而提供,是旅游供给的主要内容,也是旅游业的基本内容。

1. 旅游资源

旅游资源是旅游目的地旅游产品生产的基础,是首要的旅游供给内容,其数量、质量、分布及其组合决定了旅游地吸引力的大小。

2. 旅游设施

旅游设施与相应旅游服务的数量、质量体现了旅游目的地旅游接待能力、旅游供给水平与能力,反映旅游业的实力和规模。主要包括:

(1) 交通运输设施,在很大程度上决定了旅游地的可进入性(进得来,散得开,出得去)。

(2) 旅游食宿设施,如现代酒店、旅馆,形式、层次日趋多样化。

(3) 旅游娱乐设施,一般分为两类:一类是反映和表现当地民族历史、文化、艺术和风俗的场所,如博物馆、美术馆、展览馆、纪念馆等;另一类是丰富旅游生活的娱乐设施,如歌舞厅、游乐场等。

(4) 旅游购物设施,可以进行旅游购物品的研究、开发与生产,也包括旅游商业网点建设等内容。

3. 旅游服务

以旅游资源、旅游设施为基础提供的各种旅游服务,是旅游经济活动中旅游供给的重要内容,是实现旅游经济效益的直接途径,旅游服务要达到相应的标准和质量需求。

(二) 辅助旅游供给

辅助旅游供给则是指为基础旅游供给体系提供支持和配套服务的基础设施和相关设施，主要包括两类：一类是目的地的公共事业设施；另一类是满足现代社会所需要的基本服务设施。前者主要包括供水系统、排污系统、供电系统、通信系统、道路系统等，以及相关的地面配套设施；后者主要包括银行、医院、治安管理机构、邮政快递等。其主要特点是，除了为旅游者提供服务外，还为非旅游者提供服务。基础设施是旅游目的地旅游业发展的重要物质基础，也是旅游业向纵深发展的后盾。

二、旅游供给的影响因素

在旅游经济中，凡是使旅游供给增加或减少的因素都可视为旅游供给的影响因素。影响旅游供给的因素很多，表现形式十分广泛，有系统内各要素的影响，也有外部环境变化的影响；有直接的，也有间接的；有可控的，也有不可控的；有确定的，也有随机的；有单一的，也有综合的；有自然的，也有社会的；而且还可根据系统的层次逐一细分。要全面分析众多的影响因素是不可能的，在实际工作中，旅游供给的影响因素主要有以下几方面：

(一) 社会经济发展水平

一个国家或地区能否根据市场需求扩大旅游供给规模，关键因素之一在于它是否有足够的经济实力。旅游业不仅是一项综合性经济产业，也是一项依赖性很强的产业。旅游供给的很多内容都依赖于社会经济发展所能提供的物质条件。如果一个国家或地区社会经济发展水平高，经济实力雄厚，该国或该地区旅游业的综合接待能力就强，旅游供给就充足；如果社会经济发展水平低，基础设施薄弱，能够提供的服务和设施就有限，就会制约旅游产品供给的数量和质量。另外，一个国家或地区，社会经济的发展还会影响旅游经营者的心理预期，如果社会经济总体运行良好，旅游经营者就会增加供给，如果他们对整个地区的经济前景不看好，就会相应地减少供给。

(二) 科学技术发展水平

科学技术是生产力。一个国家或地区科学技术水平越高，对旅游供给的促进作用就越大。一方面，科技进步对旅游供给的直接影响，表现在利用有关生产要素发展旅游供给的生产方法上。科技越发达，生产方法就更为有效，从而使人们能够利用同样数量的生产要素实现更多的产品,或者使用较少数量的生产要素实现与他人等量的产品。科学技术发展带来生产方法的改进广泛见于旅游业各个部门。另一方面,科技进步可以使旅游项目建设周期大幅缩短,从而使旅游供给在短时间内迅速扩大。

(三) 旅游资源状况

旅游资源是旅游产品开发的基础,是影响旅游供给的基本因素。资源状况会给旅游供给造成两个方面的影响:一是旅游供给的方向和内容,二是旅游供给的质量和规模。旅游资源是旅游产品的主要内容,一个国家和地区可以提供什么样的旅游产品,首先是由这个国家和地区可供开发的旅游资源状况决定的。有了旅游资源的开发,才能为旅游资源的其他构成提供发展空间。因此,一个国家或地区旅游资源的种类、特色和品位等,决定了一个国家或地区旅游供给的主要内容。

由于旅游资源是在一定的自然和社会条件下形成的,具有一定的空间容量,即一定的环境容量,因此,旅游资源的开发利用并不是无限的。对旅游资源的合理利用,必须把旅游者的活动控制在旅游资源和环境能够承载的范围内。从这点来看,旅游资源的环境容量决定了旅游供给的规模和数量。旅游需求过量、旅游环境超载,不仅会损坏资源和设施,还会引起当地居民的不满,影响旅游供给的质量,甚至给旅游地带来众多社会问题,削弱旅游产品的吸引力。

(四) 旅游价格与生产成本

旅游供给是通过市场来实现的,旅游供给者在旅游产品供给的实现中需要获得一定收益。当旅游产品价格上涨时,旅游供给者愿意提供更多的旅游产品;当价格下降时,供给便会减少。动态而言,一种旅游产品价格的高低,是与该产品的生产成本相比较的结果。当旅游生产要素价格上涨时,生产成本增加,如果企业的产品价格不能相应提高,企业的利润就会降低甚至亏损,企业就会减少产量或者转产,旅游供给量也将缩减;相反,当旅游产品的生产要素价格降低时,其生产成本减少,生产者将会取得更多的利润,旅游供给便会增加。

(五) 政府的产业政策

旅游目的地国家或地区的政府,它们对旅游业的认识、观念以及所制定的有关政策和措施,对旅游业发展有重要的影响。这些政策和措施主要包括税收政策、金融政策、投资政策、价格政策、人才政策等。实践表明,政府的态度和政策,不仅对一个国家和地区旅游供给的总量有宏观调控作用,而且还会直接影响旅游供给的方向、品种和质量。

三、旅游供给规律

(一) 旅游供给受旅游产品价格的影响

旅游产品价格变化不仅是决定旅游需求的基本因素,也是决定旅游供给的基本因素。在其他因素不变的情况下,当旅游产品价格上涨,供应商可以得到更高的利润,所以会增加旅游产品的供给;当旅游产品价格下跌,供应商的利润降低,必然引起旅游供给量减少。

设纵坐标代表旅游产品价格,横坐标代表旅游产品数量,$S-S'$代表旅游供给曲线。图3-1反映了旅游供给受旅游产品价格变化而引起的变化。该曲线反映了旅游供给量与旅游产品价格同方向变化的客观规律性。即当旅游产品价格为P_0时,有对应的旅游供给量Q_0;当旅游产品价格从P_0上涨到P_1时,旅游供给量由Q_0上升到Q_1;当旅游价格从P_0下跌到P_2时,旅游供给量由Q_0下降到Q_2。因此,旅游供给曲线是一条自左下向右上倾斜的曲线。

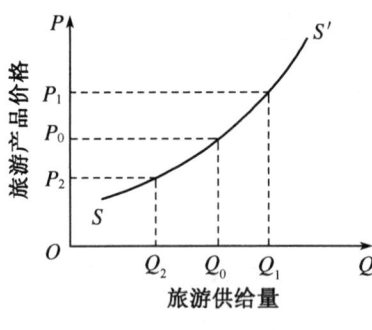

图3-1 旅游供给曲线

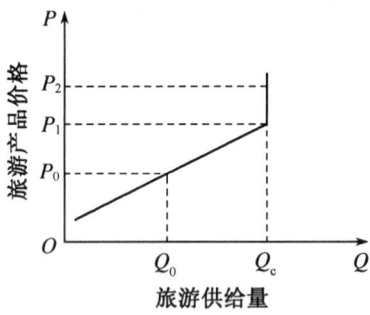

图3-2 受限制的旅游供给曲线

(二) 旅游供给能力受环境容量的限制

旅游供给量与旅游产品价格同方向变化到一定程度时会受到环境容量的限制。在景区建成后,环境容量不会在短时间内发生变化,因而旅游供给能力在一定条件下是既定的,从而决定了旅游供给量的变动也是有限制的。

所谓旅游供给能力,就是在一定条件下旅游经营者能提供的旅游产品的最大数量。由于旅游供给的不可累加性及环境容量限制,决定了旅游供给在一定时间、空间条件下,其供给量必然受到旅游供给能力的制约。一旦达到旅游供给能力,即使旅游产品价格再高,旅游供给量也是既定不变的。如图3-2中,当旅游供给小于Q_c时,旅游供给量将随旅游产品价格变化而同方向变化;当旅游供给达到Q_c,即达到旅游供给能力时,无论价格如何变化,即价格从 P_1 提高到 P_2,旅游供给量都不会发生变化。

(三)旅游供给水平受其他因素影响而变动

旅游供给变化不仅受旅游产品价格变动的影响,也受其他各种因素的影响。在旅游产品价格既定条件下,由于其他因素的变动而引起的旅游供给变动,称为旅游供给水平的变动。在图 3-3 中,当生产要素价格下降,必然引起旅游产品成本下降,从而在既定生产条件下增加旅游供给,并引起旅游供给曲线由 $S-S'$ 右移到 S_1-S_1';反之,当生产要素价格上升,必然引起旅游产品成本提高,而导致旅游供给下降,使供给曲线由 $S-S'$ 左移到 S_2-S_2'。这时,尽管旅游产品价格保持不变为 P_0,但旅游供给量已发生变化,分别由 Q_0 上升到 Q_1 或下降到 Q_2。

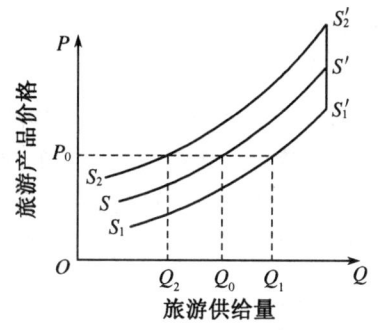

图 3-3 旅游供给曲线的变动

学习小贴士:生产者剩余(producer surplus)是指由于生产要素和产品的最低供给价格与当前市场价格之间存在差异而给生产者带来的额外收益,也就是生产要素所有者、产品提供者在市场交易中实际获得的收益与其愿意接受的最小收益之间的差额。从几何的角度看,它等于供给曲线之上和市场价格之下的那块三角形面积。

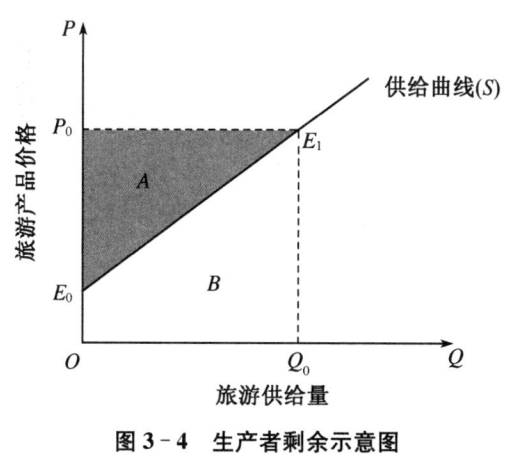

图 3-4 生产者剩余示意图

如图 3-4 所示,价格线以下的 $OP_0E_1Q_0$ 表示总收益即厂商实际接受的最小总支付,S 曲线以下的面积 OE_1Q_0 为厂商愿意接受的最小总收益,市场价格线、厂商供给线和坐标轴围成的面积即为生产者剩余。因为,矩形 $OP_0E_1Q_0$ 为厂商实际得到的总收益,即 $A+B$,而梯形 OE_1Q_0 为厂商愿意接受的最小总收益,即 B,从而 A 就是生产者剩余。

在经济学中,生产者剩余通常用来度量生产者福利,并作为社会福利的一个重要组成部分。生产者剩余通常用来衡量厂商在市场供给中所获得的经济福利的大小,在供给价格一定时,生产者福利的大小就取决于市场价格的高低,如果厂商能够以最高的价格出售产品,厂商的福利就是最大的。很明显,市场上全体厂商生产者剩余之和就构成整个市场的生产者剩余。在图形上,应该表现为市场供给曲线、市场价格线与坐标轴之间所围成的面积。

(四)供给规律的例外

供给规律是对一般商品而言普遍存在的规律,并不适用于所有商品,有些特殊商品情况会有所不同。

1. 有些科技含量高、更新迭代快的商品

例如电脑芯片、小汽车等,开始投放市场时,为快速回收投资,采用高价销售,因而销量不大。当新一代产品研制成功后或规模扩大时,旧产品就会大幅度降价,引起销量剧增。其供给曲线是一条向右下方倾斜的曲线。

2. 有些商品供给量是固定不变的

如土地、古董、古画等,即使价格再高,也无法增加供给量。其供给曲线是一条垂直于横坐标的直线。

3. 有些商品呈不规则变化

如证券、黄金等,因不同预期而采取不同的行动,引起供给曲线不规则的变化。

四、旅游供给弹性

旅游供给弹性是指旅游供给对各种影响因素变化作出的反应。旅游供给受多种因素的影响,这里着重介绍旅游供给受价格影响所产生的反应,即旅游价格弹性。旅游产品价格与旅游供给之间存在着同方向变化的规律,如果旅游产品价格上涨,旅游供给也会增加;相反,旅游产品价格降低,旅游供给也会减少。旅游供给量对旅游产品价格变化的反应程度称为旅游供给弹性。测定旅游供给价格弹性的尺度就是旅游供给的价格弹性系数,用 E_{sp} 来表示。其计算公式如下:

$$E_{sp}=\frac{(Q_1-Q_0)/Q_0}{(P_1-P_0)/P_0}$$

式中:E_{sp}——旅游供给价格弹性系数;

P_0,P_1——变化前后的旅游产品价格;

Q_0,Q_1——变化前后的旅游供给量。

旅游供给价格弹性系数存在以下五种情况:

当 $E_{sp}>1$ 时,则表明旅游供给量变动百分比大于旅游产品价格变动百分比,即旅游供给是富有价格弹性的,说明旅游产品价格的微小变化将引起旅游供给量的大幅度变化。

当 $E_{sp}=1$ 时,则表明旅游供给量变动百分比同旅游产品价格变动百分比是相等的,即旅游供给具有单位弹性。

当 $E_{sp}<1$ 时,则表明旅游供给量变动百分比小于旅游产品价格变动的百分比,即旅游供给缺乏弹性,说明旅游产品价格的大幅度上涨或下跌,对旅游供给量变化的作用不大。

当 $E_{sp}=0$ 时,表明旅游供给完全缺乏价格弹性。表明无论旅游产品价格怎样变动,旅游供给基本保持不变。

当 $E_{sp}=\infty$ 时,表明旅游供给是完全富有弹性的,或称旅游供给具有无限价格弹性。表明在既定的旅游产品条件下旅游供给量可任意变化。

需要说明的是,在短时期内,由于旅游供给量的增加比较困难,因此旅游供给弹性总的来说比较小。造成旅游供给增加困难的原因主要有三个方面:第一,旅游供给包含着一定的生产过程,需要时间;第二,旅游供给的增加受环境容量和社会合作等多方面因素的制约,需要有关部门共同配合,不可能由旅游部门单独做出反应;第三,旅游供给量受到资源、技术、设施等多种条件的制约,很难迅速增加,因而旅游供给弹性通常较小。但是,在较长时期内,如果旅游价格保持上涨,旅游经营者就能够稳定增加旅游基本设施,扩大旅游产品的供给基础,引起旅游供给量较大幅度的增长,因而旅游供给弹性往往较大。

与上述问题相联系,旅游供给弹性系数在不同时间内大小不一,在一个较短的时间内,旅游价格的变化只会引起旅游供给量较小幅度的变化,故其价格弹性系数较小;在一个较长的时间内,旅游价格的变化则会引起旅游供给量较大幅度的变化,故其价格弹性系数较大。

任务 3-2 旅游生产者行为理论

每个旅游企业都是一个雇佣生产要素并组织这些要素进行产品生产、销售和服务的机构。要了解每家旅游企业的生产情况,就需要掌握一个旅游企业的目标及其所面临的约束条件。

一、旅游生产的目标与约束

(一) 旅游生产的目标

不同的旅游企业有着不同的生产经营目标,有些企业追求高质量,有些企业追求市场份额,有些企业关注员工和消费者满意度,所有这些目标其实并非企业的基本目标,而只是达到企业目标的手段。对于一家旅游企业,利润最大化永远是其基本目标。一个不追求利润最大化的旅游企业最终要被市场淘汰。

(二) 旅游生产的约束

为实现旅游企业经济利润最大化目标,必须进行五项基本决策:一是生产什么样的产品或服务,生产多少;二是怎样生产,使用何种生产技术;三是怎样组织管理者和员工并支付报酬;四是如何进行产品定价和如何营销企业的产品;五是旅游企业自己生产什么,从其他企业购买什么。综合来看,企业面临技术、信息、市场和环境等四个方面的约束,从而限制了企业能赚到的最大利润。

1. 技术约束

技术是生产产品和服务的方法,既包括旅游交通工具的改进、旅游项目的设计与安排,也包括旅游企业的组织。如旅行社拥有提供专业化旅游过程服务的技术,旅游景区使用旅游者身份识别系统等等。

2. 信息约束

旅游企业与消费者一样,不可能拥有做出决策所需要的全部信息,至少缺乏有关未来与现在的信息。一家旅行社要受它所雇员工的素质和努力程度、顾客现在和未来的购买计划,以及竞争对手的计划等方面的有限信息的约束。当企业试图为员工们创造激励机制,以确保员工能够努力工作时,旅游企业的努力和支出也不能消除不完全信息和不确定性问题。

3. 市场约束

每家旅游企业可以出售的产品及其价格要受到旅游者支付意愿和其他企业生产的产品价格的制约。旅游目的地或旅游企业必须克服的市场约束和为此付出的费用限制了旅游企业能够获得的利润。

4. 环境约束

旅游企业特别是旅游景区企业能够提供产品的数量,表现为其能够接纳的旅游者数量,还要受到环境容量的约束。旅游环境容量又称旅游承载力,指在一定时间条件下,一定旅游资源空间范围内的旅游活动能力,即满足旅游者最低游览要求,以及有效保护资源的环境标准,是旅游资源物质和空间规模所能容纳的游客活动量。

(三)技术效率和经济效率

很多旅游企业是劳动密集型企业,雇用了大量劳动力,且大多数员工都拥有高额的人力资本,而只使用少量的物质资本;相反,一家旅游景区投入大量的资本进行开发,而使用少量的劳动力。原因即在于效率的问题。有两种生产效率的概念:技术效率和经济效率。当旅游企业投入最少的要素生产既定的产量时,就实现了技术效率;当旅游企业用最小的成本生产既定的产量时,就实现了经济效率。

> **学习小贴士**:技术效率和经济效率。技术效率是投入的生产要素与产量的关系,即如何在生产要素既定时使产量最大,或者换句话来说,在产量既定时使投入的生产要素为最少。经济效率是成本与收益的关系。要使利润最大化,就要使扣除成本后的收益达到最大化。
>
> 技术效率和经济效率都是生产效率的问题,但前者是从纯粹生产技术的角度来说明如何使用各种生产要素,而后者则要考虑到生产要素的价格,如何使用生产要素才能使生产成本最低,以实现利润最大化。技术效率是基础,只有在技术效率的基础上同时实现经济效率,才是目的。

二、旅游企业生产函数

(一)旅游生产决策的时间框架

旅游企业经营者需要做出很多决策,所有决策都是为了实现企业的首要目标,即利润最大化,但并非所有的决策都同等重要。对于企业家而言,其知识背景、兴趣、所拥有的资源以及对市场发展前景的判断都影响着决策。本节所研究的旅游企业已经选择了旅游行业,也选择了最有效的组织方法,但还没有决定生产的数量、使用生产要素的数量以及产品的销售价格。

关于生产数量和销售价格的决策取决于企业所处的市场类型,即完全竞争、垄断竞争、寡头或垄断都会使旅游企业面临一些特殊的问题,但是关于如何生产既定产量(供给量)的决策并不取决于市场类型。为了研究旅游企业产量(供给量)决策和成本间的关系,本书将区分两种决策的时间框架:短期和长期。

短期,指至少有一种生产要素数量固定的时间框架。经济学所说的短期,是指时期足够短,使得至少有一种生产要素来不及调整变化,而是固定不变的。

短期生产函数的表达式为:

$$Q=F(L,\overline{K})=F(L)$$

或者是:

$$Q=F(\overline{L},K)=F(K)$$

上式分别表示资本固定不变而劳动力可变,以及劳动力固定不变而资本可变的短期生产函数,其中 $\overline{K}$、$\overline{L}$ 分别表示资本和劳动生产要素固定不变。

长期,是全部生产要素的数量都可以改变的时间框架。长期生产函数的表达式为:

$$Q=F(L,K)$$

上式是表示资本和劳动力都发生变化的长期生产函数。下面进行的短期产量分析和长期产量分析也是基于短期生产函数和长期生产函数进行的。

(二)短期产量分析

对于大多数旅游企业而言,资本、土地和企业家才能都是固定的生产要素,这里将固定的生产要素称为设备。短期生产中,设备是固定的。短期生产中为了增加产量,旅游企业必须增加所使用的可变要素的数量,通常是劳动力数量。短期决策很容易改变,旅游企业可以通过增加或减少雇佣的劳动数量来增加或减少短期产量。

为增加短期产量,旅游企业必须增加雇佣的劳动数量。下面通过三个相关概念描述旅游企业产出与所雇佣劳动间的关系:总产量(total product, TP)、边际产量(marginal product, MP)、平均产量(average

例如,酒店面包房有两个烤炉固定不变,作为可变生产要素的工人从1个增加到2个时,面包的边际产量和总产量都会增加。如果增加到3个工人,1个工人打杂,尽管这个工人增加的产量不如第2个工人(边际产量递减),但总产量仍增加了。如果增加第4个工人,面包房内拥挤,工人之间发生矛盾,总产量反而减少了。

product，AP）。总产量指既定劳动数量的最大产出；边际产量是增加1个单位劳动所引起总产量的变动量,边际产量的数值实质是总产量的斜率；平均产量揭示了劳动人员的平均生产率,劳动的平均产量等于总产量除以雇佣劳动的数量。在固定生产要素数量不变情况下,随着企业可使用的可变生产要素数量的增加,可变生产要素的边际产量最终是递减的。

1. 总产量、平均产量、边际产量及其关系

首先,在其他生产要素不变的情况下,随着一种生产要素的增加,总产量曲线、平均产量曲线和边际产量曲线都是先上升后下降的,这反映了边际产量递减规律。其次,边际产量曲线与平均产量曲线相交于平均产量曲线的最高点。在相交前,平均产量是递增的,边际产量大于平均产量($MP>AP$)；在相交后,平均产量是递减的,边际产量小于平均产量($MP<AP$)。最后,当边际产量为零时,总产量达到最大,以后,当边际产量为负数时,总产量就会减少。

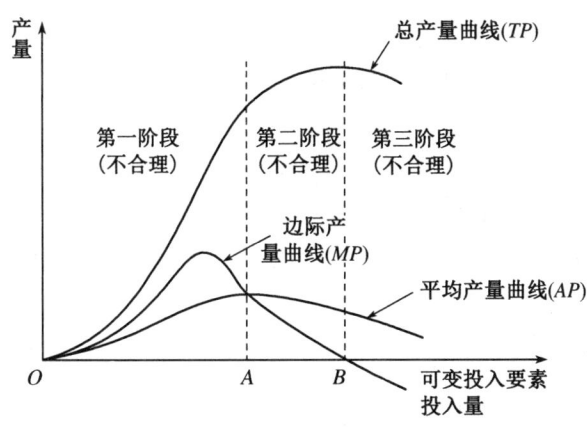

图3-5 边际产量与总产量及平均产量的关系

边际产量递减规律又称要素报酬递减规律或边际收益递减规律。即在技术水平不变的条件下,增加某种生产要素的投入,当该生产要素投入数量增加到一定程度以后,增加一单位要素所带来的产量增加量是递减的。

在生产技术没有发生重大变化的情况下,在短期中可以把生产要素分为固定生产要素和可变生产要素。当固定生产要素不变而可变生产要素增加时,产量的变动分为三个阶段。起初,随着可变生产要素增加,由于固定生产要素得到充分利用,边际产量(即增加的产量)递增,总产量以递增的速度增加。然后,随着固定生产要素接近于充分利用,可变生产要素增加引起的产量增加仍可以是正数,这时总产量仍在增加,但速度是递减的。最后,当生产要素得到充分利用时,可变生产要

边际收益递减规律 The law of diminishing marginal returns

素的增加反而会使边际产量小于零,总产量减少。

2. 短期成本分析

为在短期内生产更多产品,企业必须雇佣更多的劳动力,意味着必须增加成本。本节通过三个概念来描述产量与成本间的关系:总成本(total cost,TC)、边际成本(marginal cost,MC)、平均成本(average cost,AC)。企业的总成本指企业使用全部生产要素的成本,可以将总成本划分为总固定成本(total fixed cost,TFC)与总可变成本(total variable cost,TVC)。总固定成本是企业投入的固定要素的成本,总可变成本指企业投入的可变要素成本,总成本等于总固定成本和总可变成本之和。

边际成本是产量增加1个单位引起的总成本增加量,可用总成本增加量除以总产量增加量来计算边际成本。边际成本在低产量水平时递减是由于可以从专业化中获得经济利益,边际成本最终上升是由于边际报酬递减规律。边际报酬递减规律意味着在多数短期生产中,在技术水平等其他要素不变的前提下,增加某种可变要素(如劳动力、原材料)投入,当该要素的投入数量增加至一定程度后,再增加1个单位该要素所带来的效益增加量是递减的。

平均成本有三种计算方法:平均固定成本(average fixed cost,AFC)、平均可变成本(average variable cost,AVC)、平均总成本(average total cost,ATC)。平均固定成本指每单位产量的总固定成本,平均可变成本是每单位产量的总可变成本,平均总成本指每单位产量的总成本。

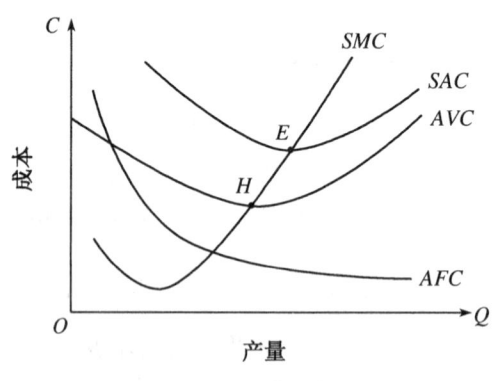

图 3-6 短期成本分析

短期成本中,AFC 一直向右下方倾斜,表明随着产量的增加,分摊到每个产品中的固定费用是减少的;AVC、SAC、SMC 曲线都呈 U 形,表明这三种成本最初都随着产量的增加而下降,当下降到一定程度后,又随着产量的增加而上升;SMC 和 SAC 一定相交于 SAC 的最低点(E 点)。

> **学习小贴士**:经济成本是所有投入要素的机会成本总和,由于一种资源存在多种用途,用于某特定生产经营时都会存在机会成本,因此厂商生产经营的总成本就是实际使用的所有资源的机会成本总和。从另一角度看,经济成本也等于显性成本与隐性成本的总和。显性成本又称会计成本,指厂商在生产要素市场上购买或租用需要的生产要素的实际支出,如雇佣人员、贷款、租用土地等,是厂商支付并记录在账目上的支出。从机会成本看,显性成本一定等于这些相同生产要素使用在其他最好用途时所能得到的收入。隐性成本指厂商自己拥有且被用于该企业生产过程中的那些生产要素的总价格,包括企业所有者亲自管理企业、使用自己的资金、使用自己的土地等,这些费用应该支付但并没有实际支付,不反映在账目上,隐性成本也是一种机会成本。
>
> 经济学中,厂商追求的最大利润,指的是经济利润,或者说超额利润,指厂商的总收益与经济成本间的差额。厂商的总成本包括工资、利息、地租和正常利润四个部分,即总成本＝经济成本＝工资＋利息＋地租＋正常利润;经济利润(超额利润)＝总收益－总成本＝总收益－(显性成本＋隐性成本);会计利润＝总收益－显性成本。正常利润是经济利润的对称,指企业家才能这一生产要素所获得的报酬,正常利润包含在成本中,其性质与工资相类似,由于其边际生产力大以及培养成本高等原因,其报酬也远远高于一般劳动报酬,有的学者也将它看成特殊工资。

(三) 长期生产函数

1. 长期生产函数

短期生产函数中,企业能够改变劳动数量,而资本的数量是固定的,所以旅游企业具有可变的劳动成本和不变的资本成本。长期生产中,企业既可以改变劳动数量也可改变资本的数量,所以长期来看旅游企业的所有成本都是可变的。长期成本的状况依赖于企业的生产函数,生产函数是可实现的最大产量与劳动、资本间的关系。

长期生产函数是在规模可变情况下的产量状况,在长期中决定规模水平的生产要素资本,也是产量的自变量。由此,长期生产函数的表达公式为:

$$Q=F(L,K)$$

柯布-道格拉斯生产函数(C-D 函数)是对这一函数关系(F)的一种确定模型的表达。最初是由美国数学家柯布(C. W. Cobb)和经济学家保罗·道格拉斯(Paul Douglas)共同探讨投入和产出关系时提出的。

$$Q=A(t)L^{\alpha}K^{\beta}\mu$$

或对数表达式：

$$\ln Q=\ln A(t)+\alpha\ln L+\beta\ln K+\ln\mu$$

式中，Q 为产量，$A(t)$ 是综合技术水平；L 为投入的劳动力数量；K 为投入的资本，一般指固定资产净值；α 为劳动力产出的弹性系数；β 为资本产出的弹性系数；μ 为随机干扰项，$\mu\leqslant 1$。

当 $\alpha+\beta>1$ 时，称为规模报酬递增型，表明按现有技术用扩大生产规模来增加产出是有利的；当 $\alpha+\beta=1$ 时，称为不变报酬型，表明生产效率不会随着生产规模的扩大而提高，只有提高技术水平才会提高经济效益；当 $\alpha+\beta<1$ 时，称为规模报酬递减型，表明按现有技术用扩大生产规模来增加产出得不偿失。

2. 长期成本分析

大众心目中的"成本"通常指总成本(total cost, TC)，即消耗资源或付出代价的总和；或是指平均成本(average cost, AC)，即单位产品所分摊的成本。短期来看，成本由固定成本和可变成本两部分构成。固定成本是指在一定时期和业务量范围内不受业务量变动而保持不变的成本，如机器设备的折旧；可变成本是指随业务量增减而变动的成本，如原材料、员工工资等。讨论成本是固定还是可变时需要关注时间跨度，因为在长期生产中，所有生产要素都可变，就不再有固定成本和可变成本的划分。

长期平均成本曲线(long-run average cost curve, LRAC)是当规模和劳动都变动时，可实现的最低平均总成本与产量间的关系，长期平均成本是产量的函数，随着产量的变动而变动。其计算公式为：

$$LAC=LTC/Q$$

式中：LTC 指长期总成本；

Q 指产量；

LAC 指长期平均成本。

长期平均成本曲线是短期平均成本曲线的包络线。长期生产中，厂商在每一个产量水平上都会选择最优生产规模进行生产，从而将生产的平均成本降到最低水平。在这条包络线上，连续变化的每一个产量水平，都存在长期平均成本(LAC)曲线和一条短期平均成本(SAC)曲线的相切点，该 SAC 曲线所代表的生产规模就是该产量水平的最佳生产规模,该切点所对应的平均成本就是相应的最低平均成本。

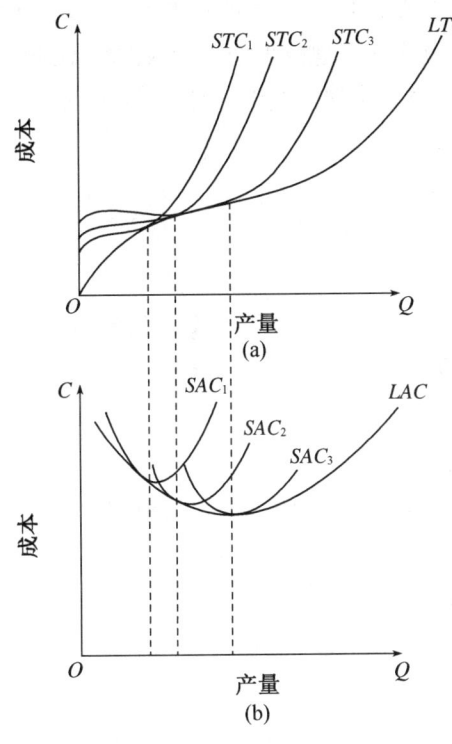

图 3-7　长期平均成本

长期平均成本呈先降后升的 U 型,长期平均成本递减阶段与短期平均成本曲线最低点的左端相切,长期平均成本递增阶段与短期平均成本曲线最低点的右端相切,只有在长期平均成本的最低点上,LAC 曲线才与 SAC 曲线的最低点相切。

短期平均成本曲线呈 U 型变化的原因是边际产量递减规律的作用。决定长期平均成本曲线 U 型变化的因素是规模收益原理。一般来讲,长期内,当所有投入成比例增大时,规模收益开始时是增大的,在递增到一定点后,会在一个或短或长的时期内保持不变,然后,随着规模进一步扩大而发生递减的变化。

在既定的要素价格下,如果产量增长的比例超过生产要素增长的比例,那么规模经济就发生了;规模经济指产量增加引起长期平均成本下降的企业技术特征,当存在规模经济时,长期平均成本曲线向右下方倾斜。在给定的要素价格下,如果产量增长的比例小于生产要素增长的比例,那么规模不经济就发生了;规模不经济指产量增加引起长期平均成本上升的企业技术特征,当存在规模不经济时,长期平均成本曲线向右上方倾斜。

在给定要素价格下,如果产量增长的比例等于生产要素增长的比例,那么就发生了规模报酬不变的情况;规模报酬不变指产量增加引起长期平均成本不变的企业技术特征。现实中,还会碰到一种情况,即最小有效规模状况,指在达到某一产量水平前,企业经历着规模经济,超过这个产量水平,就进入了规模报酬不变或规模不经济,企业的最小有效规模是长期平均成本达到最低水平时的最小产量。

项目小结

重点概念:

旅游供给　　　　　　　　基本旅游供给
辅助旅游供给　　　　　　旅游供给弹性
旅游生产函数

练习与测试:

1. 名词解释:旅游供给弹性;旅游生产函数
2. 举例说明影响旅游供给的主要因素。
3. 简述供给的基本规律。
4. 举例说明验证旅游生产函数。

延伸阅读:

我国旅游供给水平、结构的现状及变化趋势。

实验实训

1. 实训任务

将学生进行编组,每组 4—8 名同学,组内学生自行分工合作,进行资料收集、整理、制作、美化、展示、汇报等工作。教师可以发布实训任务一览表中的任务,每组同学以此任务作为主题,利用课余时间进行展示材料的整理与制作。在此基础上,教师将利用 2—4 课时时间,用于学生自行汇报展示其工作成果。任务目的在于了解旅游供给的影响因素、供给弹性以及旅游生产函数。

实训任务一览表

序号	实训任务名称	实训学时
01	调研并得出旅游供给的影响因素	2—4
02	应用弹性理论分析不同单项旅游产品的特性	
03	查找并收集数据,验证旅游生产函数	

注:教师可根据需要选用实训项目和学时。

2. 成果要求

每组同学制作完成一份 WORD 文档和一份展示 PPT,WORD 文档用于图文资料的整理汇总,PPT 文件用于课堂汇报展示,并将上述两个文件放入文件夹,命名规则为:班级名称＋小组编号＋任务名称。

3. 考核标准

评价标准与打分表

项目	考核内容和要求	分值	得分	备注
态度	能够按时完成,积极主动,组内分工合作	20		
内容	导向正确,内容完整、准确、逻辑清晰	20		
形式	格式规范、语言简洁、图表样式美观	20		
展示	仪态形象得当,表达清楚,语言流畅	20		
创新	内容、格式、展示过程有创意,特色明显	20		
小计		100		

4. 其他备注

_____

_____

_____

_____

_____

_____

项目四 旅游市场均衡

【项目目标】

知识目标：了解市场、市场功能及旅游市场结构的主要类型；掌握旅游市场供求矛盾运动过程及其调控方法。

技能目标：能够区分旅游市场结构基本类型间的异同，能够解释旅游市场供求均衡的调节方法。

能力目标：收集、整理、分析相关案例和资料，通过制作、美化、展示、汇报等工作，掌握旅游市场均衡的调节。

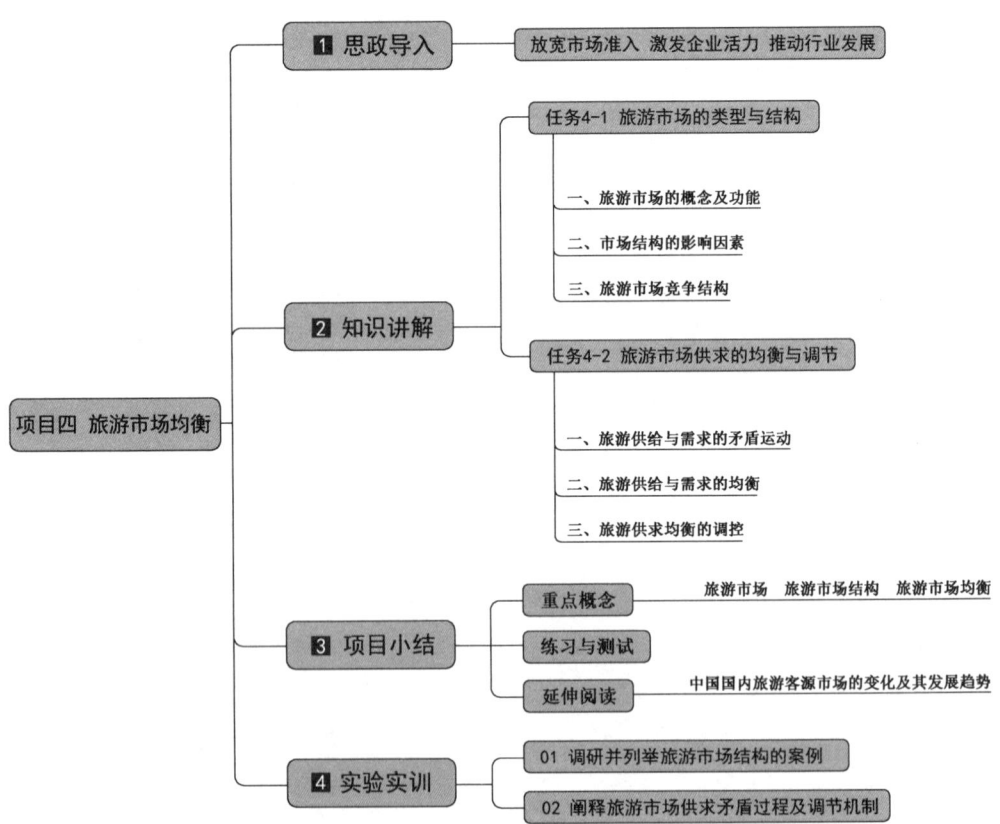

思政导入

放宽市场准入 激发企业活力 推动行业发展

市场供求关系是社会生产(供给)和需求关系的体现,从主体方面看,反映生产者和消费者的关系;从客观方面看,反映了生产与消费或商品供给量与购买力的关系。价格是市场主体利益的调节器,由供求关系决定并反过来影响供求关系的变化。竞争是各市场主体为谋求自身利益而形成的,当市场供大于求,即买方市场形成时,市场竞争主要表现为商品生产经营者间的竞争;当市场供小于求,即卖方市场形成时,市场竞争主要表现为商品购买者、消费者间的竞争。

背景导读:日前,文化和旅游部办公厅印发《关于不再开展旅游规划设计单位资质认定和备案工作的通知》,明确不再开展甲级、乙级旅游规划设计单位资质认定和复核工作,同时不再受理丙级旅游规划设计单位资质备案工作。这是文化和旅游部深入贯彻落实中共中央、国务院关于深化"放管服"改革、优化营商环境的有关要求,进一步放宽旅游规划领域准入限制,激发市场活力的有力举措。

资质认定,特定发展阶段中的作用可圈可点。旅游规划单位资质认定始于21世纪初,资质等级分为甲级、乙级、丙级。面对不断发展的旅游市场,2000年以来,为加强对旅游规划设计单位的管理,提高旅游规划设计质量,原国家旅游局制定出台了《旅游发展规划管理办法》《旅游规划设计单位资质等级认定管理办法》,开展了旅游规划设计单位资质认定工作。2013年,按照国务院简政放权要求,暂停全部甲级、乙级旅游规划设计单位资质认定相关工作。

多年来,制定出台旅游规划管理和旅游规划设计单位资质认定系列政策措施,切实提高了旅游规划的科学性、前瞻性和可操作性,同时引领旅游规划体现中国特色的同时,在技术和方法上努力与国际接轨,让旅游规划行业走上规范化、标准化道路。

放宽准入,不再开展认定成大势所趋。近年来,国务院连续多年召开全国深化"放管服"改革优化营商环境电视电话会议,明确要求大幅压减企业资质资格认定事项,进一步放宽市场准入限制,为中小微企业、民营企业营造公平竞争的市场环境,推动大众创业、万众创新。原有的旅游规划设计单位资质认定已不符合社会发展要求。

同时,我国旅游市场稳步发展,旅游新业态、新场景的不断出现,旅游规划市场中不断出现新生力量。不再开展旅游规划设计单位资质认定和备案工作,放宽市场准入,激发旅游规划企业活力成为必然要求。

充分竞争,适应变革求更好发展。不再开展旅游规划设计单位资质认定和备案工作,准入门槛降低,有望涌现一批新的旅游规划企业,旅游规划市场竞争更加充分,对相关企业也提出新的要求。

下一步,文化和旅游部将坚持放管结合、创新工作方式、加强规范引领,通过优秀旅游规划案例遴选、举办培训班、组织经验交流会等形式引导旅游规划行业更加注重规划的科学性、落地性,推动旅游业高质量发展。

来源:金张掖旅游.放宽市场准入 激发企业活力 推动行业发展——文化和旅游部不再开展旅游规划设计单位资质认定和备案工作[EB/OL].澎湃新闻,(2021-09-21)[2023-12-31].https://www.thepaper.cn/newsDetail_forward_14473918.

旅游规划资质,是政府对旅游规划机构旅游产业规划能力的评估和认可,在旅游产业发展历史中,曾起到了非常重要的作用。伴随"放管服"改革、空间规划、多规合一等新要求,旅游规划资质已经完成了其阶段性的历史使命。未来,以市场为导向,将对旅游规划编制单位综合能力提出更高的要求。旅游规划已经进入品质和品牌竞争时代,进入策划规划设计运营一体化时代。

知识讲解

任务 4-1 旅游市场的类型与结构

市场是商品交换的场所,是各种交换行为和交换关系的总和。市场是一个历史范畴,其范围、规模、内涵、形式等都随商品经济的发展不断发展变化。市场可以是一个有形的建筑场所,例如人们常见的百货商场、超市、批发市场、零售店等;也可以是一个利用现代通信工具进行商品买卖的电子虚拟空间,例如当今流行的电子商务市场、网络商店等等。

市场经济发展到今天,几乎所有物质和非物质的、有形和无形的产品,都在市场中交换。实际上,市场反应了人与人即生产经营者与购买者、消费者之间的经济关系。

从市场组成要素看,由市场主体(商品交换各方)、客体(交换对象——物质的、非物质的;有形的、无形的商品)和媒介(场所、设施、货币、管理、服务等)三者组成。从经济关系和市场活动的全过程来看,市场由供求、价格、竞争等相互影响、相互制约的三个要素构成。

一、旅游市场的概念及功能

(一) 旅游市场的概念

从经济学角度看,旅游市场的概念有广义和狭义之分。

1. 狭义的旅游市场

狭义的旅游市场是指在一定时间、一定地点和条件下,具有购买力、购买欲望和购买旅游产品权利的群体。狭义的旅游市场由四个要素构成,即旅游者、购买力、购买欲望和购买权利。

(1) 旅游者

旅游产品的消费者是构成旅游市场主体的基本要素,旅游市场大小取决于该市场上人口数量的多少。

(2) 购买力

旅游市场大小取决于购买力,购买力是人们在可支配收入中用于购买旅游产品的能力,它由收入水平决定,没有足够的支付能力,旅游者便无法成行,旅游只会是一种主观愿望。

(3) 购买欲望

旅游市场大小还取决于购买欲望,购买欲望是旅游者购买旅游产品的主观愿望或需求,是反映潜在购买力变成现实购买力的重要条件,没有购买欲望,即使有购买力也不能形成旅游市场。

(4) 购买权利

消费者购买某种旅游产品的权利。对于旅游市场来说,尤其是国际旅游,由于旅游目的国或旅游客源国单方面的限制,如不发给签证或限制出境,都会使旅游权利受阻而导致无法形成国际旅游市场。

以上四个要素相互制约、缺一不可。人口因素是前提,没有旅游者就没有市场;人口多而居民收入又高的国家和地区才真正具有潜力的市场;有了人口和收入,还必须使旅游产品符合旅游者的需求,引起购买欲望,并在具备旅游权利的情况下,使潜在旅游市场变成现实旅游市场。

2. 广义的旅游市场

广义的旅游市场是指在旅游产品交换过程中反映的各种经济行为

和经济关系的总和。在旅游经济活动中,旅游市场上存在着相互对立和相互依存的双方,一方是旅游产品供给者,另一方是旅游产品需求者,正是这种供需双方的矛盾运动推动着旅游经济活动的发展。其运动过程包含了旅游需求者与供给者之间、旅游需求者之间、旅游供给者之间的各种关系,并且通过市场表现出来。

(1) 广义旅游市场包括所有的旅游市场主体;
(2) 包括所有的旅游交换客体;
(3) 包括所有的旅游交换条件。

旅游者和旅游经营者是通过旅游市场上的旅游产品交换活动连接起来的,所以,旅游市场中各种旅游产品交换行为和现象,反映着旅游市场主体之间的经济行为和经济关系。随着旅游经济的发展,旅游市场规模不断扩大,旅游者和旅游经营者之间的交换行为和交换关系也日益密切和复杂,从而共同构成了广义旅游市场的概念。

(二) 旅游市场的功能

旅游市场是社会经济高度发展的产物,是旅游业赖以生存和发展的条件,对旅游经济发展起着十分重要的作用,具体表现在以下几个方面。

1. 产品交换功能

旅游市场是联结旅游产品生产者和需求者的纽带,是旅游企业与旅游者之间产品和价值交换的载体。通常旅游产品开发出来以后,必须在市场上进行销售,使旅游产品的价值得以实现。旅游需求者则通过市场选择并购买自己感兴趣的旅游产品,因而旅游市场是实现旅游产品供给者和需求者之间交换的桥梁。旅游市场把旅游需求和供给衔接起来,能灵敏地反映旅游市场的供求状况,使旅游企业的生产和销售有据可依,解决供求之间的矛盾,从而更好地满足旅游者的需求,更充分地发挥旅游接待设施的能力,促进旅游经济的健康发展。

2. 经济调节功能

旅游市场的调节功能表现在三个方面:首先,旅游市场是调节旅游供求平衡的重要杠杆,在旅游市场上,当供求双方出现矛盾时,就会引起旅游市场竞争加剧和价格波动,于是市场竞争机制和价格机制就会产生作用,调节生产和消费,使供求重新趋于平衡;其次,旅游市场还可以检验、调节、规范旅游经营者行为,旅游产品价格高低和服务质量好坏必然反映到旅游市场竞争中来,它就像一面镜子可以让旅游企业看到自身经营管理方面的优势和劣势,从而使旅游企业根据旅游市场的选择及时调整旅游产品,并不断改善和提高旅游企业的经营管理水平和服务质量;最后,通过旅游市场对旅游经济的调节,可以实现整个旅游业按比例配置各种资源,进一步实现社会经济资源的优化配置,并通过市场调节,使旅游部门和企业根据市场需要和供求状况合理分配劳动。

3. 信息反馈功能

在市场经济条件下,旅游者的经济活动会通过市场动态变化表现出来。从总体上来看,旅游市场通过信息传递,为旅游目的地国家或地区制定旅游业发展规划和经济决策提供依据。对旅游企业而言,一方面将旅游产品信息传递给市场,另一方面根据市场反馈的旅游需求信息和市场供求状况,调整旅游产品价格,组织生产适销对路的旅游产品,市场信息为旅游企业提供了经营决策的依据。对旅游者而言,一方面将需求信息传送到市场,为旅游产品生产经营者开发旅游产品提供依据;另一方面又从旅游市场上获取经济信息,指导、调整和变更旅游需求。总之,旅游市场通过信息反馈,成为旅游经济活动的"晴雨表",指导着旅游经济的发展。

二、市场结构的影响因素

市场结构是指企业市场关系的特征和形式。主要分卖方(企业)之间的关系,买方(企业或消费者)之间的关系,买卖双方的关系,市场内现有的买方、卖方与正在进入或可能进入该市场的买方、卖方之间的关系。从根本上说,市场结构是反映市场竞争和垄断关系的概念。

市场结构的形成是由市场中企业数量和规模、产品差异度、市场进出门槛和市场信息透明度等多种因素共同作用的结果。这些因素的变化将直接影响市场结构的变化。

(一)市场集中度

市场集中度,就是某产业市场前几名企业市场份额占整个市场的比例。市场集中度是反映市场相对规模结构的指标,用来表示某一市场中大企业所具有的控制程度,这种控制程度以这些大企业的市场占有份额来表示。市场集中度主要由两个指标来衡量:一是绝对集中度分析,绝对集中度是以该产业市场中最大的 N 个企业所占市场份额的累计数占整个产业市场的比例来表示;二是相对集中度分析,一般以洛伦茨曲线及基尼系数表示。

一般来说,一个市场中企业的规模越大,在既定市场容量前提下,市场上企业的数目越少,大企业的市场占有份额就越高,这些大企业对市场控制程度就越高,这个市场的垄断程度就越强而竞争程度便越小;反之,一个市场中企业规模越小,在既定市场容量前提下,企业数量越多,大企业在企业数量众多的市场中市场占有份额就越少,这些大企业对市场控制程度就越低,也即市场集中度越低,相应地,市场的垄断程度就越低,竞争程度就越高。

影响市场集中度的因素主要有企业数量和规模、市场容量、该行业的技术经济特征、该行业的资金需求特征,以及其他因素。

1. 企业规模

企业规模的划分标准不仅包括人数、资产、营业额等经济指标,还包括企业的管理、生产、技术、市场等多个方面的综合考量,不同的国家和地区也会根据自身情况和需求,制定不同的标准。

依据从业人员、营业收入、资产总额等指标或替代指标,我国的企业一般可以划分为大型、中型、小型、微型等四种类型。如果市场中企业规模都较小,那么就没有对市场形成一定控制程度的大企业存在,这时的市场集中度就较低,反之市场集中度则较高。

2. 市场容量

市场容量是指在不考虑产品价格或供应商策略前提下市场在一定时期内能够吸纳某种产品或劳务的单位数目,所以国际市场容量实际上就相当于需求量,市场容量由使用价值需求总量和可支配货币总量两大因素构成。仅有使用价值需求没有可支配货币的消费群体,是贫困的消费群体;仅有可支配货币没有使用价值需求的消费群体是持币待购群体或十分富裕的群体。这两种现象均称为因消费要件不足而不能实现的市场容量。

如果市场上少数几个企业生产的产品就能满足整个市场容量,即市场容量较小,那么市场集中度相对就较高,市场垄断程度就越高;反之,市场容量很大,需要很多企业进行生产才能满足市场需求,这时就会有很多企业进入这个市场,众多企业形成了较低的市场集中度,市场垄断程度也会较低,而竞争程度就会比较高。

3. 行业技术经济特征

如果某类产品是专有技术生产的,那么只有拥有这个技术的企业才能生产,这时其他企业进入这个市场便会存在一定的技术壁垒,市场就会由拥有该技术的企业所控制,从而形成较高的市场集中度。

4. 行业资金需求特征

对于那些需要大规模资金才能投资生产的产品来说,资金实力较弱的中小企业进入这类市场时就会存在经济壁垒,从而使该市场控制在资金雄厚的大企业手中,形成较高的市场集中度。

(二) 产品差异化

1. 产品差异化的定义

产品差异化,是指企业在提供给顾客的产品上,通过各种方法造成足以引发顾客偏好的特殊性,使顾客能够把它同其他竞争性企业提供的同类产品有效区别开来,从而达到企业在市场竞争中占据有利地位的目的。

2. 实现产品差异化的五个维度

第一,产品功能差异化:在产品功能上进行创新和改进,使产品具有独特的功能,能够满足消费者不同的需求和偏好。例如,一款智能手机可以通过添加高像素摄像头、面部解锁等功能,来与其他手机产品区分开来。

第二,产品设计差异化:在产品外观设计上进行创新,使产品具有独特的外观和造型,吸引消费者的眼球并提升产品的美观度。例如,一款汽车可以通过独特的车身造型和内饰设计来与其他汽车产品区别开来。

第三,产品品质差异化:在产品质量上进行提升,使产品具有更高的品质和性能,满足消费者对品质的要求和期望。例如,一款电视可以通过使用高品质的显示屏和音响设备,提供更好的视听体验,与其他电视产品区分开来。

第四,产品定价差异化:制定不同的价格策略,使产品在价格上与竞争对手的产品有所区别。例如,一款高端手表可以通过高价定位,与其他手表产品形成差异化。

第五,产品服务差异化:提供独特的售后服务和客户体验,使产品能够满足消费者对服务的需求和期望。例如,一家酒店可以通过提供个性化服务和定制化体验,与其他酒店产品区分开来。

总之,如果市场上存在的产品差异度大,那么企业在定价上会有更大的自主权,市场结构会更加分散。相反,如果产品差异度较小,市场结构便会更加集中。

（三）市场进出门槛

市场进入门槛是进入某个市场所需要的资源、技术、资金、政策等条件，而退出门槛则是指退出市场所需要的条件。门槛越高，市场竞争越小，市场结构越集中。进出门槛低则相反。

1. 市场进入门槛

市场进入门槛高低不仅影响着行业的竞争格局，也对新进入者和现有企业的发展产生影响。市场进入门槛主要有以下几个方面。

（1）资金门槛：市场进入需要一定的资金投入，包括研发、生产、营销等，不同行业、不同市场所需的资金投入也会有所不同。

（2）技术门槛：市场进入需要掌握一定的技术，包括生产技术、管理技术、市场营销技术等，技术门槛高低直接影响企业市场竞争力。

（3）政策门槛：市场进入需要符合相关政策法规，如环保、安全生产、产品标准等，政策门槛高低也会影响市场进入者的数量。

2. 市场退出门槛

（1）资金门槛：退出市场需要支付一定的成本，包括清算成本、欠款清偿等，资金门槛高低也会影响企业的退出成本。

（2）管理门槛：退出市场需要进行一系列的管理工作，包括人事安排、合同终止、知识产权保护等，管理门槛高低直接影响企业退出的顺利程度。

（3）法律门槛：退出市场需要符合相关法律法规，如破产程序、法律诉讼等，法律门槛高低也会影响企业退出的顺利程度。

门槛高低不仅影响着企业的发展，也会影响整个市场的竞争格局。进入门槛低的市场，竞争会更加激烈，而退出门槛低的市场，容易出现"僵尸企业"和"无序退出"的情况，都会给市场带来负面影响。

（四）市场透明度

1. 市场透明度的内涵

市场透明度是指市场中的信息对所有参与者公开、透明且容易获取的程度，涉及市场中的信息传递、市场参与者的行为和市场规则的透明度。市场透明度不仅影响经济体系的正常运行，而且对市场参与者的决策具有重要意义。它可以提高市场效率，减少因信息不对称而导致的问题，同时增强市场参与者的信任感和市场稳定性。

2. 市场透明度的外延

具体来说,市场透明度包括但不限于以下几个方面。

(1) 市场行情了解:市场活动参加者对市场供求数量、质量和价格的了解程度。

(2) 资本市场监管:在资本市场中,透明度可能特指对财务信息的及时、全面、系统地披露,通常与信息的内容、质量和使用者有关。

(3) 信息质量特征:透明度还涉及信息的基本质量特征,如可比性、透明度和是否充分披露。

(4) 信息传递和使用:透明度也关乎信息的传递性和被观测性,即市场参与者如何观察并接收交易过程中的相关信息。

综上所述,市场透明度是一个多维概念,涵盖了市场信息的多层面和多角度的透明度,旨在促进市场的高效运作和公平竞争。信息透明度越高,企业之间的竞争越激烈,市场结构越分散。反之亦然。

三、旅游市场竞争结构

旅游市场竞争是指旅游商品经营者在旅游市场上销售旅游商品时,相互争夺旅游消费者,期望得到旅游消费者和社会的承认,从而实现旅游商品价值的经济活动。旅游市场竞争同其他市场竞争一样,是商品经济的必然现象。无论什么制度,只要存在旅游市场,就会有竞争。

(一) 旅游市场竞争的作用

一方面,旅游市场竞争促使旅游企业提高效益。竞争对于旅游企业来说,是一组外部的强制力量。它迫使旅游企业必须加强经营管理,消除浪费,降低成本,改进技术,充分调动企业职工的积极性,不断提高劳动生产率,这样才能在激烈的市场竞争中站稳脚跟,在旅游市场上取得一定份额。而这些措施的实施,能使旅游企业提高效益。

另一方面,旅游市场竞争可以更好地满足旅游消费者的需要。旅游市场竞争的实质是争夺旅游消费者。旅游市场竞争迫使旅游商品生产者把旅游消费者的需要和满足放在首位。在竞争中,旅游商品生产者为了赢得消费者,就必须不断提高旅游商品的质量,降低旅游商品的价格,加强旅游商品的宣传,推出新的旅游商品,这些做法对于满足旅游消费者的需要具有重要意义。

> **学习小贴士**:市场竞争(Market Competition)是市场经济中同类经济行为主体为着自身利益的考虑,增强自己的经济实力,排斥同类经济

行为主体的相同行为的表现。市场竞争的内在动因在于各个经济行为主体自身的物质利益驱动，以及为自己丧失的物质利益及被市场中同类经济行为主体所排挤的担心。市场竞争主要包括六项基本内容，即商品竞争、素质能力竞争、服务竞争、信息竞争、价格竞争、信誉竞争。市场竞争的方式多种多样，比如，产品质量竞争、广告营销竞争、价格竞争、产品式样和花色品种竞争等，这也就是通常所说的市场竞争策略。

（二）旅游市场竞争结构

旅游市场结构通常可从旅游市场的竞争结构来体现。旅游市场竞争结构，是指旅游市场竞争的程度，即旅游经营者和旅游者数量的多少、旅游产品之间的差异程度、旅游产品价格控制能力及旅游市场进出的难易程度等四个标准，可按上述四个标准将旅游市场竞争结构分为四种基本类型。

> **学习小贴士**：通常我们按市场竞争的程度把市场竞争划分为如下两种类型：一是完全竞争，指一种没有任何外在力量阻止和干扰的市场情况；二是不完全竞争，一般是指除完全竞争以外、有外在力量控制的市场情况，不完全竞争包括完全垄断、垄断竞争、寡头垄断等三种类型。

表4-1 四种市场结构的区别

市场模式	交易者数量	进出门槛	产品差异性	市场透明度	类似市场举例
完全竞争市场	有大量的买方、卖方；消费者议价能力最强；价格由供求关系决定；市场集中度最低	资源完全流动	产品无差异	信息完全	一些大众观光目的地
寡头垄断市场	只有少量的卖方；多个厂商共同决定价格；买方议价能力几乎没有；市场集中度较高	进入市场相对困难	产品差异性取决于寡头之间的利益	信息不对称	航空公司等
垄断竞争市场	有大量的买方、卖方；市场有部分议价能力；厂商不能完全决定价格；价格部分由市场供求关系决定；市场集中度较低	进入退出市场相对容易	产品有一些差异性	信息不对称	糖果、香烟等
完全垄断市场	只有一个卖方，且是价格制定者；买家没有议价能力；市场集中度100%	进入市场困难	产品单一	信息不对称	故宫、长城等景点

1. 完全竞争旅游市场

完全竞争旅游市场又称纯粹（自由）竞争旅游市场，是一种由众多旅游者和旅游经营者等旅游市场主体组成的旅游市场。现实中并不存在此类市场，只是一种理论假设，具有理论分析价值，是市场竞争中的一种极端状态。其市场结构必须具备以下条件：一是旅游市场上存在许多彼此竞争的旅游者和旅游经营者，每个旅游者和旅游经营者买卖的旅游产品数量在整个市场上所占的份额都很小；二是各旅游经营者生产经营的旅游产品是完全相同的；三是所有生产要素资源能够在各行业间完全自由流动，旅游经营者可以自由进入或退出完全竞争的旅游市场；四是市场上每个旅游者和旅游经营者都具有充分的市场信息。由于现实中不存在同时具备以上四个条件的市场，因而完全竞争旅游市场实际上只是一种理论假设。

> **学习小贴士**：完全竞争市场中，市场完全由"看不见的手"进行调节，政府对市场不作任何干预和调整，只承担维护国家安全和社会稳定的作用，承担"守夜人"角色。完全竞争市场买卖双方对市场信息完全了解，可以根据这些信息做出最优决策以获得最大经济利益。现实生活中，绝对的完全竞争市场是没有的。

2. 垄断竞争旅游市场

垄断竞争指一种既有垄断又有竞争，既不是完全竞争也不是完全垄断的市场结构，或者说是既有竞争又有垄断性质的市场，引起这种垄断的基本条件是产品差别的存在。但现实生活中有很多产品差别是消费者不能认知的，因此，企业必须创造消费者能够认知的产品差别，广告、品牌等营销策略便成为顾客认知产品差别的一个重要手段。

垄断竞争旅游市场，又称不完全竞争旅游市场，是介于完全竞争和完全垄断旅游市场之间，既有竞争又有垄断的旅游市场结构，是最常见的竞争形式。垄断竞争旅游市场的竞争性主要表现在：一是同类旅游产品市场上拥有较多的旅游经营者，每一经营者的产量在市场总额中只占较小的比例，任一单独经营者都无法操纵市场；二是在市场经济条件下，旅游经营者进入或退出旅游市场一般较容易；三是不同的旅游经营者生产和经营的同类旅游产品存在着一定的差异性，从而使处于优势的旅游产品在价格竞争和市场份额的占有上优于其他旅游经营者。

垄断竞争旅游市场的垄断性主要表现在：一是每个国家或地区的旅游资源不可能是完全相同的，从而导致每一种旅游产品都有其个性，于是旅游产品间的差异性在一定程度上就形成了旅游产品的垄断性;二是政府某些方针政策的限制,也会形成旅游产品的垄断;三是由于各种非经济因素的制约,使旅游者不能完全自由选择旅游产品而进入任何旅游目的地,从而使某些旅游产品形成一定的垄断性。

3. 寡头垄断旅游市场

寡头垄断市场在当代经济生活中占有非常重要的地位,它是一种普遍存在的市场结构,主要分为有差别垄断和无差别垄断。无差别垄断指企业生产的产品无差别,如钢铁、石油等行业寡头;有差别垄断的寡头企业生产的产品有差别,如飞机、汽车等行业寡头。寡头企业竞争手段多种多样,当价格和产量一旦确定后,就具有相对稳定性,因此各寡头企业相互间容易达成某种形式的相互勾结和妥协。

寡头垄断旅游市场,是指为数不多的旅游经营者控制了绝大部分旅游产品供给的市场结构,并且每个旅游经营者在行业中都占有相当大的份额,以致其中任何一家经营者的产量或价格变动都会影响整个旅游产品的价格和其他旅游经营者的销售量。寡头垄断旅游市场也是介于完全垄断旅游市场和完全竞争旅游市场之间,并偏于完全垄断旅游市场的一种市场结构,少数旅游经营者控制了行业绝大部分旅游产品的市场供给,彼此间既有竞争又有联合,市场进入门槛高,是旅游市场成熟的表现,西方发达国家的旅游市场竞争结构多呈此状态。

在现实市场经济中,寡头垄断旅游市场往往比完全垄断旅游市场更为普遍,尤其对于某些独特的或稀少的旅游资源,通过开发和建设容易形成寡头垄断的旅游产品和旅游市场。完全竞争和完全垄断是旅游经济市场竞争的两个极端的现象,在现实中极为少见。垄断竞争和寡头垄断是旅游市场上大量存在的竞争类型,其中最常见的是垄断竞争型的市场状态。导致旅游市场垄断的因素有:旅游资源分布状况、地理位置及距离、历史和文化渊源、特殊政策等。

4. 完全垄断旅游市场

完全垄断旅游市场,又称独家垄断旅游市场,是完全由一家旅游经营者控制旅游产品供给的旅游市场,是与完全竞争旅游市场相对应的另一种市场结构的极端状态。垄断形成的主要原因是行业壁垒,具体而言有以下几个表现方面:

(1) 资源垄断,一家旅游企业拥有某种商品关键性资源的排他性所有权;

(2) 专利权垄断,一家企业拥有生产某种商品的专利权,由于政府和法律的保护而使该企业在一定时间内垄断该产品的生产；

（3）政府特许，由于资源垄断的困难，许多情况下垄断产生于政府给予一家企业排他性生产或经营某种商品或劳务的权力，如铁路运输、供水供电等部门；

（4）自然垄断，由于存在规模经济，当一家企业能够以低于其他企业平均成本为整个市场供给某种商品时，这个行业便是自然垄断，行业内一般总是有某个企业凭借雄厚的经济实力或其他优势最先达到这种状态，从而垄断该产品的生产和销售。

完全垄断旅游市场的主要特征：一是某旅游企业完全控制了某种旅游产品的供给和销售市场，这种旅游产品没有其他可以替代的旅游产品；二是旅游市场上旅游产品的价格和产量是由该旅游经营者完全控制的；三是旅游市场具有较强的壁垒，甚至是封锁的，其他旅游经营者无法进入；四是旅游市场上的信息是不充分的。完全垄断旅游市场最突出的特征是旅游产品的唯一性，如西安的秦始皇兵马俑、北京的故宫和长城、埃及的金字塔等。

> **学习小贴士**：完全垄断市场中，因单一企业控制整个市场，因此可以通过价格歧视来实现垄断利润。价格歧视指同一时间对同一产品向不同购买者索取不同的价格。实现价格歧视的条件：一是各市场对同种产品的需求弹性不一样，需求弹性小则实行高价格，反之则实行低价格；二是市场信息不完全，市场只有一家企业，不存在竞争，消费者不了解其他市场价格；三是能有效将不同市场或市场不同区域分开，能够根据消费者偏好差异将不同市场区分开，或将市场不同区域隔离开，这样就排除中间商低买高卖获取利润的机会。
>
> 价格歧视可以分为一、二、三级价格歧视。一级价格歧视又称完全价格歧视，指垄断企业针对不同消费者对每一单位产品实行不同价格，如医术高明的医生对每个患者收取不同的医疗费；二级价格歧视指垄断企业把需求曲线分为不同的几段，根据消费者不同的购买数量实行不同的价格，如阶梯电价；三级价格歧视指垄断企业对不同的市场和不同的消费者实行不同的价格，如电力公司对工业部门、农业部门、居民用电实行不同的价格。

任务 4-2 旅游市场供求的均衡与调节

旅游需求与旅游供给是旅游经济活动的两个主要环节，分别代表旅游市场上的买卖双方，它们之间的对比关系是旅游活动中最基本的经济关系。旅游需求与供给各自以对方的存在作为自身存在与实现的前提条件。旅游需求只有通过相适应的供给才能满足,旅游供给必须通过有支付能力的需求才能实现。所以,旅游供给和旅游需求都要求对方与之相适应,以达到两者的相互平衡。

在旅游市场上,由于各种主客观因素的影响,旅游需求与旅游供给总是在相互不平衡的矛盾运动中趋向平衡的,也就是说,在旅游经济活动中,旅游供求关系经常表现为供求矛盾。

一、旅游供给与需求的矛盾运动

旅游供给与旅游需求既互相依存又互相矛盾,它们通过旅游产品价格这一中介,有机地结合起来,从而形成了旅游供给与旅游需求相互依存和相互矛盾的运动规律。

在旅游供给不变情况下,旅游需求上升时,旅游市场上出现供小于求的局面,并形成卖方市场,从而引发旅游产品价格上升;当旅游需求下降时,旅游市场上出现供大于求的局面,并形成买方市场,从而引发旅游产品价格下降。

在旅游需求不变情况下,旅游供给上升时,旅游市场上出现供大于求的局面,并形成买方市场,从而引发旅游产品价格下降;当旅游供给下降,旅游市场上出现供小于求的局面,并形成卖方市场,从而引发旅游产品价格上升。

当旅游需求与旅游供给平衡时,旅游产品的价格称为旅游市场的均衡价格。因此,在现实旅游市场中,旅游供求平衡总是相对的,而不平衡是绝对的,总是通过价格这只看不见的市场之手调节供求矛盾。

$$P\uparrow \begin{matrix}需求\downarrow\\ 供给\uparrow\end{matrix} \to 供>求 \to 买方市场 \to P\downarrow \begin{matrix}需求\uparrow\\ 供给\downarrow\end{matrix} \to 供<求 \to 卖方市场 \to P\uparrow \cdots$$

图 4-1 旅游市场矛盾及均衡过程

在旅游市场上,旅游供给与旅游需求矛盾主要表现在数量、质量、时间、空间、结构等几个方面。

(一) 旅游供给与需求在数量方面的矛盾

旅游供给与需求在数量方面的矛盾,主要表现在旅游供给或接待能力与旅游者总人次之间的矛盾。旅游市场上,旅游需求是一个多变量,人们的收入水平、消费水平、时间、社会环境、舆论宣传等条件的改变,都会使旅游需求产生较大的波动,使旅游总人次很快地增加或减少。但旅游供给却不同,一段时间内形成的旅游供给能力,相对而言是有限的、稳定的,不可能快速地提高或降低。旅游供给的这种既定性和旅游需求自身的多变性,必然使供给与需求难以适应,出现旅游供给与旅游者总人次之间的不平衡,供不应求,或供过于求。

(二) 旅游供给与需求在质量方面的矛盾

由于旅游供给的发展是以旅游需求为前提的,因此,旅游供给的发展通常是滞后于旅游需求的。在一定的生产力发展水平上,旅游资源、旅游设施形成之后,它们的供给水平也就相应确定了,而人们的需求内容、水平却在不断变化。旅游供给要跟上旅游需求的变化,就需要追加一定的资金投入与建设时间。另外,旅游产品大部分是无形产品,主要是以旅游服务的形式表现。旅游者对旅游产品质量的判定不能像一般商品那样,可以用具体的尺度和指标去求证。因此,旅游供给质量的高低主要取决于旅游者自身的感受。由于这种感受带有很强的主观性,因此会使旅游者心理预期与实际旅游供给产生一定差距。差距小、没有差距甚至超出心理预期,旅游者就认为旅游供给的质量高,反之,就认为旅游供给的质量低。因此,旅游经营者在提供旅游产品时,一定要充分考虑不同旅游者的心理特征和行为方式,了解他们的特殊需要,开展有针对性的个性化服务,提高服务水平,加快旅游设施建设和更新速度,尽量缓解旅游供求在质量方面的矛盾。

(三) 旅游供给与需求在时间方面的矛盾

旅游市场需求是多变的、不稳定的,但在产生的时间上具有一定的指向性。在客源国或地区的节假日,旅游需求产生得多;在旅游资源,特别是自然旅游资源表现得最好的季节,旅游需求也产生得多。旅游需求在时间上的指向性和集中性与旅游设施的常年性与均衡性形成了很大反差,造成某一旅游产品在一段时间内供不应求,而在另一段时间内供过于求,形成所谓的旅游旺季和淡季。

(四) 旅游供给与需求在空间方面的矛盾

主要表现为旅游供求在地域空间上分布失衡,有的旅游地供大于求,游人稀少,形成旅游的冷点;有的旅游地供不应求,游人如织,形成旅游的热点。造成旅游供求在空间上矛盾的原因主要有两方面:一方面,旅游地旅游资源的类型、数量和质量等状况,决定了不同旅游地的旅游供给有先天性的差别。旅游资源品位高、名气大的地区,就容易形成旅游的热点。另一方面,旅游地旅游设施的完善程度、旅游服务水平的高低、旅游宣传投入的多少,都会让一个旅游地成为事实上的热点或冷点。这便形成了旅游供求在空间上的矛盾。

(五) 旅游供给与需求在结构方面的矛盾

旅游供给与需求在结构方面的矛盾是指旅游供求在构成上不相适应。这种不适应是多方面的,集中表现在:旅游供给的内容和项目与旅游需求不相适应;旅游供给的档次和级别与旅游需求不相适应;旅游供给的方式与旅游需求不相适应。造成不适应的原因在于,旅游供给在一定时期内是稳定的、固定的;而旅游需求却是复杂的、多样的。这就要求旅游目的地国家或地区必须按照旅游需求的多样性、复杂性特点,推动旅游产品多样化开发与建设。

二、旅游供给与需求的均衡

1. 均衡的含义

均衡是一种状态,在这种状态下的价格使得需求与供给相等,此状态也叫供求平衡。所以均衡价格是指一种商品的需求与供给相等时的价格,也是供给量与需求量相等时的价格。均衡价格下的供求量称为均衡数量。如图 4-2 所示。

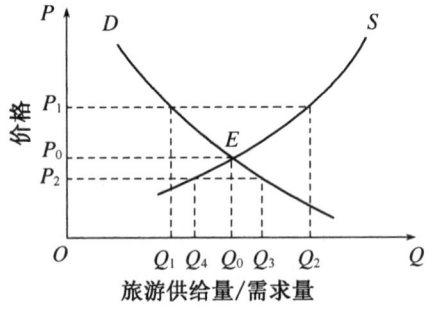

图 4-2 旅游供给和需求的均衡

以 Q 表示旅游供给量或需求量,并作为横坐标,以价格 P 作为纵坐标,在平面直角坐标系中描绘出需求曲线 D 和供给曲线 S(图 4-2)。设需求曲线 D 与供给曲线 S 相交于均衡点 E。在 E 点,供给量与需求量相等,称为供求均衡,这时的价格 P_0 称为均衡价格,Q_0 称为均衡产量。如果旅游产品价格由 P_0 上升为 P_1,这时需求量减少到 Q_1,而供给量增加至 Q_2,旅游市场上出现超供给量 Q_2-Q_1,即供过于求。如果市场价格由 P_0 降到 P_2,则需求量增加至 Q_3,而供给量减少至 Q_4,这时的旅游市场上出现欠供给量 Q_3-Q_4,即供不应求。在实际中,总是希望通过采取措施,使供求达到均衡。

2. 旅游供求变化对均衡价格的影响

(1) 旅游需求变化对均衡价格的影响

在旅游供给不变的情况下,旅游需求增加,均衡价格会上升;旅游需求减少,均衡价格会下降,如图 4-3 所示。

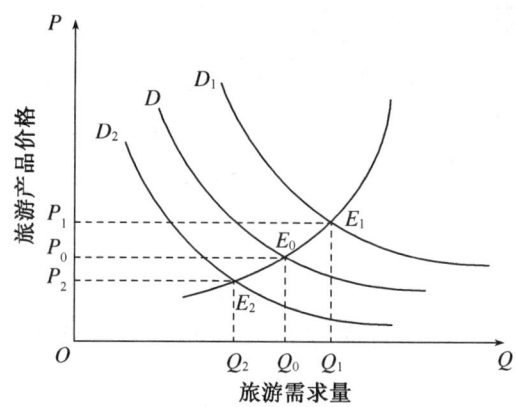

图 4-3 旅游需求变化对均衡价格的影响

(2) 旅游供给变化对均衡价格的影响

如果旅游需求暂时不变,仅仅旅游供给发生变化,也会造成市场均衡价格发生变化。旅游供给增加,均衡价格会下降;旅游供给减少,均衡价格会上升,如图 4-4 所示。

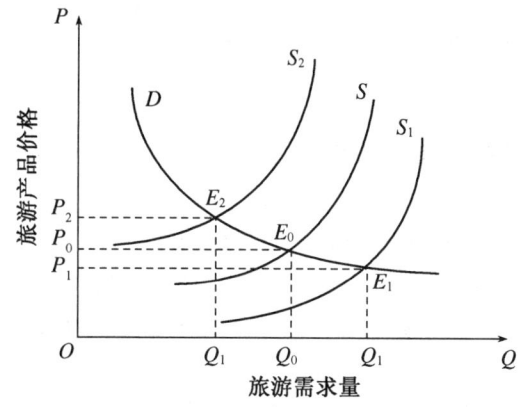

图 4-4 旅游供给变化对均衡价格的影响

(3) 旅游供求同时发生变化对均衡价格的影响

旅游供给和旅游需求同时发生变化是市场经济的必然结果。如果旅游需求的增加大于旅游供给的增加,会带来旅游产品价格的提高;如果旅游需求的增加小于旅游供给的增加,会导致旅游产品价格的下降;当旅游需求的减少大于旅游供给的减少时,旅游产品的价格会下降;当旅游需求的减少小于旅游供给的减少时,会导致旅游产品价格的提高。

无论旅游供给和需求发生怎样的变化,都会产生新的均衡价格,如图4-5所示。

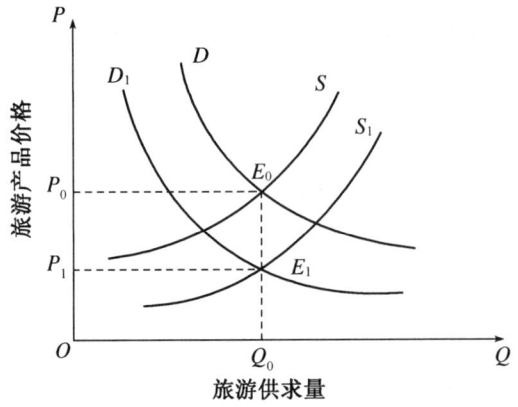

图 4-5 旅游供求同时发生变化对均衡价格的影响

> **学习小贴士**:经济剩余(economic surplus)是从生产和消费某一种物品中所得到的福利或净效用;它等于消费者剩余与生产者剩余之和。消费者剩余表现为需求曲线和价格线之间的部分,生产者剩余表现为价格线和供给曲线之间的部分。经济剩余从整体上反映了一个国家或一个经济体一定时期内各项经济活动的成果或效益的总和,它是衡量一个国家、部门或经济体的经济效率和发展水平的一个综合性指标。积极探索和发展经济剩余学说,正是构建社会主义和谐社会、建设有中国特色社会主义事业的题中应有之义。

三、旅游供求均衡的调控

通常情况下,旅游供求平衡主要是量的相等,旅游供求均衡则具有更广泛的含义,它除了量的均衡外,还要求供需双方在质的方面相互适应,表现在旅游供求构成、供求季节和地区不平衡的协调等方面。

旅游供求均衡与一般产品的供求均衡相比,具有均衡的相对性、不均衡的绝对性、供求均衡的随机性等特点,从而要求加强宏观调控,从旅游业的长远发展来确立调控目标,并采用一定的调控方式,有效地实现旅游供求均衡的调控目标。从实践看,旅游供求均衡的调控有多种方式,概括起来主要有价格机制和政府机制两种方式。

(一)价格对旅游供求的调节

在旅游市场上,通过旅游产品价格的变化,自发地调节旅游需求与供给。但价格机制的自发性,往往会产生许多问题,如出现卖方市场时，价格猛涨，但旅游供给又有相对稳定性，往往造成质次价高，出现损害旅游者利益、损害旅游形象等问题；出现买方市场时，旅游供给企业竞相压价，产生恶性竞争，两败（多败）俱伤，有碍旅游经济的顺利运行。因此，旅游供求矛盾的调节，除利用市场价格机制以外，旅游地政府往往会通过一些政策性手段（措施）来实施调节。

(二) 政策调节机制

实现旅游供求均衡，除了价格机制的作用外，其他因素也会产生一定的影响。可以采取多种综合措施，有效地调节旅游供给和需求，从而达到旅游供求平衡。常见的调控措施和手段主要有以下几种：

1. 技术手段的调控

对旅游供求进行调控的技术手段主要包括两种：一是制定科学的旅游规划，二是进行有针对性的旅游促销。

旅游规划是一种通过调节旅游供给来实现供求均衡的调控方式，是一种前馈控制。其内容包括：旅游市场调查、旅游需求预测、旅游资源开发、旅游设施布局、供给规模确定、旅游区建设、相关旅游基础设施发展计划、人员培训与行业规范管理等。旅游规划是一种长期性的调节手段，对旅游供给的发展规模和发展速度具有较强的控制作用。

旅游促销是一种通过影响旅游需求来实现供求均衡的调控手段。由于旅游供给弹性一般较小，因而即使发生供给过剩的情况，旅游目的地也难以迅速减少旅游供给量。面对需求不足和旅游设施闲置，旅游目的地往往采取加强旅游促销的措施去影响旅游需求，争取更多的旅游者。作为解决供大于求这一矛盾的手段，旅游促销的特点在于其生效较快。只要促销措施得力，短期内便会得到需求市场的反应。正因如此，它广为各旅游目的地重视，也是运用最多而且最为直观、最为有效的调节手段。

2. 经济手段的调控

经济手段是国家用于调节旅游经济活动的各种与价值形式有关的经济杠杆，主要有财政、税收、价格、信贷、利率等，其中较为重要的是税收政策和价格政策。

调节旅游供求的税收政策涉及几个方面：第一，直接面向旅游企业的税收政策，如果旅游供给不足，旅游地政府可以通过对旅游企业减免征税的办法，刺激旅游业的投资，扩大旅游供给，反之，则提高课税，控制旅游供给增长。第二，面向旅游者的税收政策，如果旅游地需求过剩，人满为患，那么直接向来访旅游者征税可以有效减少旅游需求。第三,面向具体的旅游地区的税收政策,国家政府对旅游热点和冷点地区实行不同的税收政策,缓解这些地区因先天或后天因素所形成的"级差"问题。

旅游价格政策主要是指旅游目的地政府对价值规律和旅游供求规律的自觉运用,突出表现在旅游价格政策上。通过不同的价格政策,达到对旅游供求均衡进行调控的目的。政府可以通过各种价格策略,或者迫使旅游产品价格下降,减少旅游供给;或者促使旅游产品价格上涨,扩大旅游供给,以便提高旅游供给随旅游需求动态均衡的主动性。常见的价格策略主要有地区差价、季节差价、质量差价、优惠价、上下限价等。

另外,在经济手段中,国家通过财政拨款、建立旅游发展基金、信贷、利率等经济杠杆,也可以调节旅游供给的规模和结构,促进旅游业在各地区间的均衡发展。

3. 法律手段的调控

国家的法律手段对旅游业的发展、旅游供求的均衡有宏观的影响。法律手段通过国家立法从法律上来规范旅游市场,保护旅游者和旅游经营者的合法权益,保障旅游市场的正常运行和旅游活动的顺利开展,为旅游供给与需求解决自身矛盾提供良好的市场环境。

法律手段是其他各种手段和措施得以发挥供求均衡调控作用的基础。旅游目的地的旅游发展规划和发展战略要落到实处,各种旅游经济政策、经济措施、经济合同要能够贯彻执行,都离不开法律手段的支持,它对旅游供给与旅游需求的彼此适应具有间接影响作用。

法律手段中一些法规和条例对稳定旅游供给有积极的促进作用,如《中华人民共和国文物保护法》《中华人民共和国风景名胜区管理暂行条例》《中华人民共和国森林法》《中华人民共和国食品卫生法》《中华人民共和国旅游法》等。这些法律法规的出台有利于保护旅游资源,逐步扩大旅游供给,有利于旅游业的可持续发展。

法律手段中一些法律法规对稳定和刺激旅游需求增长,也有明显的促进作用,如《中华人民共和国公民出境入境管理法》《消费者权益保护法》《中华人民共和国旅游法》等。通过立法的形式,规定了旅游需求行为主体所享有的各项权利,并对旅游供给过程中的各种侵权行为予以制裁,使旅游需求主体能够放心消费,一定程度上也有助于调节旅游供求关系。

项目小结

重点概念：

旅游市场　　　　　　　旅游市场结构
旅游市场均衡

练习与测试：

1. 名词解释：旅游市场；旅游市场均衡
2. 举例说明旅游市场结构。
3. 简述旅游市场矛盾表现及均衡的调节机制。

延伸阅读：

中国国内旅游客源市场的变化及其发展趋势。

实验实训

1. 实训任务

将学生进行编组，每组4—8名同学，组内学生自行分工合作，进行资料收集、整理、制作、美化、展示、汇报等工作。教师可以发布实训任务一览表中的任务，每组同学以此任务作为主题，利用课余时间进行展示材料的整理与制作。在此基础上，教师将利用2—4课时时间，用于学生自行汇报展示其工作成果。任务目的在于了解旅游市场及其结构、旅游供求矛盾运动过程及其调节等内容。

实训任务一览表

序号	实训任务名称	实训学时
01	调研并列举旅游市场结构的案例	2—4
02	阐释旅游市场供求矛盾过程及调节机制	
注：教师可根据需要选用实训项目和学时。		

2. 成果要求

每组同学制作完成一份WORD文档和一份展示PPT，WORD文档用于图文资料的整理汇总，PPT文件用于课堂汇报展示，并将上述两个文件放入文件夹，命名规则为：班级名称＋小组编号＋任务名称。

3. 考核标准

评价标准与打分表

项目	考核内容和要求	分值	得分	备注
态度	能够按时完成,积极主动,组内分工合作	20		
内容	导向正确、内容完整、准确、逻辑清晰	20		
形式	格式规范、语言简洁、图表样式美观	20		
展示	仪态形象得当,表达清楚,语言流畅	20		
创新	内容、格式、展示过程有创意,特色明显	20		
	小计	100		

4. 其他备注

_____
_____
_____
_____
_____
_____

项目五　市场失灵与微观经济政策

【项目目标】

知识目标：了解旅游市场失灵概念及四种主要表现；了解不同类型市场失灵及相应的微观经济政策。

技能目标：能够区分不同类别市场失灵；能够举例说明市场失灵现象；能够举例说明应对市场失灵现象的经济政策。

能力目标：收集、整理、分析相关案例和资料，通过制作、美化、展示、汇报等工作，解释旅游市场失灵的主要表现与解决办法，掌握避免旅游市场失灵的各种可行方案。

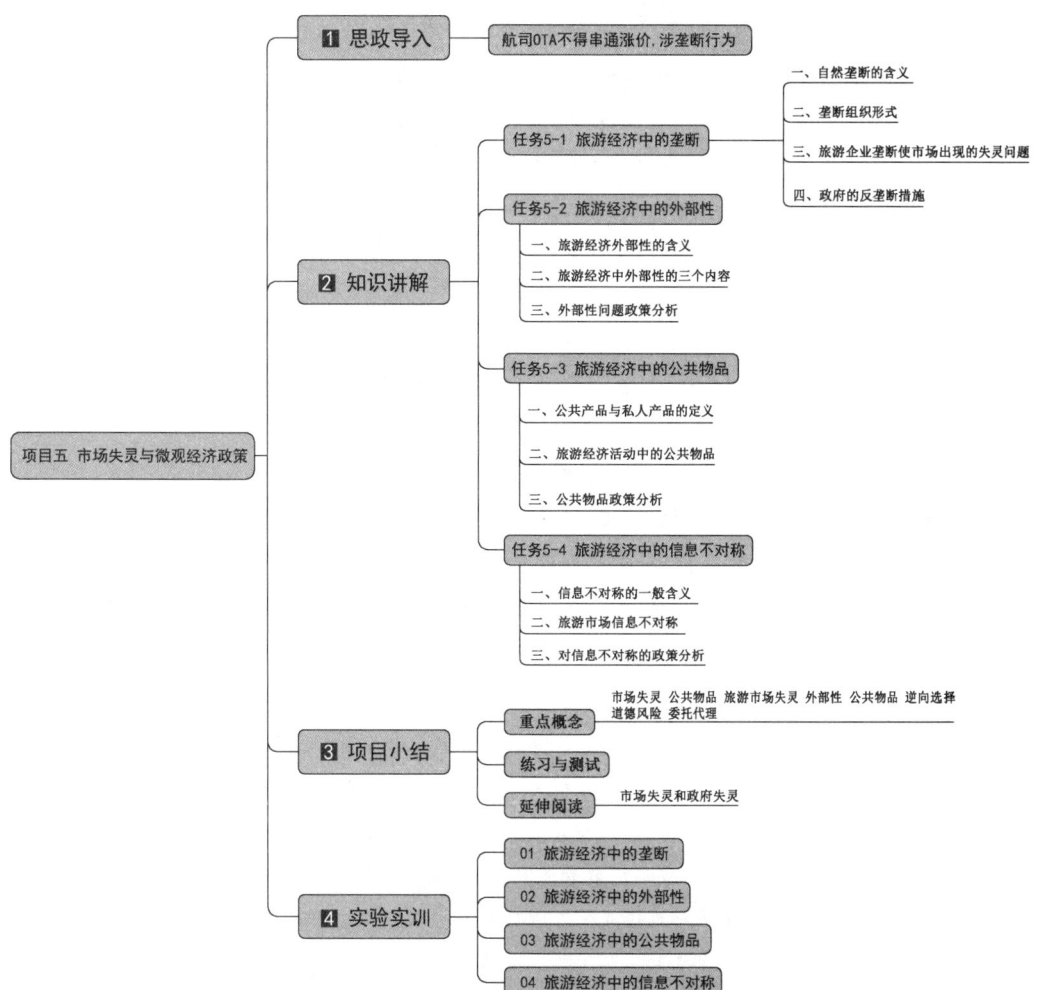

思政导入

航司 OTA 不得串通涨价，涉垄断行为

市场机制是一种竞争性的经济体制，市场通过价格信号对社会资源配置有灵活有效的导向作用。进入市场的各经济主体会在自身利益驱动下对市场价格信号灵敏反应，能够通过价格信号的变化达到资源的最优配置和经济效率。

然而现实经济生活中，市场机制表现出许多自身不能克服的缺陷，如水资源污染、公地悲剧等问题，使得整个社会资源配置不能达到有效率状态。

背景导读：12月24日，市场监管总局、民航局发布《关于建立民航价格监管合作机制的通知》（以下简称《通知》），强调督促市场主体依法依规经营。通知要求，运输（通用）航空公司、代理企业、OTA平台（在线旅游平台）及其他航空服务企业等，在开展生产经营活动时应严格遵守法律法规，严格执行政府定价、政府指导价，按规定做好明码标价。不得从事价格串通、价格欺诈、哄抬价格等价格违法行为，不得开展虚假宣传等不正当竞争行为，不得从事垄断协议、滥用市场支配地位等垄断行为。未经批准，不得以违规增设收费项目、提高收费标准等方式向市场主体违规收费。

《通知》提出，市场监管部门和民航行业主管部门根据各自职责，依法在监管职责、执法协作、信用评价和联合惩戒等八个方面密切合作，对民航价格领域的新情况、新问题加大监管力度，切实维护公平竞争的航空运输市场秩序，保护消费者合法权益。

《通知》强调，要加强民航价格政策制定和价格监管执法之间的衔接联动，健全违法线索移交和信息共享机制。"对于联合查办、协作查办的重大案件，建立联合公开曝光机制。民航行业主管部门按照《民航行业信用管理办法（试行）》的有关规定，将相关违法违规行为记入信用记录，加强信用监管，依法依规开展联合惩戒。"

《通知》称，各省（区、市）市场监管部门和同级民航行业主管部门要建立民航价格监管合作机制，开展定期会商，强化本区域内民航价格监管合作。

来源：傅晓羚. 市场监管总局、民航局：航司OTA不得串通涨价，涉垄断行为[EB/OL]. 南方都市报，(2020-12-25)[2023-12-30]. https://www.sohu.com/a/440352033_161795.

知识讲解

市场失灵是指由于垄断、外部性、公共物品和信息不对称等原因，导致资源配置不能达到最优，即资源配置低效率或无效率的状态。

旅游市场失灵是指在一般情况下，旅游相关供给厂商主要根据市场信号进行自我调节、自我决策、自主运营，市场机制在旅游经济的运行中发挥基础性作用，但是市场价值规律这个看不见的手无法实现资源最佳配置、效率最高的情况。旅游市场失灵的原因主要包括旅游市场垄断行为，旅游产业经济运行中的外部性、公共产品、信息不对称等。

任务 5-1　旅游经济中的垄断

垄断(Monopoly)，原指站在市集的高地上操纵贸易，后来泛指把持和独占。垄断是一种市场结构，指一个行业里有且只有一家公司(或卖方)交易产品或者服务。一般分为卖方垄断和买方垄断。卖方垄断指唯一的卖者在一个或多个市场，通过一个或多个阶段，面对竞争性的消费者；买者垄断(Monopsony)则恰恰相反。理论推断垄断者在市场上，可以根据自己的利益需求，调节价格与产量，但没有确切案例提供支持。

一般认为，垄断的基本原因是进入障碍即进入壁垒，也就是说，垄断者能在市场上保持唯一卖者的地位，是因为其他企业不能进入市场并与之竞争。进入障碍产生垄断的原因有三个：第一种是资源垄断，即关键资源由一家企业拥有，包括关键的技术(如专利等)；第二种是政府创造垄断，即政府给予一家企业排他性生产某种产品或劳务的权利；第三种是自然垄断，即从生产成本角度来说，一个生产者比大量生产者更有效率。

一、自然垄断的含义

自然垄断(Natural Monopoly)指某种经济技术特征决定的，某一产业部门由单个企业生产成本最低的现象。如果某种产品需要大量固定设备投资，大规模生产可以使成本大大降低，那么，一个大厂商就可能成为该行业的唯一生产者。由一个大厂商供给全部市场需求时平均成本最低，两个或两个以上厂商在该市场上经营就难以获得利润，这种情况下，该厂商就形成自然垄断。自然垄断行业具有以下几个特点：

(一)规模经济效益很明显

规模经济(Scale Economies)是指随着企业产量的扩大,长期平均成本不断下降。比如,城市供水、供气系统的主要投资是铺设地下管道,它在产品总成本中的比重很大,一旦有了地下管道,增加自来水和煤气的供给量所需的追加成本在总成本中的比重并不大,产出量增加,平均成本就会下降。这就是说,原先已经进入该产业部门的企业,生产规模越大,平均成本持续下降,因而必须把生产规模扩大到独占市场的程度;同时,在垄断企业已经存在的情况下,任何新的企业试图进入该产业部门,其初始成本必然很高也无法与原有企业开展竞争。

(二)存在大量的沉没成本

沉没成本(Sunk Cost)是指已经进入某一行业的企业,在退出时无法收回的成本。沉没成本与资产的流动性有关,成品、原材料等流动资产容易变现,沉没成本少;机械设备等固定资产专用性强,不易变现,沉没成本相对较多。比如在铁路企业中,钢轨和路基等固定资产所占比重较大,一旦退出交通运输行业,就会有大量的沉没成本。在沉没成本较大的情况下,如果由多个企业竞争,结果可能两败俱伤。

(三)产品供给具有较强的地域性

异地同类企业难以与本地企业展开竞争,因为一个地区的供水和供气必须依赖于本地区的管道系统,产品在异地间流动的高成本足以阻碍竞争。更何况,这些行业大多提供社会与旅游经济发展和公众需要的基本服务,如电力、煤气、自来水、供热、电信、铁路等。这就要求这些行业所提供的服务具有产量的稳定性和质量的可靠性。

二、垄断组织形式

(一)卡特尔

卡特尔(Cartel)是由生产同类产品的企业联合组成。参加卡特尔的企业一方面为获得垄断利润而在价格、销售市场、生产规模和其他方面签订协议,另一方面又保持其在经济活动中的独立性。卡特尔一般有三种类型:一是规定销售市场范围的卡特尔;二是规定销售价格的卡特尔;三是规定参加卡特尔的企业各种商品的生产限额。随着跨国公司的出现和发展,资本主义各国的大垄断组织之间建立起国际卡特尔,其影响和规模都比国内卡特尔要大得多。

(二) 辛迪加

辛迪加(Syndicate)是通过签订共同的供销协议而形成的企业同盟。参加辛迪加的企业通过签订共同销售商品和采购原材料的协议来协调价格,从而获得垄断利润。所有参加辛迪加的企业,其商品销售和原材料供应均由辛迪加统一运作。虽然参加辛迪加同盟的企业没有了商业独立性,但生产的独立性依然保持。从法律上看,加盟辛迪加的企业仍然是一个独立的经济组织。

(三) 托拉斯

托拉斯(Trust)是由生产同类产品或相关产品的企业联合组成的一种股份公司。参加托拉斯的企业不再是法人,由托拉斯对原企业实行产、供、销、人、财、物的统一管理,原企业所有者成为托拉斯的股东。托拉斯在发达资本主义国家的许多主要工业部门中占据统治地位,且对社会生活产生着极大影响。1882年,美孚石油公司成为美国第一个托拉斯组织。20世纪初,托拉斯在美国迅速发展,在主要工业部门起着支配作用,因此,美国曾被认为是典型的托拉斯国家。

(四) 康采恩

康采恩(Konzern)是由工业、商业、运输、金融、保险等不同经济部门中的企业联合组成的垄断组织。参加康采恩的企业虽在形式上保持各自的独立性,但实际上已被银行或其中资本雄厚的大企业所控制。康采恩通常由一个母公司和若干个子公司所组成。母、子公司采用控股、参股的办法,控制其他许多中小型企业,从而形成一个规模较大的康采恩集团。康采恩是以实力最为雄厚的工业垄断组织和大银行为核心组建的。它的兴起与发展,体现了金融资本和工业资本相结合的进程。

三、旅游企业垄断使市场出现的失灵问题

通过市场对社会资源实现有效的配置,需要假定市场是一个完全竞争的社会,也就是说,在竞争中不存在报酬递增的现象。然而,在旅游经济活动中,许多旅游服务都是由报酬递增的企业提供的,这些服务型企业的生产函数具有随着需求规模报酬递增的特点。如旅游目的地景区景点企业、为旅游企业提供气、电、水、邮电服务的企业,都具有一次性投资很大、边际成本很小的经济特点,在整个服务提供中,平均成本是连续下降的,从而可以按照帕累托价格,即价格等于边际成本的定

价原则实现资源的有效配置。然而,由于这些企业垄断着市场,追求利润最大化的动机使得这些企业不是按照边际成本,而是以高于边际成本、利润最大化的价格定价的,那么,利润最大化的价格(平均成本)与帕累托效率最大化的价格(边际成本)之间,必然存在一个服务提供量之间的差额,这时,服务的享受者就不可能以较低的价格接受服务,服务的提供量也必然不能达到最大的有效率的数量,资源就不能效率最大化地配置。

> **学习小贴士**:垄断的不利影响。在完全竞争市场,企业只能通过改进技术和管理来降低成本和提高产品质量以便获得更多利润,而垄断企业则可以依靠垄断地位获得超额利润,技术改进和管理提升的动力大大降低。垄断价格扭曲了正常市场价格,对资源配置产生误导,导致资源利用无效率。企业对于垄断权力的获取常常会导致寻租行为泛滥,从而破坏社会公平,干扰市场秩序,浪费经济资源。

对于那些具有竞争性的旅游企业来说,为获得"经济租金"会竞相创新,使厂商面对的需求曲线变陡、市场力量增强,当创新突出的个别旅游企业市场力量增强到一定程度并有了左右市场的能力时,就会形成垄断或寡占。自由竞争的发展最终会引致垄断的生成,垄断是对竞争的否定。这种竞争的肯定发展而至否定的过程被称为马歇尔悖论。

四、政府的反垄断措施

垄断会给经济带来损失并降低经济的效率;垄断使生产的产量过低而售价过高,垄断产生的租金使厂商缺乏降低成本的动力因而管理松懈、研发不力,这对出资人来说是不能忍受的;垄断租金常常很高以至于厂商宁愿将精力用在寻租上而不是专注于经营。另外,垄断者不但会掠夺一部分旅游者的消费者剩余,而且还会造成一部分旅游消费者剩余的无谓损失,这是社会经济效用的纯损失。

(一)反托拉斯法

垄断有这些弊端,却不能在市场中得到解决,因为马歇尔悖论告诉我们,垄断源于市场,完全依靠市场自发机制来消除垄断是不现实的,为此,世界各国政府大多采取立法措施来反对垄断、保护竞争,这就是反托拉斯法。反托拉斯法即反垄断法,是国内外经济活动中,用以控制垄断活动的立法、行政规章、司法判例以及国际条约的总称。反托拉斯法在减轻垄断和防止以提高价格为目的的企业兼并行为、联合行动方面发挥了积极的作用;但它同时也阻碍了企业实现规模经济。企业若要得到规模经济的好处,只有当企业规模达到一定程度时才能实现,大企业间的兼并有相当一部分出于这种目的。制定反托拉斯法的目的在于增进社会福利,因此,在具体实施中政府要能够分辨哪些合并是有益的,哪些是不合理的。

(二) 政府对自然垄断企业的管制

由于自然垄断一般会采用降低产量和提高价格的形式来获得垄断利润。若管制的目的是为提高经济效率,一般采取最高限价方式来进行。这就需要政府成立专门的组织机构,对垄断企业的生产、服务和成本进行监督,以确定垄断企业的成本和定价。

另外,政府最高限价管制的同时,还要阻止新企业进入。因为自然垄断企业一般属于公用事业性质,但不同地区的成本可能不一样,因此,为了按照同一价格提供服务,就需要用一些地区较高的利润来弥补一些地区的亏损。为限制新企业进入高利润地区而保护亏损地区企业的利益,主要办法是控制经营许可证或特权的发放。

(三) 实行国有化

政府通过国家经营私人垄断行业来解决垄断问题,称之为国有化。然而政府的经营效率并不高,因此,经济学家们通常喜欢将国有化的垄断企业私有化。

任务 5-2 旅游经济中的外部性

一、旅游经济外部性的含义

外部性又叫外部效应,指当某个经济主体从事某种生产或消费活动给他人(个人或企业)带来损害或受益的影响,但该经济主体并没有因此支付成本或得到补偿。也就是说,外部性是市场价格没有完全反映交易的额外成本或收益。从全社会来分析,外部性可分为积极的和消极的两种:当某种经济的社会边际成本(经济中所有个人所承担的边际成本)小于私人边际成本(单个生产者所承担的边际成本)时,将产生积极的外部性;反之,就存在消极的外部性。旅游产业经济运行中外部性指旅游活动过程中造成周围环境改变,使得环境卫生水平下降、污染状况恶化、植被破坏以及文物古迹的破损等情况。此种外部性一般指经济学中的负外部性。

外部性容易造成市场失灵现象。当经济主体的活动产生了外部经济或外部不经济的时候，由于这种额外的收益或额外的成本并不为市场所承认，该经济主体并不为此获得相应的收益或承担相应的成本。那么，从整个社会角度看，该项经济活动的全部收益或全部成本没有得到充分体现，由此带来资源配置的扭曲。在这种情况下，仅仅依靠市场机制将无法达成社会资源的有效配置，即市场失灵。

二、旅游经济中外部性的三个内容

一是作为市场主体参与者，即旅游者和旅游厂商的决策和行为能够直接影响他人旅游消费或其他企业的旅游经济活动；二是对他人或其他企业所形成的经济影响不通过市场交易活动来实现；三是会对他人或其他企业的成本和效用产生一定程度的影响。

外部性的存在，使个人或者企业的边际成本与社会边际成本形成一定的差额，同时，也会产生个人或者企业的边际效益与社会边际效益之间的差额，这两个差额便是外部成本和外部效益。在旅游经济活动中无论是旅游者还是旅游经营企业，当受到外部影响产生了外部成本时，便是外部不经济；如果受到外部影响产生了外部效益时，便是外部经济。外部经济与外部不经济现象都存在于旅游经济活动之中，是旅游经济活动经常性的表现。

旅游目的地企业的经营活动以及旅游者的旅游消费活动是与特定旅游资源相联系的，没有一定的旅游资源存在，旅游地的旅游企业便无法进行市场交易活动，旅游者也不可能实现旅游消费活动。因此，以旅游环境为依靠的旅游资源是旅游目的地进行旅游经营活动的主要生产要素，同时也是旅游者消费的主要对象。如果将旅游环境作为社会成本和社会收益来对待，那么，旅游目的地企业在其经营活动中以及旅游者在其旅游活动中的经营和消费的决策、行动都会对旅游环境产生影响，这种影响可以形成外部经济，也可产生外部不经济。

从外部经济来看，通过旅游企业个体的投资和经营行为，提高了旅游目的地的市场知名度，改善了旅游目的地的旅游环境，同时，来自经济发达地区的旅游者进入，会促进地区社会文明的兴起和观念的改变，在这种情况下，旅游企业的经营行为以及旅游者的消费行为不仅使经营者和消费者受益，也会使整个旅游目的地全社会受益，这时，旅游目的地全社会边际收益大于经营者和旅游者的边际收益，形成了外部经济性。

从外部不经济来看，旅游企业的投资和经营行为以及旅游者的旅游消费行为，也会对旅游目的地的旅游环境产生负面影响。如旅游企业在旅游景区和景点的投资行为,可能会破坏当地自然环境和生态环境;旅游企业在经营活动中所产生的噪声、污水和废气会对环境造成不同程度的污染;旅游企业超规模旅游接待形成的旅游活动拥挤现象以及旅游者在旅游过程中对旅游资源和旅游环境的破坏和污染行为,都会使旅游目的地产生社会边际成本。如果社会边际成本大于旅游企业和旅游者边际成本,外部不经济现象便会产生。

为了实现市场的帕累托效率,唯一的途径是竞争,但前提条件之一是不存在外部性。只要存在外部性,通过旅游企业私人决策和经营行为并不一定导致资源的最优配置。由于外部性的存在会降低市场效率,不能通过市场实现社会资源最优配置,这为政府干预旅游经济活动、通过控制市场来纠正"外部性"所导致的市场无效率提供了理论依据。

三、外部性问题政策分析

外部性问题的根本原因是经济行为主体的经济活动对其他主体产生了影响,而这种影响却没有在以价格为基础的交换中得到补偿,这种补偿不能实现的原因是多方面的。因此,解决外部性问题需要针对不同情况采取不同办法。主要有以下几种对策:

(一) 直接管制

政府可以通过法律硬性规定禁止某些行为或制定某些标准,消除外部性问题。直接管制方法简单,收效也快,但也存在一些缺陷,如对某些技术细节掌握困难、管制规章制度不易落实等,从而影响管制效果。

(二) 税收和补贴

政府可以针对具有外部负效应的行为,通过征税的办法来限制这种行为,征税的多少原则上应等于给社会造成的损失。对于外部正效应的行为,政府可以给予补贴,大小原则等于给社会带来的收益。无论采取哪种方式,只要私人成本和私人收益与相应的社会成本和社会收益相等,就可以解决外部性问题。

(三) 内部化

内部化指将两个或两个以上的相关企业合并成一个企业,将外部成本和收益内部化,从而矫正外部效应带来的效率损失。

(四) 产权界定

科斯第一定理说明：只要财产权是明确的，并且交易成本为零或者很小，那么无论在开始时将财产权赋予谁，市场均衡的最终结果都是有效率的，能实现资源最优配置。科斯定理作用的发挥需要两个前提，即产权清晰和交易成本为零。但现实生活往往做不到，原因在于：一是涉及外部性问题的当事人很多，很难达成产权界定方案；二是围绕交易产生的谈判、契约、执行等交易成本很难为零，有时成本很大，大到使该交易没有任何意义。这些成本包括：信息搜寻成本、谈判成本、订立契约成本、反诈成本、维护产权成本、监督成本、执行成本等。

任务 5－3　旅游经济中的公共物品

一、公共产品与私人产品的定义

(一) 公共产品的定义

根据萨缪尔森的定义，纯粹的公共产品是指这样一种产品，每个人消费这种产品不会导致别人对该产品消费的减少，即具有消费的完全非排他性和完全非竞争性的产品。在资源条件既定的情况下，如果某种物品被一个人消费以后，其他消费者的可用量减少，影响到了其他人的消费，那么就说这种物品具有竞争性。竞争性产品是单个消费者的消费将减少他人可使用量的产品，也称效用减少性产品，这时增加消费的边际成本就大于零。如果在消费一件物品时，能够把他人排除在外，消费所产生的利益仅限于某个人或某些人，那么就说这种物品具有排他性。对于排他性产品的消费，通告的规则是谁出钱谁受益，这些物品的消费权，除非本人同意，别人是不能享受这些物品的。

(二) 私人产品的定义

纯私人产品即具有消费的完全排他性和完全竞争性的物品。该物品的消费，一方面可以不费代价地将他人排除在外，另一方面增加一个消费者的边际成本很高，同时一个人使用该物品，别人就不能再使用该物品了。

公共物品和私人物品的区别主要表现在上述两个方面，即非竞争性和非排他性。与公共物品相对应，私人物品既是竞争的，又是排他的那些物品。显然,大多数商品都是私人物品。由于公共物品的非竞争性和非排他性特性,任何私人部门都不愿意或不能充分提供。因此,产量会严重低于合理水平,即达不到资源配置的最优状态,市场机制又不能在公共物品提供上发挥作用,导致市场失灵。

(三) 公共产品的特征

1. 非排他性

如果一个商品生产出来后,不能把消费者排除在该商品的消费之外,这种商品便具有非排他性。所谓非排他性是指如果任何人都不必付费而能消费产品,而要将他人排除在外,要么不可能,要么代价太高。这种消费的非排他性包括两层含义:第一,技术上不可能;第二,技术上有可能,但经济代价太高。

2. 非竞争性

若某种商品在给定产出水平之后,多向一个消费者提供该商品的边际成本为零,这种商品就具有非竞争性。所谓非竞争性是指对此种物品的消费,一个人对这种物品的消费并不减少别人可得的消费量,而且增加额外的消费者并不需要增加供给。也就是说对于此种物品的消费,增加一个消费者,既不会减少其他消费者的消费,也不需要增加任何费用。纯公共产品有国家公共安全服务、基础科学研究、立法司法、政府行政管理、环境保护等。就这些物品来看,首先无法将不付费者排除在外,或排除在外成本很高。同时消费者的增加也不会引起生产成本的增加和导致他人消费的减少。

二、旅游经济活动中的公共物品

大部分旅游产品具有公共产品特性,即具有非竞争性与非排他性,其生产来源于自然环境、公共供给(部分私人供给),需求来源于广大的消费者(旅游者),在旅游者利用旅游资源后,会对环境及旅游资源造成改变或损害。此时除必要的经济措施,大部分要由政府进行管理。

旅游目的地的旅游环境是一个公共产品,无论是对旅游企业来说,还是对旅游者个人来说,提供一个良好的旅游目的地环境是旅游发展的必要条件。但是,提供旅游环境这个公共产品需要付出一定成本,如旅游目的地的公共设施建设、维护和管理,自然环境和生态环境的保护等,这些旅游环境的建设都需要付出相当的成本,需要旅游活动的受益者共同承担。然而,这些旅游环境生产出来后,无论是旅游企业还是旅游者是否支付了代价,都可以从旅游环境中获得一定的利益,这就形成了"搭便车"现象。也就是说,旅游企业和旅游者都希望别人生产公共物品,让别人为公共物品的生产付出代价,而自己能直接使用或享受公共物品带来的便利。这种动机驱使市场对公共物品进行资源配置的机制失灵。

但是,在旅游经济中,产品的性质并不像理论描述的那样泾渭分明,许多物品是介于公共物品和私人物品之间的。它们或具有非竞争性和排他性,或具有竞争性和非排他性,这些物品兼有公共物品和私人物品的性质,称为混合物品。混合物品可以大体划分为两类:一类是具有非竞争性和排他性的物品,又称俱乐部物品;另一类是具有竞争性和非排他性的物品,称为共有资源。

表5-1 旅游经济中的物品类型

竞争性排他性	有	无
有	旅游餐饮、旅游纪念品	拥挤的免费景区,博物馆等
无	不拥挤的收费景区	旅游目的地形象、旅游基础设施、旅游环境、不拥挤的免费景区

学习小贴士:"搭便车"现象。"搭便车"指不支付任何成本而获得某种收益或享受某种好处。公共物品的存在为"搭便车"提供了可能。公共物品生产出来后,向一个消费者提供的边际成本为零,按照完全竞争条件下利润最大化原则,价格应等于边际成本,即公共物品的价格为零。由此产生一个悖论,公共物品应该生产,但生产成本又无法收回,存在"搭便车"现象。既然公共物品的生产无法获利,而企业在市场经济中生存发展的基本动力是利润,因此企业不会生产公共物品。在这种情况下,公共物品的市场供给为零,必然导致市场失灵。

三、公共物品政策分析

(一)政府供给

对于公共物品,政府必须为其供给作出安排,一般有以下几种:一是政府直接经营企业并生产公共物品;二是政府与民营部门签订合同共同提供;三是政府以授权、许可方式委托民营部门提供公共物品;四是政府对民营部门提供补贴,鼓励其提供公共物品等。

(二) 公共资源保护

公共资源指具有竞争性但不具有排他性的公共物品，其竞争性决定了一个人使用公共资源将减少其他人的享用。对于这种资源常会出现公地悲剧现象，如河流污染现象等。造成公共资源悲剧的原因主要是对公共资源的使用具有负外部性。当一个人使用公共资源时，会影响他人的使用，使个人利益与公共利益背离。对个人利益最大化的追求，会造成公共资源过度使用。公共资源有很多，如空气、河流、湖泊等，为防止公地悲剧发生，政府应该采取相应的措施。

任务 5-4 旅游经济中的信息不对称

一、信息不对称的一般含义

完全竞争市场有一个重要假设，即信息是完全的，生产者和消费者都对市场有关信息完全了解，这一假设是不符合现实的。很多情况下，过高的信息成本使生产者和消费者无法获得充分信息，只能在有限信息条件下作出决策。由此产生的结果是市场失灵，市场机制不能正常发挥作用，社会资源的配置产生扭曲。

信息不对称是指交易过程中，交易双方拥有的信息数量不等，一方拥有比另一方更多的信息。在信息不对称情况下，将带来两个主要问题：一是道德风险；二是逆向选择。这两个问题是市场失灵的最集中体现。信息不对称现象的存在，违背了完全竞争条件下信息充分的假定，对信息掌握较多的一方可以利用对方的无知进行欺诈，从而导致效率损失。

道德风险指交易双方在签订交易契约之后，信息优势方在自身利益最大化的同时，损害了信息劣势方的利益，而自己并不承担由此造成的全部后果的行为。如一个部门经理是否努力工作，在很多情况下是无法观察的；一个投保人员投保之后，行为可能会改变，而且这种改变了的行为也是隐藏行为，无法观察；汽车保险投保者不再像未投保那样小心驾驶等。

表 5-2 道德风险的表现

市场	信息优势方	信息劣势方	表现
劳动市场	雇员	雇主	雇员偷懒、工作不努力
家庭生活	自己	配偶	恋爱时温顺,婚后"从奴隶到将军"
上市公司	管理层	股东	管理层发布虚假公告,占用股东资金谋取私利

逆向选择指由于买卖双方信息不对称,质次的商品总是将质优的商品驱逐出市场,即所谓"劣币驱逐良币"的现象。其结果是整个市场变成一个"柠檬"(Lemon,意即不中用的东西)市场,即充斥着低劣质量商品的市场,市场失灵出现。

二、旅游市场信息不对称

在旅游经济活动中,依靠市场实现资源最佳配置的一个前提假设,是旅游经济活动的行为主体人都具有"经济人"特征,也就是说,旅游经济活动的当事人都具有全面的知识和无限的理性,可以在现在或者将来本着自身效用最大化原则做出理性选择。然而,现实是,旅游经济活动的当事人是不可能具有全面知识和无限理性的,只能具有部分知识和有限理性。也就是说,面对无边无际的信息,每个旅游经济活动当事人不可能在信息收集、传递、处理和分析等方面做到面面俱全。

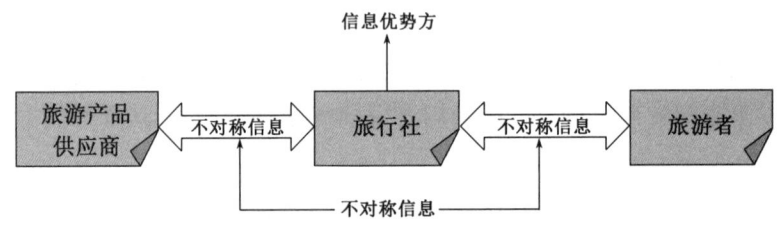

图 5-1 旅游市场信息分布示意图

面对国际和国内旅游市场的变化,面对不同旅游者个体所组成的旅游市场需求,旅游经营者不可能全面掌握对其经营活动或产品开发具有决定性意义的所有信息。当然,人们也无法获得他所需的足够信息以做出上述理性选择。更何况,旅游经济活动是在特定的社会和自然环境下进行的,与旅游市场相关的社会自然环境会随时发生变化,市场存在着相当的不确定性。即使旅游经营者原先具有较高的知识水平,也会无法完全掌握新的知识。

对于旅游者来说，要使旅游效用最大化，也必须具有完备的旅游服务知识。面对众多的旅游目的地和各种提供相同旅游服务的供应商和中间商，旅游者需要对所有提供相关服务的经营者的情况进行全面掌握和比较，才能从中选择能实现自己旅游效用最大化的旅游服务和旅游服务供给者，这显然不可能做到。

即使人们有能力全面掌握旅游经济相关信息，然而，在现实生活中也是难以做到的。因为，搜寻旅游经济信息是要耗费成本的，这种成本必须被视为"沉没成本"。在现实生活中，获取信息的搜寻成本会如此之贵，以至于我们宁愿对信息保持一定限度的无知，即保持"理性的无知"。不同的搜寻成本造成的决策、行动会对旅游环境产生不同的影响，这种影响可以形成外部经济，也可以产生外部不经济。

三、对信息不对称的政策分析

政府可以通过一些有效的制度安排，来消除信息不对称带来的影响。实施这些制度安排，可以通过市场机制本身，也可以通过政府干预。

(一) 利用市场机制进行信息沟通

拥有信息一方可以向无信息一方披露自己私人信息以消除信息不对称情况。企业花钱做广告向潜在客户发出其产品优质的信号，应聘人员通过展示文凭等证明其有能力承担某项工作。

也可以通过建立适当的信息甄别和筛选机制。有些企业采取计件工资制和计时工资制，这种不同的劳动报酬机制也是较常见的方式。

(二) 政府管制

政府可以针对信息不对称情况采取相应弥补措施。如可以利用公共权力，惩治虚假广告，打击假冒伪劣产品，强制生产经营者落实产品担保承诺等。还可以制定法律法规，强制生产经营者向市场提供真实的、比较全面的信息。政府也可以发布真实信息，消除信息不对称带来的市场失灵现象。

项目小结

重点概念：

市场失灵	公共物品
旅游市场失灵	外部性
公共物品	逆向选择
道德风险	委托代理

练习与测试：

1. 名词解释：市场失灵；公共物品；旅游市场失灵
2. 举例说明旅游市场失灵现象。
3. 简述导致市场失灵的主要因素及原因。
4. 举例说明不同市场失灵现象的政府干预方式。

延伸阅读：

市场失灵和政府失灵。

实验实训

1. 实训任务

将学生进行编组，每组4—8名同学，组内学生自行分工合作，进行资料收集、整理、制作、美化、展示、汇报等工作。教师可以发布实训任务一览表中的任务，每组同学以此任务作为主题，利用课余时间进行展示材料的整理与制作。在此基础上，教师将利用2—4课时时间，用于学生自行汇报展示其工作成果。任务目的在于了解旅游经济中的垄断、外部性、公共物品、信息不对称及其应对策略等内容。

实训任务一览表

序号	实训任务名称	实训学时
01	旅游经济中的垄断	2—4
02	旅游经济中的外部性	
03	旅游经济中的公共物品	
04	旅游经济中的信息不对称	
注：教师可根据需要选用实训项目和学时。		

2. 成果要求

每组同学制作完成一份WORD文档和一份展示PPT，WORD文档用于图文资料的整理汇总，PPT文件用于课堂汇报展示，并将上述两个文件放入文件夹,命名规则为:班级名称＋小组编号＋任务名称。

3. 考核标准

评价标准与打分表

项目	考核内容和要求	分值	得分	备注
态度	能够按时完成,积极主动,组内分工合作	20		
内容	导向正确,内容完整、准确,逻辑清晰	20		
形式	格式规范、语言简洁、图表样式美观	20		
展示	仪态形象得当,表达清楚,语言流畅	20		
创新	内容、格式、展示过程有创意,特色明显	20		
	小计	100		

4. 其他备注

_____

_____

_____

_____

_____

_____

项目六 旅游生产要素与收入分配

【项目目标】

知识目标：了解旅游生产要素的类别及概念，了解不同旅游生产要素市场的总体供求状况，掌握旅游生产要素收入理论及收入乘数效应。

技能目标：能够区分不同旅游生产要素类别，能够举例说明不同生产要素市场供求关系，能够举例说明收入分配理论及收入乘数效应。

能力目标：收集、整理、分析相关案例和资料，通过制作、美化、展示、汇报等工作，阐释旅游生产要素市场供求关系的平衡过程，生产要素收入及其乘数效应。

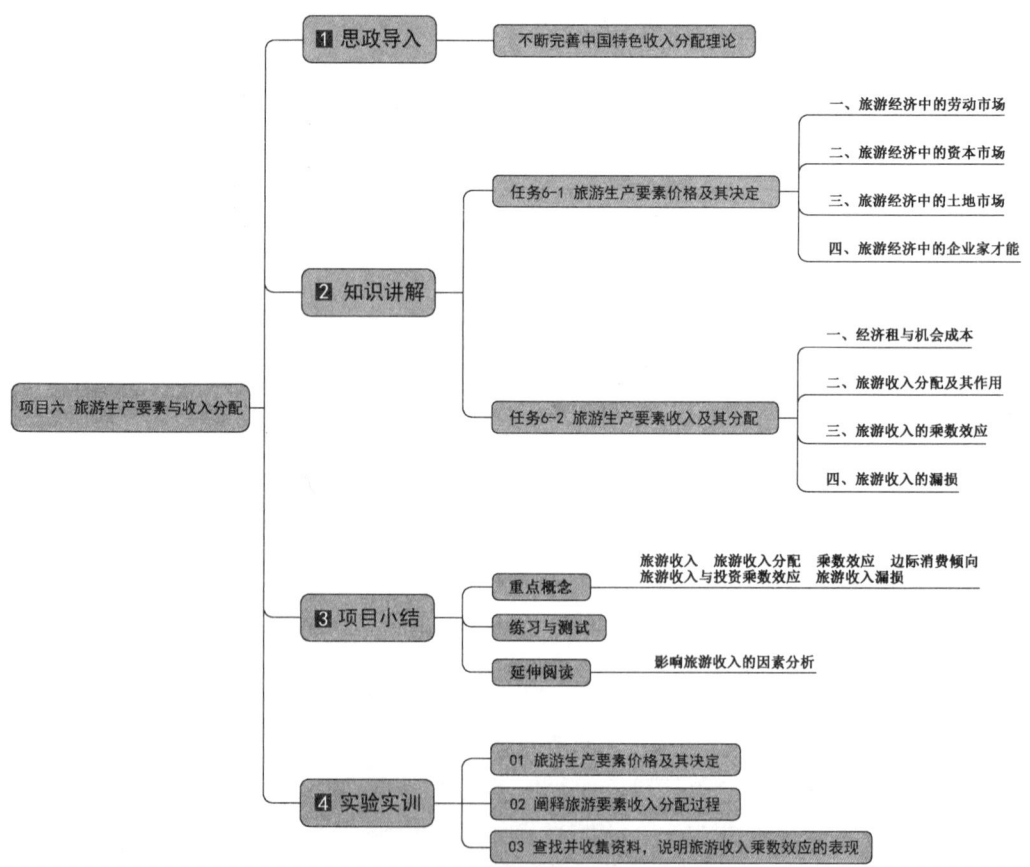

思政导入

不断完善中国特色收入分配理论

生产要素是指生产中所使用的各种资源。这些资源可以分为劳动、资本、土地与企业家才能。劳动是指劳动力所提供的服务，可以分为脑力劳动与体力劳动。资本是指生产中所使用的资金，它采取了两种形式：无形的人力资本与有形的物质资本。土地是指生产中所使用的各种自然资源，是在自然界所存在的。企业家才能指企业家对整个生产过程的组织与管理工作。生产是这四种生产要素合作的过程，产品则是这四种生产要素共同努力的结果。

在市场经济中，生产要素的价格是通过市场供求关系决定的。由于西方经济学把生产要素的个人占有作为其经济理论的制度基础，因而每个人的收入和生活福利状况就取决于要素价格的高低和个人对要素占有的多少。因此，西方经济学中的要素价格决定理论也就是其关于个人收入分配的理论。

背景导读： 新中国成立70年来，我国收入分配制度历经多次变迁。改革开放前，我国参照苏联模式建立了与计划经济体制相适应、具有平均主义特征的收入分配制度。改革开放后，打破平均主义"大锅饭"成为收入分配制度改革的方向。经过艰辛探索，我国形成了按劳分配为主体、多种分配方式并存的社会主义基本分配制度，奠定了社会主义市场经济的激励基础。伴随着收入分配制度的改革与发展，我国学术界在坚持马克思主义政治经济学收入分配基本原理的基础上，逐渐探索出具有中国特色的收入分配概念体系、理论体系和理论创新方法，形成并不断创新发展中国特色收入分配理论。

概念创新是一门学科创新发展的起点。恩格斯指出，"一门科学提出的每一种新见解都包含这门科学的术语的革命"。中国特色收入分配理论创新发展也始自概念创新这一"术语的革命"。新中国成立以来特别是改革开放以来，我们形成了按劳分配、共同富裕、和谐劳动关系、基本公共服务均等化、共享发展等一系列新概念、新范畴；提出了先富带后富，处理好政府、企业、居民三者分配关系，坚持在经济增长的同时实现居民收入同步增长、在劳动生产率提高的同时实现劳动报酬同步提高，让发展成果惠及全体人民等一系列新思想、新表述，大大丰富了中国特色收入分配理论的概念体系和研究内容。

实践是理论创新的源泉。新中国成立70年来，我国在社会主义现代化建设的实践探索中不断创新、发展、完善马克思主义政治经济学收入分配理论，形成了具有中国特色的收入分配理论体系。在从计划经济体制向社会主义市场经济体制转型过程中，我国始终坚持"生产方式决定分配方式"这一马克思主义政治经济学基本原理，积极探索社会主义市场经济条件下按劳分配的实现形式和有效途径，改革和完善包括收入分配关系在内的生产关系，形成了按劳分配为主体、多种分配方式并存的社会主义基本分配制度。在创新收入分配体制机制过程中，始终坚持收入分配制度设计既要充分体现社会主义市场经济公平竞争与效率导向的基本原则，又要充分体现公平正义这一社会主义的内在要求，从而突破了传统西方主流经济学关于"公平与效率不可兼得"的二分法。始终坚持正确处理收入分配领域中的政府与市场关系，创造性地将按劳分配和按生产要素分配有机结合起来，坚持按劳分配原则，完善按要素分配体制机制，履行好政府再分配调节职能，加快推进基本公共服务均等化，缩小收入分配差距，促进收入分配合理、社会公平正义、全体人民共同富裕。

在中国特色社会主义新时代，推动中国特色收入分配理论进一步创新发展、丰富完善，要始终坚持马克思主义指导地位，坚持在实践探索中推进理论创新。一方面，我国收入分配制度改革应始终坚持运用生产力和生产关系、经济基础和上层建筑相互作用、相互制约的基本原理和矛盾分析方法，通过调整生产关系激发社会生产力发展活力，通过完善上层建筑适应经济基础发展要求，使收入分配制度更加适应新时代生产力发展要求、更有利于促进高质量发展，正确处理公平和效率的关系。另一方面，应及时对我国收入分配制度改革创新实践进行经验总结，从中提炼出具有新时代特征的新概念、新范畴、新表述，提出能够体现时代特征、具备学理支撑的收入分配理论体系和逻辑框架，不断推动中国特色收入分配理论创新发展。

来源：民进中央特邀研究员. 不断完善中国特色收入分配理论[EB/OL]. 人民日报，(2019-06-24)[2023-12-30]. https://baijiahao.baidu.com/s?id=1637167255775830604&wfr=spider&for=pc

我国的分配制度，实行以按劳分配为主体、多种分配方式并存的分配制度。社会主义市场经济条件下实行按劳分配原则，同时允许多种分配方式存在和发展。

按劳分配客观上为公平竞争提供了保障，既可以促进效率，即收入分配结构的优化，又可以引导社会公众努力奋斗，实现共同富裕。市场经济条件下要坚持按劳分配，尤其是在公有制条件下更应该贯彻按劳分配的原则，只有这样，才能增强人民群众的凝聚力和向心力，维护社会稳定,促进物质文明建设和精神文明建设协调发展。也只有这样,中华民族伟大复兴才能真正成为现实。实行按劳分配,是生产关系适应生产力发展的需要。

知识讲解

任务 6-1　旅游生产要素价格及其决定

厂商对生产要素的需求是一种引致需求,是由消费者对产品的需求而引发的厂商对生产要素的需求。生产要素的供求关系决定了生产要素的价格。在要素市场,需求来自厂商,供给出自个人,这一点与产品市场不同。旅游生产要素是指发展旅游业所需要的各种投入,旅游产品的生产要使用四种生产要素,即劳动、资本、土地和企业家才能。旅游收入的多少及分配取决于所使用要素的数量和价格,和产品市场一样,生产要素的数量与价格又进一步取决于市场的供求关系。要素价格表现为劳动的工资率、资本的利率、土地的租金率、企业家才能的利润率。

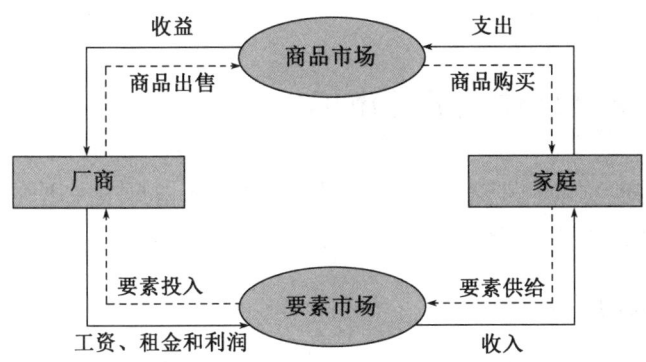

图 6-1　要素市场与商品市场的区别与联系

生产要素就像物品和服务一样,在市场中交易。需求和供给是理解竞争性要素市场的主要工具。企业对生产要素有需求,而家庭则提供这些生产要素。对生产要素的需求称为派生需求,因为它是由这些要素所生产物品和服务的需求派生出来的。一种生产要素的需求量是企业在一个给定时间内和给定要素价格水平上计划雇佣的数量。需求定律适用于生产要素,在其他条件不变时,要素价格越低,这种生产要素的需求量越大。一种生产要素的供给量也取决于它的价格,供给定律也适用于生产要素市场,在其他条件保持不变时,一种生产要素的价格越高,这种生产要素的供给量就越大。

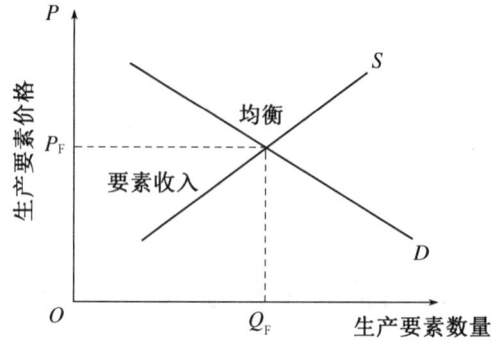

图 6-2 生产要素市场的需求与供给

图 6-2 显示了一个生产要素市场。要素的需求曲线为 D,供给曲线为 S。均衡的要素价格是 P_F,均衡数量为 Q_F。要素获得的收入是它的价格乘以使用数量。图中要素收入等于 P_F、Q_F、O 以及均衡点所围成的矩形。

需求或供给的变化改变了均衡价格、数量和收入。需求的增加使需求曲线向右移动,并增加了收入。供给的增加使供给曲线向右移动,而收入则可能增加、减少或保持不变,这取决于要素的需求弹性。如果需求富有弹性,收入增加;如果需求缺乏弹性,收入减少;如果需求弹性是单位弹性,收入保持不变。

一、旅游经济中的劳动市场

旅游业总体上是劳动密集型产业,劳动收入占据很大比例,对大多数人来说,劳动市场是收入的主要来源。

(一) 劳动的需求

从单个旅游企业看,劳动需求的变动主要取决于三个因素:旅游企业的收入、其他要素的价格、技术与资本。旅游企业收入越高,导致企业劳动需求曲线向右移动,企业的劳动需求越大。一方面技术进步与资本增加会消减工作量,另一方面新技术和资本是某些类型劳动的替代品,都会减少企业对劳动的需求。

劳动的市场需求是所有旅游企业的总需求,类似于物品和服务的市场需求,劳动的市场需求是通过把每一个工资率水平上的所有企业的需求量加总而产生。每个企业的劳动需求曲线向右下方倾斜,因而劳动的市场需求曲线也向右下方倾斜。

劳动的需求弹性衡量需求量对工资率的反应灵敏程度。一般而言,劳动的需求弹性取决于生产过程的劳动密集程度、产品的需求弹性、资本对劳动的替代性等三个因素。劳动密集程度越高,劳动的需求越富有弹性。产品的需求弹性越大,用于生产该产品的劳动的需求弹性就越大,当旅游产品对人们并不重要时,产品的需求弹性大,从而也会引起劳动的需求弹性变大;当旅游产品逐渐成为人们的必需品时,需求弹性小,从而引起的劳动的需求弹性也会变小。生产中资本越容易替代劳动,劳动的长期需求就越富有弹性,如旅游信息咨询服务越来越多地被在线信息服务所替代,此类服务的劳动需求弹性变大;但实景演出、导游讲解等难以替代的劳动需求就缺乏弹性。

整体而言,旅游业劳动技术性要求不高,就业门槛较低,劳动者可以相对自由进出该行业,相比其他技术性要求较高的行业,旅游劳动供给弹性较高,劳动力价格即工资率的变化会引起劳动力供给较大幅度的变化。

(二) 劳动的供给

劳动力供给是指在一定市场工资率条件下,劳动力供给决策主体(家庭或个人)愿意并且能够提供的劳动时间。人们通常能够决定时间在工作和其他活动之间的分配,也即人们的时间往往分配于广义的活动:劳动供给和闲暇。对于大多数人来说,闲暇所带来的享受远远大于供给劳动。但是,如果工资率超过了劳动者的保留工资,劳动者往往愿意提供一定数量的劳动供给,保留工资是劳动者愿意供给劳动的最低工资,供给的劳动数量取决于工资率。

个人劳动力供给曲线,描述单个工人在不同工资率水平下,愿意提供的市场工作时间的曲线,是一条向后弯曲的曲线。表明当工资率达到某一水平后,工资率的上升将对劳动力供给带来负面影响。

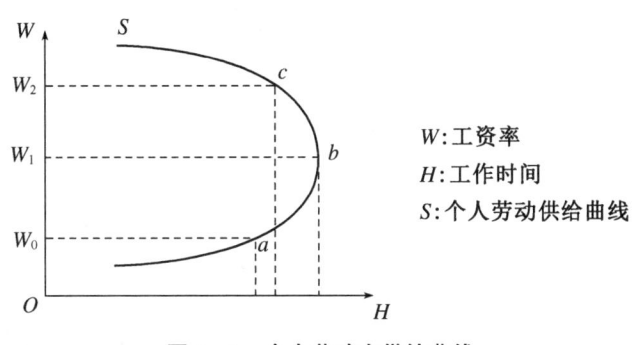

图 6-3 个人劳动力供给曲线

劳动供给曲线为什么向后弯曲?本质是人对既定时间资源的分配,即在闲暇(自用资源)与工作劳动(工资)之间的选择。如果将闲暇看作特殊商品,则其需求曲线受到的替代效应和收入效应两个方面的影响如下:

替代效应:闲暇商品的价格(工资)增加,即变昂贵了,人们会降低对闲暇商品的购买转而选择其他替代商品。结论:闲暇需求量与价格为反向关系。

收入效应：对于一般商品，其价格的上升意味着实际收入的下降，其需求量与价格反向变化；而闲暇商品则相反，其价格的上升意味着实际收入的上升，即需求量与其价格（工资）同向变化。

通常，商品的替代效应大于收入效应，故闲暇商品一开始替代效应大于收入效应，之后随着工资的增加，其收入效应增大，最终超过替代效应，表现为曲线向后弯曲（如图6-3）：在工资小于W_1时，其替代效应大于收入效应，闲暇需求随工资的增加而下降，劳动供给上升；在工资大于W_1时，其替代效应小于收入效应，闲暇需求随工资的增加而上升，劳动供给下降。

在其他条件不变时，工资率越高，人们愿意供给的劳动数量越多，原因在于工资率是闲暇时间的机会成本，工资率越高，享受闲暇时间的机会成本越大，这种倾向便是替代效应。在其他条件不变时，较高的收入会使劳动力加大对大多数物品的需求，收入增加对闲暇的需求也会增加，从而减少劳动供给量，这便是收入效应。

（三）劳动力市场均衡的破坏与重建

所谓劳动力市场均衡（labor market equilibrium），是指在某一市场工资率下，劳动力需求正好等于劳动力供给。此时的工资率即为均衡工资率或市场出清工资率，在这一工资率下通过市场实现的就业量即为均衡就业量。

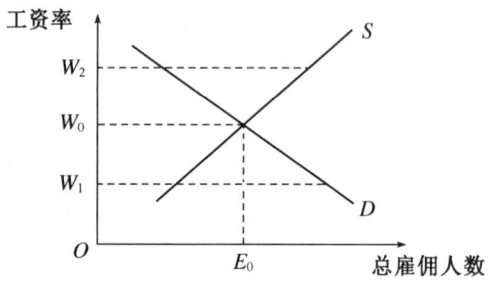

图6-4 劳动力市场的均衡

市场劳动力供给曲线，即所有单个劳动者的劳动力供给曲线的水平相加，表现为向上倾斜的曲线。在市场开放的情况下，总的市场劳动力供给随着工资率上升而增加，市场劳动力供给曲线（S）是一条向右上方倾斜的曲线；而市场劳动力需求曲线（D）无论是长期还是短期都是一条向右下方倾斜的曲线。在特定的劳动力供给曲线、劳动力需求曲线和竞争性的劳动力市场下，将有且仅有一个单一的工资率，这个工资率就是经济中的均衡工资率。

（1）劳动力需求曲线移动对均衡位置的影响

当劳动力供给曲线不变,而劳动力需求曲线右移时,均衡工资率和就业量均随需求曲线右移而上升;反之,当需求曲线左移时,均衡工资率和就业量同时下降。

(2) 劳动力供给曲线移动对均衡位置的影响

劳动力需求曲线不变而劳动力供给曲线右移必然导致均衡工资率下降和均衡就业量上升。同样道理,当劳动力需求曲线不变而劳动力供给曲线左移时,则会导致均衡工资率上升和均衡就业量下降。

(3) 劳动力需求曲线和劳动力供给曲线同时移动对均衡位置的影响

以人口和劳动力增长为例说明:一方面,在消费水平不变的情况下,人口和劳动力增加会引起消费品需求增加,从而导致劳动力需求增加,促使劳动力需求曲线右移;另一方面,人口和劳动力数量的增加必然会使劳动力供给增加,供给曲线右移。劳动力需求和劳动供给同时扩大,曲线同时右移,导致劳动力市场均衡位置以及均衡工资率的不确定。当需求曲线移动幅度更大时,均衡工资率就上升;而当供给曲线移动幅度更大时,均衡工资率就下降。

二、旅游经济中的资本市场

资本市场是旅游企业借以购买物质资本的金融资源渠道。物质资本是由一些企业生产,并由另一些企业购买的物品,它是一个存量的概念,是一个给定的时间点存在的实物数量,旅游业中指旅游交通、服务设施、建筑物以及旅游企业用来生产物品和服务的其他设施存量。物质存量也包括企业拥有的原材料、半成品和成品等存货。交易物质资本项目的市场并不是资本市场,而是物品市场。在一个给定的时期,企业购买许多不同的资本,这些资本物品的货币价值称为企业的投资,但只有实物本身(而非它们代表的货币价值)是资本,用于购买物质资本的金融资源称为金融资本。

(一) 资本的需求

企业对金融资本的需求产生于它对物质资本的需求,在给定时期内,企业打算借贷的数量由计划投资即计划中的新资本购买决定,而这些购买决策又由企业的利润最大化所推动。企业决定投资和借贷计划的因素是:资本投入所获取的利润=资本的收益-资本的成本。当资本的边际收益等于边际成本时,即资本的边际收益产量等于使用资本的利率时,取得最优值。资本的边际收益是1单位资本给企业所带来的总收益的变化;利率是借来进行金融投资的资金的机会成本,也是企业使用自有资金的机会成本。

企业需求的资本数量是使资本的边际收益产量等于资本支出的数量。资本支出是一个现期支出,而边际收益产量是一个未来收益。利率越高,未来收益的现值越小,计划投资的数量也就越小。企业的资本需要曲线表示在其他条件不变时,企业对金融资本的需求量与利率的关系。

(二) 资本的供给

旅游资本是社会整个资本的构成,由于资本在行业间的无差异性,其供给量取决于社会总资本的供给量。资本的供给量来自人们的储蓄。而决定储蓄的主要因素有:当前收入、预期的未来收入、利率。如果当前收入很高,而未来预期收入很低,则储蓄水平将会提高;如果当前收入很低,预期未来收入很高,则储蓄水平将会很低。利率越高,当前储存的资金在未来的数量会变大,当前消费的机会成本越大,当前储蓄的可能会增加,资本供给越多。

(三) 资本市场的均衡

储蓄计划和投资计划通过资本市场来调节,利率的调整使这些计划能协调起来。图中资本需求是 KD,资本供给是 KS,均衡利率是 R,资本数量为 K。如果利率超过 R_0,资本供给量将超过资本需求量,利率就会下降,直到资本过剩被消除;如果利率低于每年 R_0,资本需求量将超过资本供给量,利率就将上升,直到资本短缺被消除。

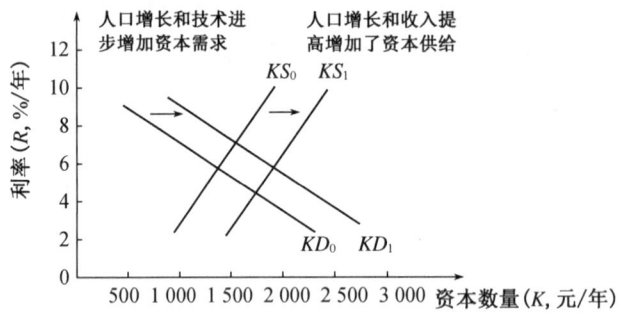

图 6-5 资本市场的均衡

随着时间推移,资本需求和资本供给都增加,需求曲线由 KD_0 向右移动至 KD_1,供给曲线由 KS_0 移动到 KS_1。由于相同或相关因素影响,人口增加需求和供给都增加。技术进步增加了需求,带来了高收入,反过来又增加了供给。随着时间的推移,需求都增加,资本量就增加,但利率保持不变。

三、旅游经济中的土地市场

(一) 土地的供给

经济学中的土地泛指一切自然资源。从短期来看,土地的自然供给可以看作一个固定不变的量,但从长期来看,人类可以通过改造沙漠、移山填海、围海造田等增加土地的自然供给,人类也可能由于洪涝、风沙等自然灾害和污染、毁林、对土地的破坏性使用等人为因素导致土地有效供给减少。但从整体来看,在一个较短时期内,土地自然供给的增减在总的土地自然供给中所占的比例非常之小,为了简化问题,我们把土地的自然供给看作一个固定不变的量。

土地对于任何商业活动都是最基本的生产要素。土地最典型的特征是数量固定,对价格完全缺乏弹性。旅游业中的土地和其他可再生自然资源的数量都是固定的,供给量不会被个人决定所改变。这也意味着旅游业中任何一块土地的供给是完全没有弹性的,不管租金如何,土地的供给是固定的,对于每一块特定土地的需求越大,其租金就越高。

(二) 均衡地租的决定

土地的价格称为地租,地租的大小由土地的供给和需求决定。如图6-6,在完全竞争的经济中,土地的市场供给曲线 S 是垂直的,土地的市场需求曲线 D 向右下方倾斜,因此,土地的市场供给曲线和市场需求曲线的交点 E 是土地供求均衡点,在 E 点的地租为 R_E。

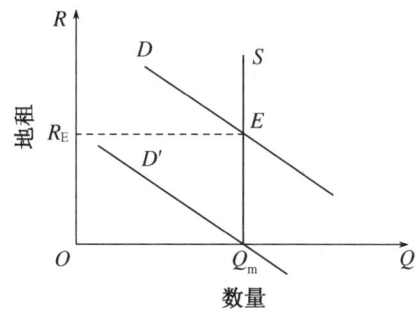

图6-6 均衡地租的决定

从图6-6可以看出,如果租金高于均衡价格,商家需要的土地数量就会少于所能供给的现有的土地数量。有些土地所有者就不能将土地出租出去,从而不得不以较低的租金出租土地资源,于是土地租金就会降下来。同理,如果租金低于均衡价格,对土地需求没有得到满足的商家就会迫使要素价格回升到均衡水平。只有土地的需求量正好等于固定供给的竞争性价格时,市场便会处于平衡状态。

土地供给不变的情况下,如果需求水平不断下降,即需求曲线下移,需求曲线下降到一定程度的时候,均衡的地租水平将变为0。随着土地的需求不断上升,地租也会不断提高。所以说,产生地租的根本原因在于土地是稀缺的,供给不能增加,而需求在不断上升。

> **学习小贴士**:租金、准租金和经济租金。
>
> 　　租金指供给同样固定不变的一般资源的服务价格。如前所述,土地的供给曲线是固定不变的,由于需求的增加,土地所有者可以得到的收入叫做地租。我们看到,地租提高,土地的供给量也不会提高;地租降低,土地的供给量也不会减少。在经济中还存在着其他一些要素,比如某些人的天赋才能,它们的供给数量也是不变的,不受价格涨落的影响,这些要素所得到的价格,我们统称为租金。可以看出,土地是一种特有的资源,所以地租只是租金的一个特例,是租金的一种,而租金是一般化的地租。
>
> 　　准租金指对任何供给量暂时固定的(短期内相对固定)生产要素的支付。除土地外,任何一种在短期内供给量相对固定的生产要素的使用都须支付一定的价格。在现实中,有些要素在短期内是不变的,在长期中可变,这类要素所获得的收入,就叫做准租金。比如厂商投资建设的厂房、机器等物品,短期内即使厂商不能盈利,也无法把它们从现有的用途中转移到收益较高的领域,反过来,即使厂商盈利很多,也无法迅速增加这些物品的供给。因此,这些资本品在短期内供给是不变的,但在长期内却是可变的。
>
> 　　经济租金可以定义为生产要素所得到的收入超过其在其他场所可能得到的收入部分。可以理解为要素的当前收入超过其机会成本的部分,简言之,经济租金等于要素收入减去机会成本。
>
> 　　从租金的分析可以看出,租金的特点在于要素价格的变化不会影响到租金的供给。有一部分要素收入类似于租金,即从要素收入中减去该部分并不会影响要素的供给。我们把要素的这一部分收入称为经济租金。也就是说,经济租金并不是吸引该要素用于当前使用所必需的。

四、旅游经济中的企业家才能

(一) 企业家的概念与职能

微观经济学认为,生产相同数量的产品时,劳动、土地和资本等生产要素必须予以合理组织,才能充分发挥生产效率。因此,还要有企业家将这些生产要素组织起来。企业家才能和以上生产要素不是相互替代的关系,而是互相补充的关系。

企业家有两个主要任务,一是组织、协调生产,二是对企业的经营行为承担风险,并且尽可能把风险降到最低。企业家才能指企业家经营企业的组织能力、管理能力和创新能力。作为对企业家才能这种特殊生产要素的报酬,利润有着与工资、地租等要素收入不同的特点:首先,利润可大可小、可正可负,不像劳动、土地那样可以事先通过合同确定并只能是正值;第二,利润是与市场的不确定性联系在一起的,所以可以出现剧烈的波动,不像其他生产要素有一个社会平均的价格水平做保证。

在社会化大生产之前,由于企业主同时又是企业家,利息与利润事实上不可分,因而利润问题并不是经济学要研究的重要课题。随着大规模生产的出现,许多企业的所有权和经营权逐渐分离,所有权归企业主而经营权归企业家,企业家才能作为一种独立的生产要素才得以出现。在经济学里就常常把利息作为资本收入而把利润作为企业家才能的收入。

(二) 利润的内涵

利润通常分为两种:正常利润和经济利润。关于正常利润的内容,经济学家的看法并不一致,大致有两种看法:(1)正常利润包括三方面,即企业家才能的报酬、平均分摊收益和风险的报酬,之所以把上述三部分都归入正常利润是因为这些收益之和正好等于企业家愿意从事生产经营所必需的报酬;(2)正常利润包括平均分摊收益和风险报酬两部分,企业家才能的报酬通常是以薪金的形式给付的,因此列入工资当中。下面我们分别解释这三部分收入。

企业家才能的报酬就是企业家组织管理企业的才能这个生产要素的报酬。平均分摊收益指企业家自有资本的报酬,即股息和红利。股息一般应大于同额货币在同时间内所能取得的利息;风险收入是指由于企业家承担投资风险所应得的那部分收入,通常风险越大,风险收入也就越大。

> **学习小贴士**：正常利润通常是厂商对自己所提供的企业家才能的报酬支付，是企业家从事经营管理所获得的劳动报酬。从机会成本看，当企业所有者在自己的企业当经理时，就失去了到别人拥有的企业当经理并获得报酬的机会，而其失去的报酬就是其在自己企业当经理时的机会成本。

经济利润是超过正常利润的那一部分利润。企业得到经济利润的途径主要有两个：一个是创新，另一个是垄断。创新是著名经济学家熊彼特提出的一个理论，他认为创新是企业家独特的任务，包括这样一些活动：引进一些新产品、开辟一个新市场、引进一种新技术、获得一种新原料的新来源、生产组织方法上的新发明及其应用。有了创新，即使市场价格不变，企业也照样可以得到经济利润。在不断有其他企业模仿之后，企业的创新利润就会逐渐消失。但创新的过程是动态的，当旧的创新利润尚未消失之前，新的创新就会出现，所以在整个经济中，经济利润总是存在的。在企业对产品市场具有垄断能力的时候，企业通过降低产量、提高价格而获得超额垄断利润。

任务 6-2 旅游生产要素收入及其分配

厂商均衡理论分析了产品市场的均衡价格以及相应均衡产量的决定，回答了微观经济学生产什么、生产多少和如何生产等问题。生产要素价格决定问题将分析要素市场上要素价格的决定，就是国民收入如何分配的问题，也就是微观经济学所要回答的为谁生产的问题。

19 世纪的法国经济学家萨伊回答了这个问题，他说，社会上的人可以分为三种：第一种人是向社会提供劳动的人，他们的收入是工资；第二种人是提供资本的人，他们的收入是利息；第三种人是提供土地的人，他们的收入是地租。有的人可能身兼两种或三种角色，例如，早期的资本家既提供资本，又亲自参与管理经营，那么他的收入中就既有利息又有工资；又例如，出租房屋的人，在他得到的租金中既有地租的成分又有利息的成分。

在此基础上提出了"三位一体"公式，即把生产要素分为 3 类，分别为土地、劳动和资本；这三类生产要素的价格，分别称为地租、工资和利息。

19 世纪末，第四种人的观点被马歇尔提出。随着经济的发展，管理在生产中越来越重要，出现了专门的经营管理人员，所以，经济学家又在三种人当中加进了企业家——专门的经管人员，他们提供管理才能，得到的收入是利润。"四位一体"公式(如图6-7),由此得到提出,即在三位一体公式基础上,增加企业家才能这一要素,企业家才能要素的价格即正常利润。

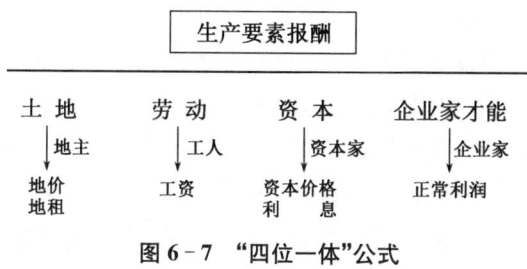

图6-7 "四位一体"公式

一、经济租与机会成本

生产要素的需求取决于边际收益产量,生产要素的供给取决于可获得的资源和人们对资源使用的选择。如果人们提供的生产要素有很大的边际收益产量或其供给很小,就会得到一个很高的要素价格。如果人们提供的生产要素有很小的边际收益产量或其供给很大,就会得到一个很低的要素价格。

生产要素的总收入由经济租和机会成本组成。经济租是生产要素所有者获得的超过其机会成本的额外收益,也即厂商为某种生产要素支付的价格与生产要素获得报酬的差额。也就是说它表现为稀缺要素带来的会计利润,等于长期的生产者剩余。

简单来说,当厂商占有某种稀缺资源(自然资源、技术、人才、品牌、权力)时,它就具有了寻租能力。例如两个厂商用同样的价格买到不同的两块地,若干年后,一块地附近发展出一个新的市场,而另一块地远离市场。前一块地获得更高利润,后一个厂商愿意支付一笔费用给第一个厂商交换土地,经济租产生了。经济租金可以定义为"支付给生产要素的报酬超过为所获得该生产要素所必须支付的最低报酬的那部分",即,经济租金=实际支付给某种要素的报酬-获得该生产要素所必须支付的最低报酬。而这种要素的供给量必须独立于价格,是固定的。而供给量随价格可以变动的生产要素是不存在经济租金的,也可说经济租金为0。

如果该种要素的供给随价格变化,价格高,供给多;价格低,供给少。那么,实际支付给某种要素的报酬=获得该生产要素所必须支付的最低报酬,经济租金=实际支付给某种要素的报酬-获得该生产要素所必须支付的最低报酬=0。

如果该要素供给固定,无论价格如何变化,供给不变的话,如何来衡量获得该要素所必须支付的最低报酬呢？依据经济学中成本的定义，生产要素的价格由机会成本来确定，即该要素用于其他用途时所能获得的报酬。所以经济租金＝实际支付给某种要素的报酬－该要素用于其他用途时所能获得的报酬。

实际上，等量投资获得等量报酬，如果在两个不同的产业中的相同投资不能获得相同的回报，那么，回报较少产业中的投资会向回报较高的产业转移，企图获得相同的回报。如果回报较高的产业没有壁垒，那一切好说，利益均享；如果回报较高的产业中存在进入壁垒，比如使用固定供给生产要素，或者必须获得当局发放的许可证，此时此产业的生产者必须为这些要素花费更高的价格（因为需求变大，供给固定），这种价格升高直到该行业的高额回报被要素价格侵蚀完为止。此时该行业的经济利润为0。

此时实际支付给某种要素的报酬远远高于获得该生产要素所必须支付的最低报酬，这个差额就是经济租。当该行业的经济利润为0时，即：总收益（产品出售价格×数量）－其他非固定数量要素成本－获得固定供给生产要素所必须支付的最低报酬－经济租＝0；或者，经济租＝总收益（产品出售价格×数量）－其他非固定数量要素成本－获得固定供给要素所必须支付的最低报酬（固定供给要素用于其他用途时所能获得的报酬）。因此，第一，租金会跟生产者剩余是一样的；第二，不是租金决定了均衡价格，而是均衡价格决定了租金，即：总收益（产品出售价格×数量）由均衡价格决定，而总收益又决定了经济租。

当进入者决定是否给予该生产要素相应的租金时，他首先考虑的是均衡价格，因为均衡价格决定了总收益，进而决定利润。如果均衡价格高，那么给予较高的租金是可能的，也是应该的。反之则给予较低的租金。所以说不是租金决定了均衡价格，而是均衡价格决定了租金，所有生产要素的需求都是引致需求，都具有这个特征。可以说，不是生产要素价格决定了均衡价格，而是均衡价格决定了生产要素价格。

如果一种生产要素被用于某一特定用途，它便放弃了其他可替代用途上可能获取的最大收益，这笔收益就是这一特定用途的机会成本。

机会成本存在的前提条件：① 生产要素是稀缺的；② 生产要素具有多种用途。机会成本的观点，要求将每种生产要素用到能取得最佳经济效益的用途上，合理配置资源。机会成本只是一种生产要素的不同用途产生的相对成本，而不是一种会计成本（记账、分析）。

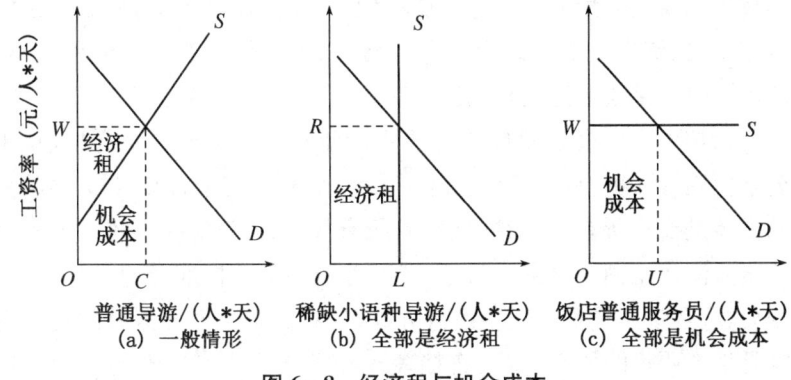

图 6-8 经济租与机会成本

如上图所示旅游服务人员要素市场,它可以是任何生产要素——劳动、资本或土地。需求曲线为 D,供给曲线为 S,工资率为 W,雇佣数量为 C。获得的收入是两块区域的总和:在供给曲线以下的区域衡量机会成本,而在供给曲线以上,但在要素价格以下的区域衡量经济租。

二、旅游收入分配及其作用

(一) 旅游收入分配

旅游收入分配是指各旅游企业按比例投入生产要素所获得的收入向社会各行业辐射的过程。按生产要素分配是指按照物质资料生产时所投入的生产要素的多少,进行收益分配的一种方式。换句话说,就是生产前,你所拿出来用于生产的"东西",譬如劳动力、资本、技术、土地等越多,将来生产后所形成的利润中,你就能分得越多。简单地说,就是多拿多得,少拿少得。这跟"按劳分配"中的"多劳多得,少劳少得"是同样的道理,但其内容更丰富,方式更进步。因为,这表明你拿出来用于生产的"东西"不一样,所获得的"好处"也就不一样,比方说,拿出土地"好处"便是地租;假如你拿出来的是劳动,那么给你带来的"好处"就是工资;如果你拿出来的是一笔数目不小的钞票,那么给你带来的"好处"便是利润。

生产要素按贡献参与分配,就是在社会必要劳动创造的价值基础上,按各种生产要素在价值形成中所做的贡献进行分配。由于劳动、资本、土地等生产要素在价值形成中都发挥着各自的作用,所以,社会主义的工资、利息和地租,不过是根据劳动、资本、土地等生产要素所做的贡献而给予这些要素所有者的报酬。按生产要素分配主要有:以劳动作为生产要素分配;劳动以外的生产要素所有者参与分配;管理和知识产权类的生产要素参与分配。

按生产要素分配的方式进行旅游收入的分配,其流向是:劳动供给者得到工资、资本供给者得到利息(分红)、土地供给者得到地租、企业家才能(才识)供给者得到利润。

所谓按生产要素分配是指生产要素所有者凭借要素所有权,从生产要素使用者那里获得报酬的经济行为。它包括三层含义:(1)参与分配的主体是要素所有者,依据是要素所有权;(2)分配的客体是各种生产要素共同作用创造出来的价值;(3)分配的衡量标准,涉及按生产要素的质量、数量还是贡献大小进行分配。因此,按生产要素分配的内在依据是生产要素的所有权,其直接表现和标准是生产要素的数量和质量以及生产要素贡献的大小。

旅游业是综合性产业,行业构成复杂,并涉及国民经济众多产业部门,其收入成为国民生产总值的一部分,必然以分配和再分配的形式渗透到国民经济各相关部门中去。旅游收入的分配与再分配受到生产资料所有制的制约,对我国而言应以按劳分配为主体,多种分配方式相结合。

目前,世界上一般采用按生产要素分配的方法对旅游收入进行分配。按要素分配包括两层含义:一是在市场经济条件下,要素所有权按其投入到社会再生产过程中的生产要素不同(类型、数量、质量)而获得不同收益,其中工资、利润、利息、地租等都是收入形式;二是各生产要素的收益率由市场调节,遵循等量贡献获得等量报酬的原则。

一般而言,产业中的生产要素主要包括:资本要素、劳动要素、土地要素、管理要素等四个方面。旅游收入分配重点考虑劳动力要素、管理要素以及资金要素。在实际分配过程中,应当将按劳分配与按生产要素分配两种方式结合起来进行,充分体现公平与效率。按劳分配,以劳动者为主导,实现公平;按要素分配,以要素所有者为主导,体现效率。旅游收入的初次分配是在直接经营旅游的部门和企业中进行的(如图6-9)。

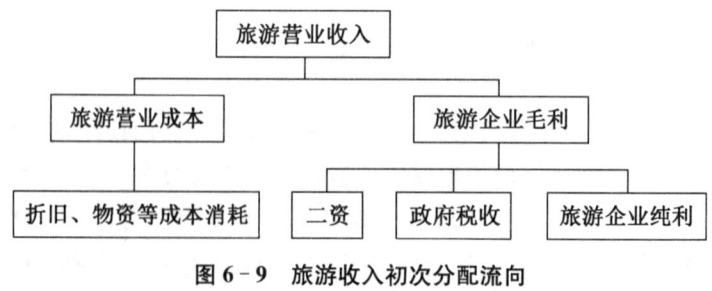

图6-9 旅游收入初次分配流向

> **学习小贴士**：平等与效率。根据西方经济学家的观点，收入分配主要有三种标准：第一个是贡献标准，即按生产要素的价格进行分配；第二个是需要标准，即按社会成员对生活必需品的需求度来分配国民收入；第三个是平均标准，即按公平的准则来分配国民收入。第一个标准有利于提高经济效率，但会引起社会的不平等；第二、三个标准有利于社会平等，但却有损于经济效率。于是引出经济学中永恒的矛盾：公平与效率问题。但在市场经济国家中，分配原则是效率优先的，收入不公问题主要通过经济政策来解决。
>
> 　　平等和效率都是社会所追求的目标。在现实生活中，如何处理两者之间的关系，经济学家的看法也不尽相同，这涉及怎样判断平等和效率的价值，涉及现代西方经济学中两种不同思潮的冲突。主张经济自由主义的经济学家认为应该把优先权交给效率，而主张国家干预，强调政府经济作用的经济学家则认为应该把优先权给平等。对于政府来说，平等和效率是政府重要的政策目标。经济学家的研究告诉公众，每一种收入平等的要求会造成多大的效率损失，原因何在。但究竟选择一种怎样程度的平等，效率和平等之间采取怎样一种平衡，则必须由公众和政治家、伦理学家们决定。作为政策制定者，政府应当清楚政策对平等和效率产生的影响，应当清楚任何切断收入和效率之间关系的政策和措施不仅会带来新的不平等，也会带来效率的损失。

（二）旅游收入再分配

　　旅游收入再分配指旅游收入经过初次分配后形成的各类资金，再次投向国民经济各部门的过程，包括：旅游企业收入将投入再生产过程；旅游从业人员收入将用于自身的生存、发展与享受；国家税收将投入国民经济建设。

　　我国旅游收入再分配主要通过三个基本途径进行：旅游从业人员收入、企业收入和政府税收。旅游从业人员收入再分配主要包括生活资料、投资、子女教育、培养等；旅游企业收入再分配主要包括公积金（主要用于企业再生产与扩大再生产）和公益金（主要用于企业公益性活动，如职工医疗、教育、培训、文体以及社会公益活动）。政府税收构成政府财政预算的一部分，通过各种投资实现旅游收入的再分配，其中，投资于旅游业的主要途径有：一是减免税费，指返还或直接免除税费；二是政府购买行为，主要用于政府购买旅游产品；三是间接投资，如提供无息或低息贷款等方式；四是直接投资，主要用于基础设施建设。

学习小贴士：讨论生产要素分配时，经常会涉及分配是否均衡的问题，洛伦兹曲线(Lorenz Curve)便是很好的分析工具。美国统计学家洛伦兹(M. O. Lorenz)将一国总人口按收入由低到高排列，所形成的收入累计百分比列为纵坐标，将一国总人口累计百分比列为横坐标，然后得到的总人口累计百分比与收入累计百分比的对应关系绘制在一张图上，即为洛伦兹曲线。该曲线主要用于分析一国收入分配的平均程度。

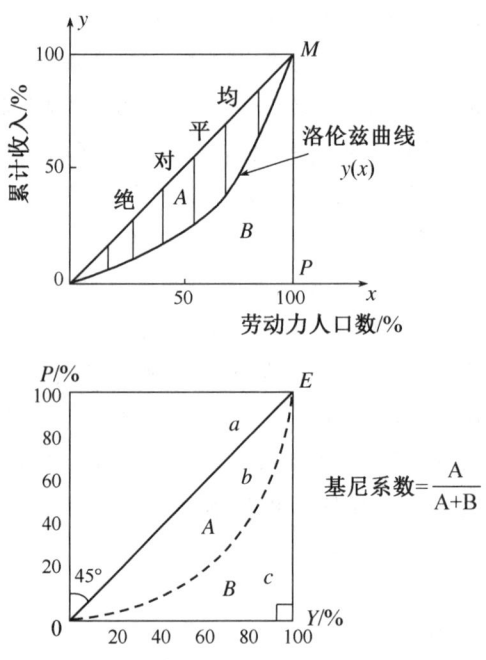

图 6-10 洛伦兹曲线与基尼系数

在洛伦兹曲线中，弯曲程度越大，分配程度越不平均；弯曲程度越小，分配越平均。在洛伦兹曲线中，面积 A 部分称为"不平等面积"；面积 A＋B 部分称为"完全不平等面积"。不平等面积与完全不平等面积之比，称为基尼系数，是衡量一个国家贫富差距的标准。基尼系数(Gini Coefficient)是意大利经济学家基尼(C. Gini)1922 年提出的定量测定收入分配差异程度的指标。它的经济含义是：在全部居民收入中用于不平均分配的百分比。基尼系数最小等于 0，表示收入分配绝对平均；最大等于 1，表示收入分配绝对不平均；实际的基尼系数介于 0 和 1 之间。一般认为：基尼系数小于 0.2 为高度平均，大于 0.6 为高度不平均，国际上通常将 0.4 作为警戒线。

三、旅游收入的乘数效应

(一) 乘数与乘数效应

乘数,是指某一经济量与由其引起的其他经济量之间的关系。乘数通常用于分析投资与国民收入之间的关系。旅游业中的乘数则是指旅游目的地国家或地区对旅游业的投入所引起的该国或该地区经济效益总量的增加。

萨缪尔森认为:增加一笔投资会带来大于或数倍于这笔投资额的 GNP 增加——增加的数值大于投资本身,这种现象称为乘数效应。投资对于产出的这种扩大的影响叫做"乘数",它是一种系数,表明增加单位投资量所导致产出增加的数量。

在封闭状态下(即不考虑漏损——国家或地区收入中转移到国外或地区外的部分),乘数表达式为:

$$K=1/(1-MPC) 或 K=1/MPS$$

K 表示旅游收入乘数;MPC 表示边际消费倾向,是消费支出增加额在收入增加额中所占的比例,即每增加一元收入所带来的消费额的增加量;MPS 表示边际储蓄倾向又可表示为($1-MPC$)。乘数与边际消费倾向 MPC 成正比,与边际储蓄倾向 MPS(每增加一元的收入中用于增加储蓄的部分)成反比。

在开放经济中,乘数还要考虑边际进口倾向(MPI)——增加的投资中用于进口的资金所占比例,此时:

$$K=1/[1-(MPC-MPI)] 或 K=1/(MPS+MPI)$$

K 与 MPI 成反比。

在旅游业中,乘数效应主要在以下几个阶段发挥作用:

1. 第一阶段:直接效应阶段

旅游者原生旅游消费对于经济系统中旅游企业在产出、收入、就业等方面造成的影响,成为旅游消费的直接效应,即旅游收入初次分配产生的效应。

2. 第二阶段:间接效应阶段

直接受益的各旅游部门和企业在再生产过程中要向有关部门和企业购进原材料、物料、设备,各级政府把旅游中缴纳的税金投资于其他企事业单位、福利事业等。这些部门在不断的经济运行中获得了效益,即间接地从旅游收入中获利,这是旅游收入再分配产生的效应。

3. 第三阶段:诱导效应阶段

旅游收入为旅游服务的更广泛层次的部门带来的收入增加或产出增加。如旅游职工工资收入引发生活消费品(商业)的增加,又带动工农业生产(物质资料生产企业)的投资与生产。

(二) 乘数效应的类型

1. 旅游收入乘数效应

旅游收入乘数效应,指在旅游业中一国或一地区每增加单位旅游收入所引起的该国或该地区国民收入总量的增加。

世界旅游组织认为,旅游消费直接投向的是吃、住、行、游、购、娱六个部门;受到间接影响的有金融、保险、农业、印刷、医疗、通信等58个部门,旅游收入乘数效应十分显著。世界旅游理事会(WTTC)指出,全球旅游收入对国民经济总产出的乘数为2.5。

2. 旅游投资的乘数效应

对旅游业投资增加,所引起的旅游目的地国民收入的更大数额的增加,称之为旅游投资的乘数效应。

3. 就业乘数效应

增加单位旅游消费者所引起的就业机会的增加。WTTC研究认为,旅游业引起的间接就业人数远大于直接从事旅游业的人数。

4. 个人收入的乘数效应

旅游消费对目的地居民带来的收入水平的增长效应。旅游经济学家弗雷切认为,个人收入乘数是一定地理区域居民或就业者的平均数(旅游地居民中并不是所有的人都从事旅游经营),明显低于其他类型的乘数效应,而且不同区域差异较大。

乘数理论的应用有一定的局限性,它不以分析旅游目的地国家或地区的经济实力、产业结构为基础,不考虑机会成本和资源供给的有限性,这与客观现实相违背,但仍是分析旅游业经济绩效、预测旅游业发展变化以及对目的地国家或地区经济影响的有力工具。

四、旅游收入的漏损

旅游漏损一般是指目的地为了满足旅游者旅游活动及相关消费活

动而发生的外汇支出，以及由于其他原因造成的旅游外汇流失，主要针对国际旅游业的外汇收入流失。

(一) 发生旅游漏损的途径

旅游目的地国家、地区或旅游企业，为维持旅游部门的正常运转或进行扩大再生产，须支出旅游外汇收入的一部分，进口物资设备、国外促销、设立办事处等，从而使部分外汇收入回流，造成旅游外汇收入的减少，削弱了乘数效应的作用，形成旅游收入的漏损（或称流失）。具体来说主要有以下一些漏损途径：(1) 旅游者所需物品及服务的进口；(2) 支付给海外员工的工资、海外贷款利息、海外管理费及特许经营费、海外旅游中介机构费用以及投资者利润汇出；(3) 海外促销与公共活动；(4) 人力资源的海外培训；(5) 本地居民从旅游收益中进口消费品或者由于海外旅游者示范效应影响而增加的本地居民消费进口；(6) 旅游设施建设所需要原材料的进口；(7) 海外旅游者通过非官方渠道进行外汇兑换产生的黑市漏损。

(二) 降低旅游漏损的途径

旅游收入的漏损率（流失外汇占旅游外汇收入的比例）的高低，反映了旅游目的地国家或地区国民经济的发展水平。发展水平低的国家或地区（特别是一些小国）其漏损率较高。因此，有必要采取一些措施来降低旅游漏损：(1) 完善外汇管理制度、管理方法，降低黑市漏损；(2) 提高本国旅游相关产品质量，或者通过技术引进增加本国生产，减少直接进口；(3) 增强目的地相关供给厂商之间的沟通、协调和合作，提高目的地自身供给能力；(4) 提高管理水平，加强培训，降低管理技术与服务进口。

一般认为，旅游漏损越高则对当地经济的刺激作用就越小，但这并非绝对。

项目小结

重点概念：

旅游收入　　　　　　　　旅游收入分配
乘数效应　　　　　　　　边际消费倾向
旅游收入与投资乘数效应　　旅游收入漏损

练习与测试：

1. 名词解释：旅游生产要素；旅游收入漏损；乘数效应
2. 概述旅游收入分类。

3. 分析旅游收入漏损的途径及其改进措施。
4. 概述旅游收入分析的相关指标。

延伸阅读：

影响旅游收入的因素分析。

实验实训

1. 实训任务

将学生进行编组，每组 4—8 名同学，组内学生自行分工合作，进行资料收集、整理、制作、美化、展示、汇报等工作。教师可以发布实训任务一览表中的任务，每组同学以此任务作为主题，利用课余时间进行展示材料的整理与制作。在此基础上，教师将利用 2—4 课时时间，用于学生自行汇报展示其工作成果。任务目的在于了解旅游生产要素市场、旅游要素收入分配过程、旅游收入乘数效应及漏损现象等内容。

实训任务一览表

序号	实训任务名称	实训学时
01	旅游生产要素价格及其决定	
02	阐释旅游要素收入分配过程	2—4
03	查找并收集资料，说明旅游收入乘数效应的表现	

注：教师可根据需要选用实训项目和学时。

2. 成果要求

每组同学制作完成一份 WORD 文档和一份展示 PPT，WORD 文档用于图文资料的整理汇总，PPT 文件用于课堂汇报展示，并将上述两个文件放入文件夹，命名规则为：班级名称＋小组编号＋任务名称。

3. 考核标准

评价标准与打分表

项目	考核内容和要求	分值	得分	备注
态度	能够按时完成，积极主动，组内分工合作	20		
内容	导向正确，内容完整、准确，逻辑清晰	20		
形式	格式规范、语言简洁、图表样式美观	20		
展示	仪态形象得当，表达清楚，语言流畅	20		
创新	内容、格式、展示过程有创意，特色明显	20		
	小计	100		

4. 其他备注

_____
_____
_____
_____
_____
_____

项目七　宏观经济学概述

【项目目标】

知识目标：了解宏观经济学的产生过程，了解宏观经济的循环运行过程，了解国民收入核算的基本概念及国民收入决定理论。

技能目标：能够运用国民收入决定理论分析宏观经济均衡过程，能够举例说明影响宏观经济均衡的各种因素，以及调控目标与调控方法。

能力目标：收集、整理、分析相关案例和资料，通过制作、美化、展示、汇报等工作，理解宏观经济或旅游经济运行的基本过程，掌握宏观经济调控的方法与手段。

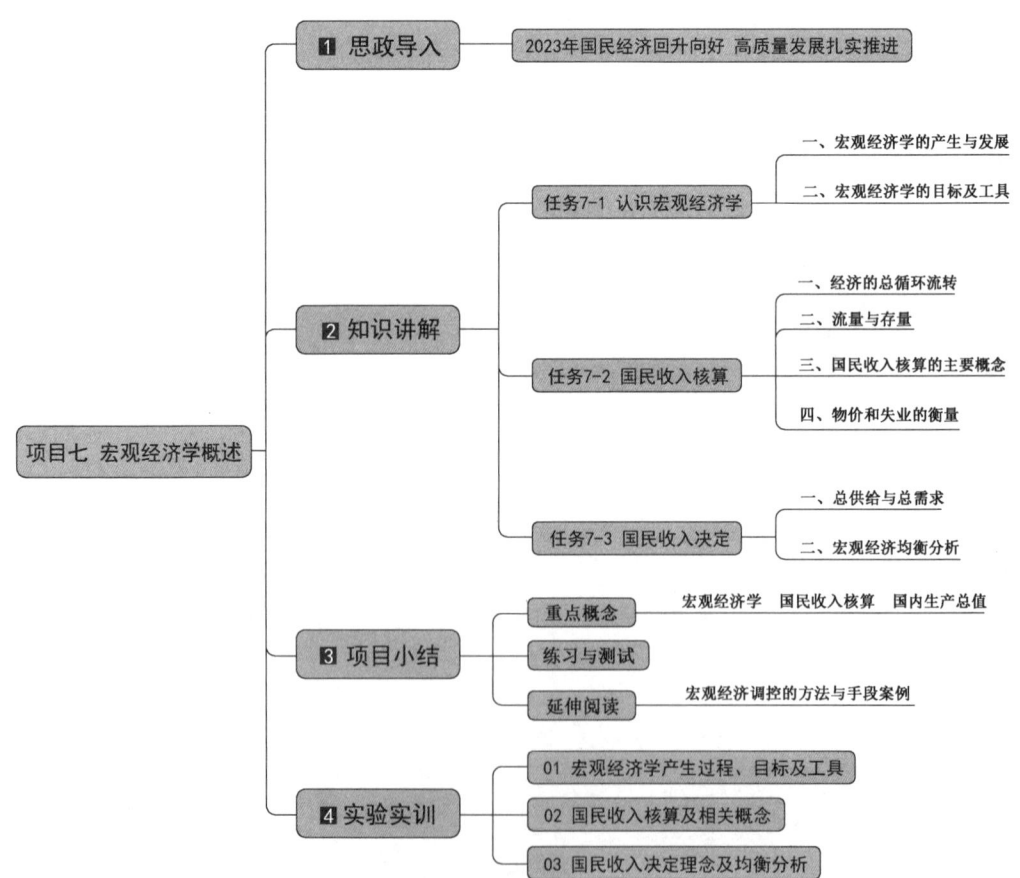

思政导入

2023年国民经济回升向好 高质量发展扎实推进

如果说微观经济学主要研究的是单个产品的价格、数量和市场的话,宏观经济学则是将整个经济运行作为一个整体进行研究的。宏观经济学自约翰·梅纳德·凯恩斯(John Maynard Keynes)的《就业、利息和货币通论》发表并快速发展起来,并成为20世纪经济学的一项主要突破。它促使人们更好地理解如何应对周期性经济危机和刺激经济长期增长等方面的问题。宏观经济学让人们知道:通过选择宏观经济政策可以影响货币供给、税收、政府支出,一国可以加快或减慢经济增长的速度,平抑商业周期中过度的通货膨胀或失业,控制对外贸易或国际金融领域中过多的盈余或赤字。本项目将介绍宏观经济学的基本概念和理论要点,以帮助读者更好地理解一些经济现象和经济政策的制定背景。

背景导读:2023年,面对复杂严峻的国际环境和艰巨繁重的国内改革发展稳定任务,在以习近平同志为核心的党中央坚强领导下,各地区各部门认真贯彻落实党中央、国务院决策部署,坚持稳中求进工作总基调,完整、准确、全面贯彻新发展理念,加快构建新发展格局,全面深化改革开放,加大宏观调控力度,着力扩大内需、优化结构、提振信心、防范化解风险,我国经济回升向好,供给需求稳步改善,转型升级积极推进,就业物价总体稳定,民生保障有力有效,高质量发展扎实推进,主要预期目标圆满实现。

初步核算,全年国内生产总值1 260 582亿元,按不变价格计算,比上年增长5.2%。分产业看,第一产业增加值89 755亿元,比上年增长4.1%;第二产业增加值482 589亿元,增长4.7%;第三产业增加值688 238亿元,增长5.8%。分季度看,一季度国内生产总值同比增长4.5%,二季度增长6.3%,三季度增长4.9%,四季度增长5.2%。从环比看,四季度国内生产总值增长1.0%。

……

总的来看,2023年我国顶住外部压力、克服内部困难,国民经济回升向好,高质量发展扎实推进,主要预期目标圆满实现,全面建设社会主义现代化国家迈出坚实步伐。同时也要看到,当前外部环境复杂性、严峻性、不确定性上升,经济发展仍面临一些困难和挑战。下阶段,要坚持以习近平新时代中国特色社会主义思想为指导,全面贯彻落实党的二十大和二十届二中全会精神,按照中央经济工作会议部署,完整、准确、全面贯彻新发展理念,加快构建新发展格局,聚焦高质量发展这一首要任务,坚持稳中求进、以进促稳、先立后破,加大宏观调控力度,统筹扩大内需和深化供给侧结构性改革,统筹新型城镇化和乡村全面振兴,统筹高质量发展和高水平安全,切实增强经济活力、防范化解风险、改善社会预期,巩固和增强经济回升向好态势,持续推动经济实现质的有效提升和量的合理增长。

来源:国家统计局. 2023年国民经济回升向好　高质量发展扎实推进[EB/OL]. (2024-01-17)[2024-03-04]. https://www.stats.gov.cn/sj/zxfb/202401/t20240117_1946624.html.

知识讲解

任务 7-1　认识宏观经济学

一、宏观经济学的产生与发展

宏观经济学一词由挪威著名经济学家、首届诺贝尔经济学奖获得者之一的费瑞希(R. Frisch)在1933年提出。从古典经济学开始到现在,宏观经济学大体上经历了三个阶段:第一阶段自17世纪中期到20世纪30年代,主要包括古典经济学派和新古典经济学派;第二阶段自20世纪30年代到70年代,是现代宏观经济学的建立和完善阶段;第三阶段自20世纪70年代以后,是宏观经济学进一步发展和演变阶段。

(一) 宏观经济学萌芽阶段

时间是从17世纪到20世纪30年代,这是古典经济学和新古典经济学占统治地位的时期。之所以称之为萌芽时期,是因为这个时期还没有宏观经济学范畴,但是提出了一些研究宏观经济运行的理论和政策,例如:

(1) 斯密在《国富论》中提出国民财富的概念,认为国民财富就是一国国民每年劳动所生产的产品,这一概念与现代宏观经济学中国民生产总值的概念十分接近;

(2) 李嘉图对国民财富的增长和物价水平进行了分析;

(3) 穆勒提出了经济增长论和国际分工论；

(4) 马尔萨斯提出了人口论和经济危机理论。

自19世纪晚期开始,随着垄断资本主义阶段经济危机的频繁出现,宏观经济学主要集中于经济周期波动的解释,形成了许多种宏观经济学说,如瑞典经济学家的动态均衡理论、熊彼特的经济发展理论、英美经济学家的货币数量理论、美国经济学家密契尔等人对国民收入和经济周期的研究等。

但在1929年至1939年间,欧美自由经济国家发生了严重的经济衰退,这一现象被称为经济大萧条或经济大恐慌。经济大萧条期间,失业严重,产量又下降。在经济大萧条之前,当时主流学者不认为经济衰退是一个严重且长久的现象。这些所谓的古典学派经济学家延续着《国富论》的观点,认为自由市场的价格机能就如同一只全能的黑手(看不见的手),可使经济平稳地运作。但古典学派有一个极端的看法,就是完全否定了需求不足与失业严重存在的可能,其看法以当时法国经济学家萨依(Jean-Baptiste Say)为代表,他认为供给可以创造出同额的需求,而此看法被后人称为萨依法则(Say's Law)。但上述看法却与大萧条时期的经济状况不符合。

(二) 现代宏观经济学建立和完善时期

资本主义经济大萧条持续了近十年,严重的失业现象却未曾消失,对于30年代大危机,以往的经济学无能为力。在此背景下,以凯恩斯有效需求理论为代表的现代宏观经济学应运而生,并给予了较为合理的解释。标志性事件是凯恩斯于1936年发表的《就业、利息和货币通论》,认为政府应在经济衰退时提出各种政策以刺激需求,进而达到减缓失业与恢复经济繁荣的目的。这标志着现代宏观经济学真正产生了,自此宏观经济学进入了一个全新的发展阶段。与以前的宏观经济学相比,显著区别在于：它研究的是国民收入变动及其与经济周期波动、失业、通货膨胀等的关系；通过收入分析得出的论断是资本主义经济不可能自动调节以实现充分就业均衡,通常情况下是小于充分就业的均衡。

凯恩斯认为,总供给价格和总需求价格达到均衡时的总需求量决定总就业量,由于边际消费倾向、资本边际效率、流动偏好三大心理因素的作用,通常情况下总需求价格是小于总供给价格的,这样就出现了小于充分就业的均衡,即出现了萧条和大规模失业现象。市场机制是没有力量自动使之均衡的,必须依靠国家干预才能实现充分就业,使资本主义经济恢复正常运行。需要注意的是,凯恩斯的分析是假定供给不变、社会上存在足够的资源,而进行的短期的、比较静态的总量分析,因而只是为宏观经济学的发展提供了一个新的起点。

20世纪30年代末起,凯恩斯的追随者从三个不同方面补充和发展了凯恩斯的宏观经济学。

(1) 把凯恩斯的短期比较静态分析发展为长期动态分析,发展了投资函数理论,出现了各种经济增长模型。其中汉森和萨缪尔森等人对乘数和加速系数交织作用的分析,被认为在投资函数理论早期发展中起最重要的贡献作用;哈罗德和多马、斯旺、索洛、米德等分别提出了经济增长模型,使投资函数理论得到进一步延伸。

(2) 发展了消费函数理论,引入了个人可支配收入、杜森贝里的相对收入假说和弗里德曼的永久收入假说,而不像凯恩斯那样仅停留于国民收入、绝对收入的分析,发展了市场预测理论。

(3) 引入了国外部门,把凯恩斯的封闭经济模型发展为开放经济模型,马柯洛普、琼·罗宾逊做出了开拓性的贡献。凯恩斯追随者们的论点不仅发展和丰富了凯恩斯的宏观经济理论,而且符合当时西方各国经济增长和对外投资的需要,成为制定政策的重要依据。

(三) 现代宏观经济学进一步发展时期

凯恩斯宏观经济学出现以后,成为当代西方经济学的新正统派,在第二次世界大战后大约保持了20年的极盛时期。但到了20世纪80年代,新的经济问题又产生了。在1974年至1975年及1980年至1982年期间,欧美各国陷入第二次世界大战之后最严重的经济衰退,因石油危机、高通货膨胀及高失业率产生的"滞胀"问题,凯恩斯宏观经济理论难以做出解释,也未能提出有效的经济政策。凯恩斯理论也受到了另一些不同理论的挑战,但现代宏观经济学也在争论中获得了进一步发展和演变。

(1) 非凯恩斯派宏观经济学开始复兴。以弗里德曼为代表的现代货币主义逐渐成为凯恩斯经济学的有力挑战者;以林德伯克为代表的新一代瑞典经济学家的宏观经济学也开始复兴。他们在总量分析基础上对国民经济进行了结构分析,提出的社会民主主义理论和"混合经济模型"是非凯恩斯派宏观经济学的又一个新动向。另外,长周期理论也获得了很大发展,出现了熊彼特以创新为中心的周期理论、康德拉捷夫的55年长周期理论以及库兹涅茨的20年长周期观点等。

(2) 凯恩斯派宏观经济理论的不断改进和完善。例如把凯恩斯理论动态化、长期化时,不仅从总需求方面作了补充,而且还重视分析了总供给的变化;不仅采用实证经济学的分析方法,而且也强调规范经济学的分析方法。琼·罗宾逊、詹姆斯·托宾、阿瑟·奥肯等人在经济分析中对价值判断、伦理标准的强调,都是凯恩斯宏观经济理论中规范经济学色彩强化的体现。

（3）凯恩斯宏观经济学和非凯恩斯宏观经济学互相渗透。两派虽然都采用总量分析方法，但由于各自的理论基础和政策主张不同，因而存在着严重分歧，论战非常激烈。经过较长时期的争论，两派开始互相吸收对方的合理部分，互相影响和渗透。目前，在货币因素的重要性、失业问题的顽固性、国家长期规划的作用、浮动汇率问题等方面取得了比较接近的看法。当然，这并不意味着两派的分歧消失了，事实上，凯恩斯主义的国家干预主义思潮和货币主义的经济自由主义思潮的鸿沟是难以逾越的，二者的论战还将继续下去。

进入20世纪80年代以后，西方经济学在宏观经济领域又获得了令人瞩目的发展，主要表现在：

（1）由于理性预期学说的兴起及其影响的扩大，出现了新凯恩斯主义。他们以黏性工资和黏性价格假说为出发点，对非自愿失业问题和生产过剩问题作了新的解释，还致力于为凯恩斯宏观经济学寻求一个新的微观经济学基础，这就是信息的不完整性、不对称性和滞后性。

（2）非均衡理论有了较大的发展，经过法国经济学家让-帕斯卡尔·贝纳西等人的努力，形成了一个非均衡经济学体系。

（3）对经济增长问题研究的视野显著扩大了，引入了人力资本、非技术因素等，特别重视制度因素在经济增长中的贡献，诸如产权问题、交易成本问题的分析取得了很大的成果。宏观经济学与制度经济学的结合，使宏观经济研究出现了新的格局。

（4）政府失灵问题引起了较大的研究兴趣，出现了从金融政策角度或从公共选择理论角度进行的新的理论解释，这些研究实际上已经超出了单纯宏观经济学范围。

二、宏观经济学的目标及工具

宏观经济学又称总体经济学，是现代经济学的一个重要分支，它以整个国民经济为考察对象，研究经济中各有关总量的决定及其变动，以解决失业、通货膨胀、经济波动、国际收支等问题，实现长期稳定的发展。有时，宏观经济学也被称作就业理论或收入理论。

（一）宏观经济学的主要目标

宏观经济的主要目标是高水平和快速增长的产出率、低失业率和稳定的物价水平。

经济活动的最终目标是向人们提供所需要的物品和服务。一国经济总产出最全面的指标是国内生产总值（gross domestic product,

GDP)。GDP 应与潜在 GDP 接近,后者是指可以维持的最大的产出水平或高就业的产出水平。

> **学习小贴士**:衡量 GDP 的方法有两种:名义 GDP,用实际市场价格衡量;实际 GDP,按固定价格或不变价格来统计。实际 GDP 是衡量产出最近似的指标,常被用来监测一国经济的变动。

在所有宏观经济指标中,就业率和失业率最直接被人们感知。人们总是希望找到工作时还有充分的安全保障和福利条件,即高就业,与此相对应的则是低失业。失业率指的是没有被雇佣的劳动力的百分比。劳动力包括所有就业人员和正在寻找工作的失业者,不包括那些没有工作但又不打算寻找工作的人。

宏观经济政策的第三大目标是保持价格稳定。价格稳定指总体价格水平不变或上升非常缓慢。统计工作人员通常使用价格指数(price index)来描述价格的变动轨迹,例如居民价格指数(consumer price index,CPI),它度量的是消费者所购买的商品或服务的平均价格。经济学家通常使用通货膨胀率(rate of inflation, or inflation rate)来衡量价格的稳定性,表示总体价格水平从一年到下一年的百分比变动。其计算公式为:

$$\text{第 } n \text{ 年的通货膨胀率} = \left[\left(\text{第 } n \text{ 年的 CPI} - \text{第 } n-1 \text{ 年的 CPI}\right) \Big/ \text{第 } n-1 \text{ 年的 CPI}\right] \times 100\%$$

当价格水平下降(即通货膨胀率为负)时,就出现通货紧缩(deflation)。价格的稳定性非常重要,因为一个平稳运行的市场系统要求价格必须准确、便利地传递相对稀缺资源的信息。历史经验证明,如果通货膨胀率很高会给经济运行增加很多成本。当通货膨胀率很高时,税率就会变得极不稳定,人们养老金的真实价值就会变小,因而会倾向于花掉实际资产而不愿持有贬值的货币。但降低价格或通货紧缩也是要付出代价的。因此,许多国家都寻求一条介于价格稳定和高通货膨胀二者之间的道路,即允许价格缓慢爬升,并以它作为价格体系有效运行的最佳途径。

> **学习小贴士**:CPI 是居民消费价格指数的简称。居民消费价格指数,是一个反映居民家庭一般所购买的消费品和服务项目价格水平变动情况的宏观经济指标。它是在特定时段内度量一组代表性消费商品及服务项目的价格水平随时间而变动的相对数,是用来反映居民家庭购买消费商品及服务的价格水平的变动情况,是一定时间内商品和服务零售价变动系数。CPI 计算公式:

$$\text{CPI} = \frac{\text{一组固定商品按当期价格计算的价值}}{\text{一组固定商品按基期价格计算的价值}} \times 100\%$$

(二) 宏观经济政策工具

政策工具是一种处于政府控制之下,并能够对一个或多个宏观经济目标施加影响的经济变量。一个国家可以采用两种主要的经济政策来实现宏观经济目标,一种是财政政策,另一种是货币政策。通过改变货币、财政或其他政策,政府能够避免经济周期中最坏的情况并提高潜在产出的增长率。

1. 财政政策

财政政策指税收和政府支出的使用,财政政策有助于决定资源在私人品和公共品之间的配置,影响人们的收入和消费,并为投资和其他经济决策提供激励。政府支出有两种形式:政府购买,指政府在物品和劳务上的支出,例如购买军需品、修建道路等;政府转移支付,以提高某些老人或失业者群体的收入。

税收是财政政策的另一种形式,它通过两种途径影响宏观经济。首先,税收影响人们的收入。税收通过增加或减少家庭可支配收入来影响人们用于购买物品和劳务的数量以及私人储蓄量。不管是短期还是长期,私人的消费和储蓄都会对产出和投资有重大影响。此外,税收也会影响物品和生产要素的价格,从而影响激励机制和行为方式。

2. 货币政策

宏观经济政策的第二大工具是货币政策,它通过政府对国家的货币、信贷和银行体制的管理来实施。货币是由各种交换手段或支付方式构成,通过行使中央银行的职能,可以调节可供经济使用的货币总量。通过改变货币供给量,能够影响许多金融变量和经济变量,例如利率、股价、房地产价格、汇率等。限制货币供给量会使利率上升、投资减少,进而引起GDP下降和通货膨胀率降低。若面临经济下行,中央银行可以增加货币供给,降低利率,从而刺激经济活动。

任务 7-2 国民收入核算

当你能够衡量所讨论的东西并能够用数字加以表达时,你才真的对它有几分了解。宏观经济学以一个国家整体经济活动作为研究对象,首先需要对国民经济的基本结构和运动过程全貌有概括性了解。

一、经济的总循环流转

在任何社会,国民经济的运行表现为生产与消费、收入与支出或者说供给与需求在相互作用中的不断循环和流转过程:生产部门投入生产资源如劳动、土地和自然资源、资本财货以及将前三者组织集合起来的企业家才能产出物品和劳务,按照一定的原则分配给社会成员,通过交换过程,最后进入消费领域。

简化起见,可以将一个社会的经济活动假设为相互联系的两大部门组成:一是作为消费者的居民部门,一是作为生产者的企业部门(图7-1)。

图7-1是对经济组织方式的简要表述。经济决策由家庭和企业做出。家庭和企业在物品与服务市场(在这个市场上,家庭是买者,而企业是卖者)以及生产要素市场(在这个市场上,企业是买者,而家庭是卖者)上相互交易。外面一圈的箭头表示货币的流向,而里面一圈的箭头表示相应的投入与产出的流向。

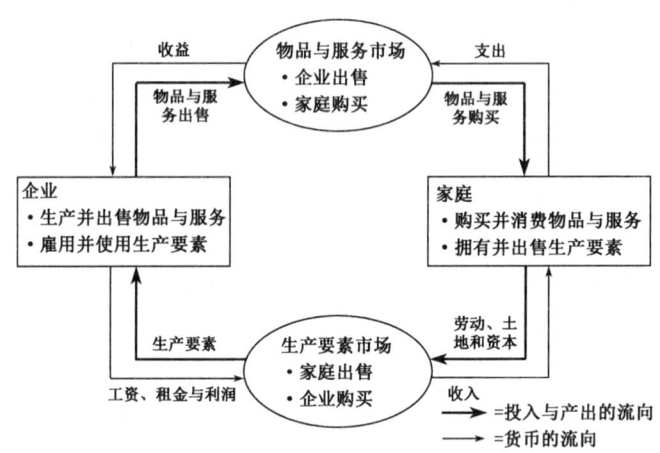

图7-1 国民产品和劳务与货币收入的循环流转

由上图可以看出,企业向居民(生产要素的所有者和消费者)买进劳动、借入资本和租进土地(生产要素从居民部门流向企业部门),相应地付给要素所有者工资、利息和租金(货币从企业部门流向居民部门),构成企业的生产成本。同时,企业向居民出售产品和劳务(产品和劳务从企业部门流向居民部门),居民则把他们出售要素的货币收入用于向企业购买产品和劳务(货币从居民部门流向企业部门)。

一个国家的全部产品和劳务即国民产品(national product)与一个国家生产要素所有者的全部货币收入,即国民收入(national income),在国民经济的循环流转中,必然有如下恒等式:

生产要素所有者的收入(国民收入)≡企业全部产品和劳务(国民产品)的销售总价值≡企业成本+企业利润≡工资薪金+租金+利息+企业利润

二、流量与存量

存量(stocks)和流量(flows)是国民经济核算体系中记录经济信息的两种基本形式。存量是指在一定时点上测算的量,如某一时点的资产和负债状况或持有的资产和负债。存量具有时点的基本特征。流量是按一定时期测算的量,反映一定时期内经济价值的产生、转换、交换、转移或消失,涉及机构单位的资产负债的衡量、构成或价值的变化。一般情况下,存量的变化值等于流量。宏观经济学中主要的流量与存量概念列举如下。

(一) 投资与资本存量

一国经济中的资本存量是指存在于某一时点且构成该国经济生产能力的居民建筑、机械、工厂和设备的累积存量。而投资支出是指在某一既定时期内用于维持或提高一国经济的资本存量的产出流量。

因此,有以下等式:

$$K=K_{-1}+I$$

该等式表明,当期结束时的资本存量等于前期结束时的资本存量加上在刚刚结束的时期内所做的投资。换句话说,存量的变化值等于流量(即 $K-K_{-1}=I$)。

如果把折旧考虑进来,上式就要变为:

$$K=K_{-1}+I-DN$$

其中 $(I-DN)$ 是净投资。

(二) 储蓄与财富

财富与储蓄也代表着一种存量——流量关系。储蓄 S 是没有消费掉的部分当前收入,而它被用来积累金融财富 W。

用公式可以表示为:

$$W-W_{-1}=S$$

(三) 经常项目与净国际投资头寸

第三种重要的存量—流量关系是一国经常账户(current account, CA)与净国际投资头寸(net international investment position, NIIP)之间的关系。

一国经常账户是衡量一国居民向其他国家借贷的比率的流量,若为正值,则表明该国居民是在向其他国家借出资金;若为负值,则表明该国居民是在向其他国家借入资金。

净国际投资头寸衡量的是一国与世界上其他国家之间由过去借入或借出资金所引起的尚未清偿贷款的净存量,若为正值,则表明该国居民拥有对世界上其他国家的净债权存量;若为负值,则表明该国居民对其他国家负有净债务存量。两者之间的关系可以用公式表示为:

$$NIIP-NIIP_{-1}=CA$$

(四) 赤字与公债存量

第四种重要的存量—流量关系是政府净债务存量(D)与政府预算赤字(deficit,DEF)之间的关系。政府要为其预算赤字融资,可以通过借款以支付其超过收入的开支。当有预算赤字时,政府债务存量就上升;当有预算盈余时,政府债务存量就下降。

两者之间的关系可以用公式表示为:

$$D-D_{-1}=DEF。$$

(五) 漏出与注入

漏出指脱离经济循环的收入流量。与之相对应的是注入,指新加入经济体的收入流量。譬如,个人在开户银行增加储蓄存款,对于宏观经济来说是漏出;而银行将这些存款放贷出去,借款者又将其用于实业,这就是注入。因此,简而言之,漏出指储蓄,注入指投资。下图是一个环形管道,管道中的水流量代表一个社会(或国家)的国民收入。管道左方的企业表示该社会的全部企业的整体,右方的公众表示同一社会的全部居民,包括劳动者、资本家和土地所有者。管道的左上方和右下方依次为一个进水孔和出水孔。

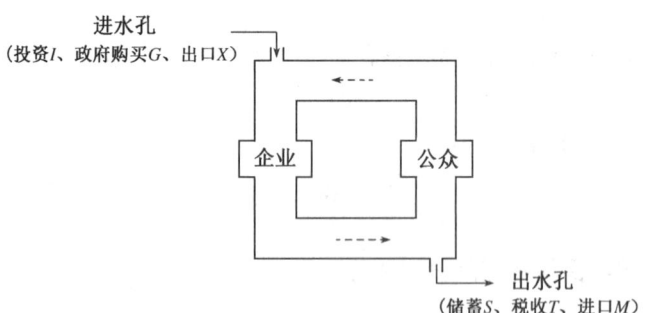

图 7-2 宏观经济学概貌

图中右下方的出水孔代表公众的储蓄,即漏出。公众不一定把全部的收入都用于向企业购买产品,他们把一部分收入存入银行储蓄起来。注入此孔的水代表公众中的资本家进行的投资,即注入。如果漏出等于注入,则总需求等于总供给,社会仍处于充分就业的状态。

在考虑政府和外国部门的情况下:注入是往宏观经济货币循环流中注水(注入货币),由三部分构成:I、G、X,分别由银行、政府和外国部门控制阀门;同理,漏出指从宏观货币循环流中抽水,由 S、T、和 M 三部分构成,分别由银行、政府和外国部门抽取。这里需要注意的是,C 并不属于漏出也不属于注入,因为这部分刚从居民部门漏出来马上又注入了企业,是闭合的。而银行、政府和外国部门的行为属注入或漏出,是因为它们有控制货币流量进出大小的能力。

根据简单凯恩斯模型,投资未必一定等于储蓄。如果前者大于后者,由于供不应求,就会出现通货膨胀这种经济运行过热的状态。相反,如果前者小于后者,由于供大于求,产品滞销,就会出现失业和萧条状态。

三、国民收入核算的主要概念

国民收入是用来衡量一个国家在一定时期经济活动业绩的数量指标。具体来说,国民收入是用来衡量一个国家在一定时期投入的生产资源生产出来的产品和劳务价值或由此形成收入的一个数量指标。许多国家的国民收入核算体系中,根据核算采用的资料来源和所含内容的差异,采用了各自有特定含义的不同指标名称来表示。它们主要是国民生产总值(gross national product,GNP)、国民生产净值(net national product,NNP)、国内生产总值(gross domestic product,GDP)、国内生产净值(net domestic product,NDP)、狭义的国民收入(national income,NI)、个人收入(personal income,PI)、可支配的个人收入(disposable personal income,DPI)。

(一) 国民生产总值

国民生产总值是一个国家(或地区)所有常住单位在一定时期(通常为一年)内收入初次分配的最终结果,是一定时期内本国的生产要素所有者占有的最终产品和服务的总价值,等于国内生产总值加上来自国外的净要素收入。计算公式为:国民生产总值=国内生产总值+来自居民在国外的净要素收入-非居民在国内的收入=国内生产总值+生产税和进口税扣除生产、进口补贴(来自国外的净额)+雇员报酬(来自国外的净额)+财产收入(来自国外的净额)。

1994 年,联合国等国际组织颁布了 1993 年国民经济核算体系(1993SNA)中,统计术语 GNI 取代 GNP,国民总收入(GNI)即为原来所说的国民生产总值(GNP)。2001 年,为保持与"1993 年国民经济核算体系"的一致性,世界银行变更了术语,GNP 被称为"国民总收入"或

GNI。为了适应社会主义市场经济发展，以及中国加入世贸组织和国际货币基金组织数据通用公布系统（GDDS）的要求，中国在2003年开始采用1993SNA的标准称谓，统计术语GNP改用GNI，两数据的统计口径基本一致。

(二) 国内生产总值

1. 国内生产总值的概念

在宏观经济学中，国内生产总值是一个核心指标。国民生产总值是一个国家在一定时期内生产的所有最终商品和劳务的市场价值总和。GDP与GNP两者相同点是均用以反映一国或地区当期创造的国民财富的价值总量，是衡量一国或地区经济规模最重要的总量指标。此外，两者在价值构成上均表现为"增加值"，即不计算中间产品和中间劳务投入的价值。

但是，GDP与GNP计算口径也有所不同。GDP计算采用的是"国土原则"，即只要是在本国或该地区范围内生产或创造的价值，无论是外国人或是本国人创造的价值，均计入本国或该地区的GDP。而GNP计算采用的是"国民原则"，即只要是本国或该地区居民，无论你在本国或该地区内，还是在外国或外地区所生产或创造的价值，均计入本国或该地区的GNP。

学习小贴士：最终产品与中间产品

学习国民收入核算，总是绕不开最终产品和中间产品，究竟哪些产品属于中间产品，哪些产品属于最终产品，有没有划分标准和依据。学习了解中间产品和最终产品，有助于掌握统计加总各个行业的企业增加值（创造新价值）而非产出价值，提供整个经济生产中增加值的形成过程和全貌，理解中国当前采用生产法核算国内生产总值的意义。

最终产品

最终产品是指在一定时期内生产的，不再加工、可供最终消费和使用的产品，或者说是那些不再被用于生产过程，或虽被用于生产过程，但不会被一次性消耗或一次性转移到新产品中去的产品。它是从生产角度考察经济活动成果的指标，也是计算国内生产总值的基础。其内容包括：一定时期（年）个人消费品、公共消费品、用作固定资产投资的产品、用于增加储备的产品、用于国防的产品和净出口的产品。最终产品严格定义为用于"生活消费的产品"，在实际应用中，又将最终产品分为个人最终消费品和集体消费品。

馒头、大饼、面包、面条通常情况被认为是最终产品,但是随着经济的发展社会分工越来越细,这些产品大多数已经成为中间产品。如:馒头店的经营不再单纯依靠卖馒头给居民或家庭,而是把大量的馒头和花卷卖给了酒店、餐厅、早餐店和夜市摊点,后者显然就属于中间产品。同理,大饼店把更多的饼卖给了烤肉店或肉夹馍店,面条店把更多的面条卖给了面馆,面包厂把更多的面包卖给了麦当劳、肯德基、德克士之类的快餐店等。这样的例子不胜枚举,曾经的最终产品更多地转变成了中间产品。

中间产品

中间产品是指为了再加工或者转卖用于供其他产品生产使用的物品和中间消耗,如原材料、燃料等。可以说中间产品就是在一种产品从初级产品加工到提供最终消费、没有成为最终产品之前处于加工过程的产品的统称。

随着社会的进步和科学文化知识的普及,DIY 逐渐流行。很多传统意义上的中间产品如硬盘、主板、内存条、电源都可以由消费者自主购买,要么组装电脑,要么自行给电脑硬件升级,这些中间产品也转变成了最终产品。

2. 国内生产总值的衡量

为有效避免 GDP 重复计算的问题,将 GDP 定义为最终产品和劳务的总量。GDP 等于所有的消费品、投资品、政府采购和对外国的净出口之和。其表达式为:

$$GDP=C+I+G+NE$$

式中,C 为一国境内的消费,I 为投资,G 为政府购买,NE 为净出口(net export)。

国民经济核算只核算最终产品的价值,并不是说中间产品不重要,恰恰相反,非常重要。

学习小贴士:《酿酒》的故事

某人请教酿酒的方法,师傅说:"一斗米、一两曲、两斗水混合在一起,七天便酿成酒了。"某人回家后,用两斗水、一两曲混合在一起,恰恰忘了放米。七天之后取来一尝,和水没有什么区别。某人前去责备酿酒师傅,说他过于保守,没有传授真诀。师傅说:"你肯定没有按照我说的去做。"某人说:"我按照你的方法,用了足量的水和曲。"师傅说:"你放了米吗?"某人低下头沉思半晌,说:"我忘了放米。"

故事告诉了我们中间产品与最终产品之间的密切关系。中间产品虽不计入GDP,但在经济活动中却非常重要,因为最终产品是在对中间产品进行加工的基础上产生的。没有放米,酒便无法酿出。

可以用两种完全独立的方法来统计GDP,即产品流量法和收入流量法。产品流量法只计算最终产品,即最终由消费者所购买和使用的那些东西。各个家庭用其收入购买这些消费品,将所有花费在这些最终消费品上的货币价值汇总,便会得到GDP。这种用最终的物品和劳务的年流量加总方法,可以很容易统计出国民收入或国民产值。GDP被定义为一国生产的最终产品流量的货币价值的总和。

另一种统计GDP的方法是收入法,也叫成本法。其中的流量是企业从事经营活动时所付出的各种成本,包括付给劳动者的工资、付给土地所有者的租金、付给资本的利息等等。这些经营成本也是家庭从企业那里所获得的各种收入。通过计算这些收入的年流量,便可统计得到GDP的数值。因此,此种方法就是统计生产要素的收入(工资、利息、租金、利润)的总和,这些收入是社会最终产品的生产成本。

无论是产品流量法,还是收入流量法,以上两种方法统计的GDP的结果相等。

3. 名义GDP和实际GDP

实际GDP(Real GDP),是用从前某一年作为基期的价格计算出来的当年全部最终产品的市场价值。它衡量在两个不同时期经济中的产品产量的变化,以相同的价格或不变金额来计算两个时期所产生的所有产品的价值。

名义GDP(Nominal GDP)也称货币GDP,是指以生产物品和劳务的当年销售价格计算的全部最终产品的市场价值。名义GDP的变动可以有两种原因:一种是实际产量的变动,另一种是价格的变动。也就是说,名义GDP的变动既反映了实际产量变动的情况,又反映了价格变动的情况。

由于相同产品的价格在不同年份会有所不同,实际GDP和名义GDP通常是不等的,如果用名义GDP就无法对国民收入进行历史的比较。为了使一个国家或地区不同年份的GDP具有可比性,就需要以某一年的价格水平为基准,各年的GDP都按照这一价格水平来计算。这个特定的年份就是基年,基年的价格水平就是所谓的不变价格,按基年的不变价格计算出来的各年最终产品的价值就是实际GDP。名义

GDP 和实际 GDP 的关系可以表示为：

$$名义 GDP = 实际 GDP \times GDP 缩减指数$$

GDP 缩减指数（GDP deflator index）也称 GDP 隐含缩减指数（implicit price deflator index for GDP），是指在给定的一年中，名义 GDP 与该年实际 GDP 的比率，即：

$$GDP 价格调整指数 = 名义 GDP / 实际 GDP * 100\%$$

四、物价和失业的衡量

（一）通货膨胀率

通货膨胀率是宏观经济学中的一个重要概念。通货膨胀率指的是一段时间内物价水平的持续上涨。通货膨胀率的高低对经济产生重要影响。适度的通货膨胀可以刺激经济增长，但过高的通货膨胀会导致货币贬值和购买力下降，对经济产生负面影响。

（二）失业率

失业率是宏观经济学中另一个关键指标。失业率是指劳动力市场上正在寻找工作但没有找到的人数占劳动力总数的比例。失业率的高低直接反映了一个国家的就业状况和经济活力。高失业率不仅会导致社会不稳定，还会减少消费，影响经济增长。

任务 7-3　国民收入决定

国民收入决定理论是宏观经济学讨论的核心内容。仅包括产品市场的理论被称为简单国民收入决定理论。本节从最简单的经济关系开始，即从两部门经济开始讨论，阐述短期国民收入的决定原理和方法。

国民收入决定理论有短期决定与长期决定两个研究视野（图 7-3）。大多数宏观经济学家认为，在长期中，生产要素已经充分就业，既定生产要素下的生产能力固定不变，产出取决于技术进步与要素总供给，价格是伸缩性的，能对供给与需求的变动作出反应；在短期中，生产要素没有充分就业，既定生产技术与既定生产要素下的生产能力相对变化，产量（收入）取决于总需求，许多价格在预先确定的水平上是黏性的。

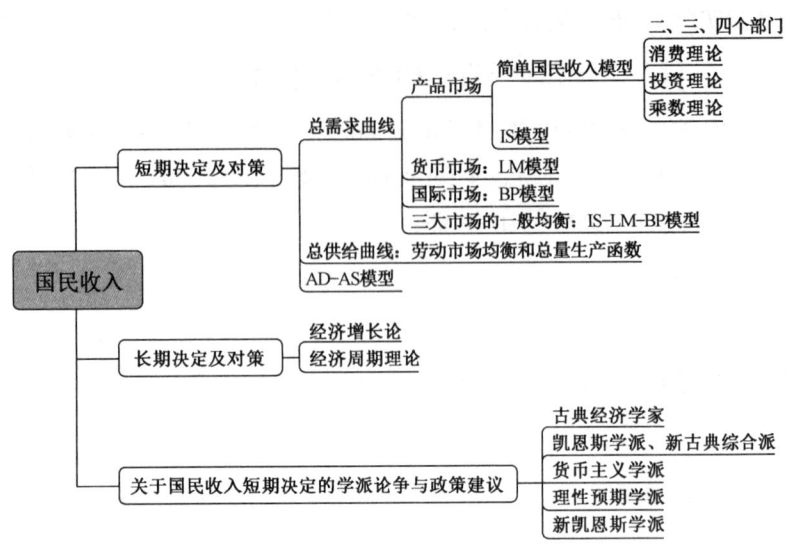

图 7-3 国民收入决定理论的短期与长期两个研究视野

一、总供给与总需求

总供给和总需求是宏观经济学重要的分析工具,经济学家通常采用总供求分析帮助解释产出和价格变动的趋势。

(一) 总供给与总需求的定义

1. 总供给

总供给(aggregate supply,AS)是指一定时期内一国企业愿意生产和出售的物品和劳务的总量。总供给取决于价格水平、生产能力和成本水平。一般来说,企业总是希望以较高的价格出售其所能生产的全部产品。总供给不仅取决于企业能够获得的价格水平,也取决于该经济的生产能力或潜在产出水平。潜在产出水平又取决于可供利用的生产性投入特别是劳动和资本的数量以及将这些投入组合在一起的管理效率和技术效率。

2. 总需求

国民产出和价格总水平是由总供给和总需求共同决定的。总需求(aggregate demand,AD)是指一定时期内一个经济中各部门愿意支出的总量。总需求是消费者、企业和政府支出的总和,它取决于价格水平,也取决于货币政策、财政政策和其他因素。

总需求的组成部分主要包括消费者购买的物品,如汽车、食品和其他消费品;企业所购置的固定资产如厂房和设备;政府所购买的军事武器、计算机等;还包括净出口的货物。总的购买量会受到物品赖以成交的价格水平的影响,会受到战争和天气等外生因素的影响,还会受到政府政策的影响。

国民产出和价格水平在某一水平上达到平衡,意味着需求方愿意购买的数量正好等于供给方愿意出售的数量,相应的国民产出和价格水平也将决定就业率、失业率和外贸数量/总值。

(二) 总供给曲线和总需求曲线

总供给曲线和总需求曲线常被用来分析宏观经济状况。下图表示整体经济的总供给曲线和总需求曲线。横轴表示经济的总产出,用实际 GDP 表示;纵轴表示价格总水平,可以用消费价格指数即 CPI 来衡量。

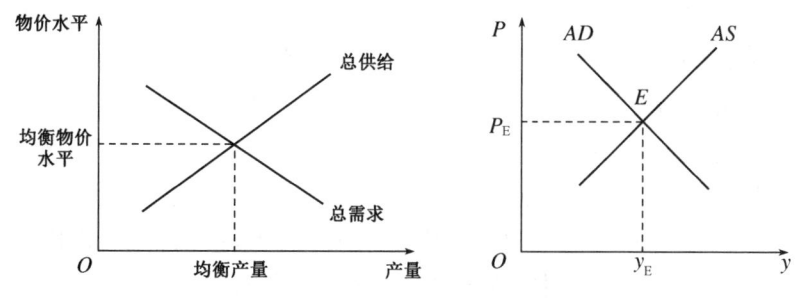

图 7-4 总供给曲线和总需求曲线

向下倾斜的曲线是总需求曲线(aggregate demand curve),简称 AD 曲线,表示经济中所有的当事人实体,如消费者、企业、政府和外国人,在不同的价格水平上(假定其他影响总需求的因素保持不变)将要购买的数量。

向上倾斜的曲线为总供给曲线(aggregate supply curve),简称 AS 曲线。这条曲线上所表示的是在每一个价格水平上(假定其他影响总供给的因素保持不变)企业愿意生产与出售的物品和劳务的数量。

二、宏观经济均衡分析

总价格和总产出是由总供给和总需求的相互作用决定的,可以将 AS 和 AD 放在一起(如图 7-4),来说明价格和产量的均衡是如何达到的。整体经济在 E 点达到均衡,此时所有需求者愿意购买的数量正好等于所有企业愿意生产和出售的数量。宏观经济均衡(macroeconomic equilibrium)是指总产量和总价格水平的某种组合,此时,买方和卖方都不再愿意改变他们的数量、销售量和价格水平。当价格高于均衡价格,这时企业愿意出售的数量就会大于买方愿意购买的数量,物品便会在货架上堆积,最后企业就会减少生产并开始削减价格,此时买者愿意购买的数量与卖者愿意出售的数量之间的差距便会缩小,直至达到均衡状态为止。一旦达到均衡状态,买方和卖方就都不会愿意改变他们的需求量和供给量,这时也不存在价格变动的压力。

(一) 国民收入决定概述

上一节阐述了生产成果即国民收入的核算方法,在确定了国民收入核算方法的基础上,需要进一步研究一个经济体中生产成果的规模在经济运行中是如何决定的,即国民收入的多寡是由哪些因素影响并最终决定的。虽有"总收入＝总产出＝总支出"核算恒等式,但传统经济学与凯恩斯主义对此有不同的分析视角。

从右等式"总产出＝总支出"来看,产出受制于消费、投资、政府支出、净出口四个因素,因此,一定时期经济社会的总产出——国民收入取决于由这四个因素构成的总需求,这构成了凯恩斯经济学派短期国民收入决定的讨论视角。

从左等式"总收入＝总产出"来看,产出受制于资本、劳动、技术等生产要素的约束,一定时期经济社会的总产出要归属诸生产要素所有者,因此,总产出——国民收入取决于诸生产要素所有者的总收入,也即总产出取决于由生产要素构成的总供给,这也构成了传统经济学派的讨论视角。

根据"总收入＝总产出＝总支出"的均衡原理,国民收入 GDP 的多少与增长要受总需求与生产要素总投入双重因素的制约。在凯恩斯经济学说产生与传播之前,占统治地位的经济学是马歇尔等人为代表的新古典经济学,而凯恩斯时代的经济社会正处于第一次危机后的大萧条时期。凯恩斯等学者认为:新古典经济学派提出的国民收入取决于要素供给与可获得的技术的理论不足以解释短期经济波动,不能够解释经济大萧条的原因。他认为长期中,生产要素均充分就业,生产能力固定不变;总需求与总供给决定价格,价格受总需求变化的影响而具有灵活性;生产要素总供给与技术进步决定总产出。而短期中,生产要素未能充分就业,生产能力能具有可变性;价格不受产量的影响而具有黏性,总需求是制约总产出的关键因素。因此,凯恩斯提出短期内经济社会的总产出要与社会由购买力决定的意愿中的产出保持一致。为此,他提出了均衡产出概念,并在"理性人"假定基础上提出其他一些假定条件。在均衡产出前提下,短期国民收入的大小就由总需求的强度决定。因此,宏观经济学对于短期国民收入决定的分析也就从对均衡的国民收入分析开始。凯恩斯主义的全部理论涉及四个市场：产品市场、货币市场、劳动市场和国际市场。仅包括产品市场的国民收入决定理论就被称为简单的国民收入决定理论。

(二) 均衡产出分析中的基本假定

在分析各种因素如何影响一个国家的国民收入决定时，通常的步骤是由简单到综合，先从最简单的经济关系开始分析，逐步过渡到综合因素的分析。以下是对一国经济的三个基本假定：

(1) 该国经济中不存在政府，也不和外国发生经济往来，因此不存在对外贸易，是一个封闭型经济体。经济中只有家庭部门和企业部门，是一个两部门经济，且消费行为和储蓄行为都发生在家庭部门，而生产和投资行为都发生在企业部门。同时假定企业投资是自主的，即不随利率和产量而变动。因此，两部门经济下的居民收入都是可支配收入。

(2) 价格水平不变。经济中不论需求量为多少，企业部门均能以不变的价格提供相应的供给量。这就是说，社会总需求变动时，只会引起产量和收入变动，使供求相等，而不会引起价格变动。这在西方经济学中有时被称为凯恩斯定律，适用于短期分析，即分析的是短期中收入和就业如何决定。因为在短期中，生产要素与资源未能充分利用，价格不易变动，或者说具有黏性，当社会需求变动时，企业首先考虑的是调整产量，而不是改变价格。

(3) 企业或公司的折旧和未分配利润为零。这样 GDP、NDP、NI、PI 和 DPI 五个变量都相等，用国民收入 Y 表示。

(三) 均衡产出或收入分析

所谓均衡产出或收入，就是指和意愿的总需求相等的产出或收入。凯恩斯认为，短期内经济社会的产出或国民收入决定于意愿的总需求 (AD)。意愿的需求通过计划的支出体现出来。在前面的假定中，经济中只有家庭部门和企业部门。因此，在两部门经济中，总支出就是消费支出(C)和投资支出(I)之和。按照微观经济学中的定义，均衡是指一种不再变动的情况。当实际的总产出水平等于计划的总支出水平时，企业部门的生产就会稳定下来。

若实际的总产出超过计划的总支出，企业的非意愿存货就会增加，因此就会减少生产；若实际的总产出低于计划的总支出，企业的非意愿库存会减少，企业就会增加生产来补充库存。

总之，企业根据市场意愿的需求情况来安排生产，一定会把生产定在和产品需求相一致的水平上。假定经济中没有政府和对外贸易，因此，计划的总支出就只有计划的消费支出（C）和计划的投资支出（I）构成。用 E 表示计划的总支出（planned expenditure），则有：

$$E=C+I$$

根据定义，与意愿的总需求相等的产出即为均衡产出或均衡收入。均衡产出或均衡收入可用公式表示为：

$$Y=C+I$$

式中，Y 代表经济社会实际的产出，C 代表居民实际想要的消费即意愿消费的数量，I 代表企业实际想要的投资即意愿投资的数量，而不是国民收入核算构成公式中实际发生的消费和投资。因为经济中实际发生的消费和投资与居民和企业的意愿消费和意愿投资是两个完全不同的概念，"="表示一定时期经济社会实际的产出等于居民和企业实际想要的消费和投资，$Y=C+I$ 中的每一个变量均剔除了价格变化因素。

在国民收入核算中，实际产出就等于计划支出（或称计划需求）加非计划存货投资（unplanned inventory）。但在国民收入决定理论中，均衡产出是指与计划需求相一致的产出。因此，在均衡产出水平上，计划支出和实际产出正好相等。因此，非计划存货投资等于零。

在两部门经济中，只有在经济社会的收入水平正好等于全体居民和企业想要的支出规模时，均衡产出或收入才可能形成。经济运行要保持在均衡收入水平上，就必须使该实际收入水平引发一个相等的计划支出量，只有这样经济运行才不会发生波动，也才能使这一收入水平继续被维持下去。因此，根据均衡产出的定义，我们可以得到经济均衡的条件是：

$$E=Y$$

上式和 $Y=C+I$ 表示的是同一个意思，因为 E 表示计划的总支出，在两部门经济中 $E=C+I$。根据凯恩斯的国民收入决定理论，在均衡产出假定下，经济社会的产量或者说国民收入就决定于意愿的总需求。用公式表示则为：

$$Y=C+I$$

（四）均衡产出条件的延伸：投资等于储蓄

实际上，从经济运行中各种变量的关系中，均衡产出或均衡收入的条件可以进一步演化。

前面所列的均衡产出或均衡收入的条件：$E=Y$，也可用投资与储蓄的关系来表示，因为两部门经济中的计划支出（或总需求）等于计划消费加计划投资,即 $E=C+I$。而生产创造的收入等于计划消费加计划储蓄,即 $Y=C+S$,因此,均衡产出条件下有 $E=Y$,就是 $C+I=C+S$,等式两边消去 C,则得:

$$I=S$$

式中的投资等于储蓄,是指经济要达到均衡,计划投资必须等于计划储蓄,这是均衡的条件。即计划投资一定等于计划储蓄,只有二者相等时,收入才处于均衡状态。而国民收入核算中的 $I=S$,则是指实际发生的投资(包括计划和非计划存货投资在内)始终等于储蓄(包括计划和非计划储蓄在内),它所指的实际投资和实际储蓄是根据定义而得到的实际数字,从而必然相等。当然,在国民收入处于均衡的情况下,均衡条件 $I=S$ 与国民收入核算中的 $I=S$ 必然是一致的。

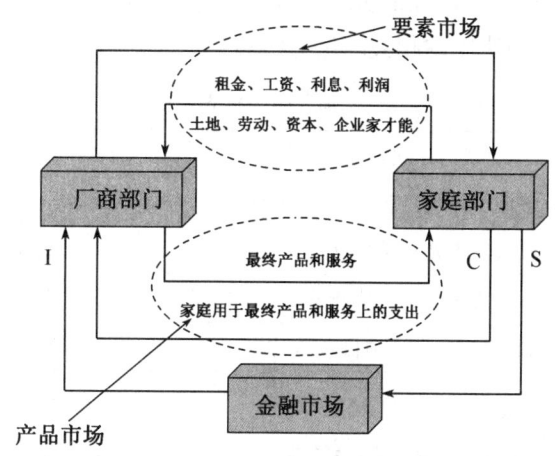

图 7-5 两部门收入循环模型的均衡条件:$I=S$

更进一步讨论,在商品经济社会,商品市场的供求波动必然伴随着资金市场的供求波动。因此,以上两种分析方法讨论的是同一枚硬币的两个面。

项目小结

重点概念:

宏观经济学　　　　　国民收入核算
国内生产总值

练习与测试:

1. 名词解释:宏观经济学;国内生产总值;宏观经济均衡
2. 概述宏观经济调控的目标与工具。
3. 简述宏观经济均衡的过程及主要影响因素。

延伸阅读：

宏观经济调控的方法与手段案例。

实验实训

1. 实训任务

将学生进行编组，每组 4—8 名同学，组内学生自行分工合作，进行资料收集、整理、制作、美化、展示、汇报等工作。教师可以发布实训任务一览表中的任务，每组同学以此任务作为主题，利用课余时间进行展示材料的整理与制作。在此基础上，教师将利用 2—4 课时时间，用于学生自行汇报展示其工作成果。任务目的在于了解宏观经济运行的过程与规律、宏观经济调控的方法与工具、宏观经济调控的目标与内容、国民收入核算与决定的相关理论等内容。

实训任务一览表

序号	实训任务名称	实训学时
01	宏观经济学产生过程、目标及工具	2—4
02	国民收入核算及相关概念	
03	国民收入决定理念及均衡分析	

注：教师可根据需要选用实训项目和学时。

2. 成果要求

每组同学制作完成一份 WORD 文档和一份展示 PPT，WORD 文档用于图文资料的整理汇总，PPT 文件用于课堂汇报展示，并将上述两个文件放入文件夹，命名规则为：班级名称＋小组编号＋任务名称。

3. 考核标准

评价标准与打分表

项目	考核内容和要求	分值	得分	备注
态度	能够按时完成，积极主动，组内分工合作	20		
内容	导向正确，内容完整、准确，逻辑清晰	20		
形式	格式规范、语言简洁、图表样式美观	20		
展示	仪态形象得当，表达清楚，语言流畅	20		
创新	内容、格式、展示过程有创意，特色明显	20		
	小计	100		

4. 其他备注

项目八　旅游经济运行与调控

【项目目标】

知识目标：了解旅游经济运行的基本过程和基本规律，了解旅游经济核算体系及旅游卫星账户，掌握旅游经济调控目标及常用调控手段。

技能目标：能够分析旅游经济运行的基本过程和基本规律，能够举例说明旅游经济调控目标与调控方法。

能力目标：收集、整理、分析相关案例和资料，通过制作、美化、展示、汇报等工作，理解旅游经济运行的基本过程，理解旅游经济核算的意义，掌握旅游经济调控的方法与手段。

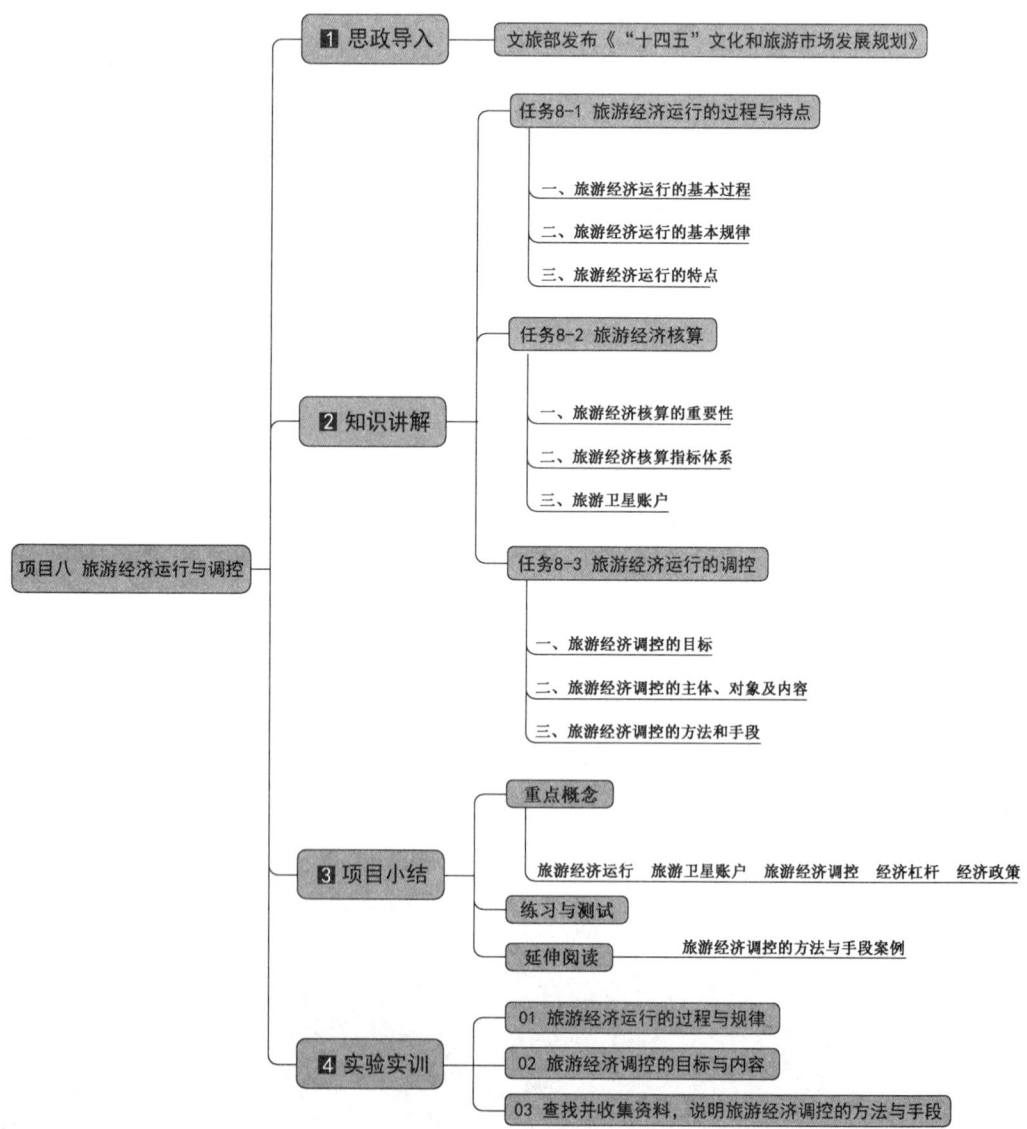

- 项目八 旅游经济运行与调控
  - 1 思政导入 —— 文旅部发布《"十四五"文化和旅游市场发展规划》
  - 2 知识讲解
    - 任务8-1 旅游经济运行的过程与特点
      - 一、旅游经济运行的基本过程
      - 二、旅游经济运行的基本规律
      - 三、旅游经济运行的特点
    - 任务8-2 旅游经济核算
      - 一、旅游经济核算的重要性
      - 二、旅游经济核算指标体系
      - 三、旅游卫星账户
    - 任务8-3 旅游经济运行的调控
      - 一、旅游经济调控的目标
      - 二、旅游经济调控的主体、对象及内容
      - 三、旅游经济调控的方法和手段
  - 3 项目小结
    - 重点概念
      - 旅游经济运行　旅游卫星账户　旅游经济调控　经济杠杆　经济政策
    - 练习与测试
    - 延伸阅读　　旅游经济调控的方法与手段案例
  - 4 实验实训
    - 01 旅游经济运行的过程与规律
    - 02 旅游经济调控的目标与内容
    - 03 查找并收集资料，说明旅游经济调控的方法与手段

思政导入

文旅部发布《"十四五"文化和旅游市场发展规划》

旅游市场的自发调节作为一种资源配置方式,是极富效率的,但是由于其调控的滞后性也带来了一定的破坏影响。解决这种单一调控方式不足的有效方法是建立健全政府对旅游经济的宏观调控机制。在经济体制改革的大背景下,要充分发挥政府主导型作用,就必须转变政府职能,建立间接的宏观调控体系,变管企业为管市场,以规划、指导、协调、制定宏观经济政策和法律法规等为主要职能,通过良好外部环境的营造为旅游企业的发展服务,最终使旅游企业在宏观调控措施的指引下,按照市场运行规律和竞争规则自由地决定企业自身的发展。

背景导读:近日,《"十四五"文化和旅游发展规划》(以下简称《规划》)正式发布。《规划》对未来五年文化和旅游发展谋篇布局,是落实《中华人民共和国国民经济和社会发展第十四个五年规划和2035年远景目标纲要》和文化强国战略的具体体现。

《规划》坚持以习近平新时代中国特色社会主义思想为指导,将习近平总书记关于文化和旅游工作的一系列重要指示精神贯穿于规划全篇,注重把握新发展阶段、贯彻新发展理念、构建新发展格局,突出高质量发展的主题,把中央决策部署转化为"十四五"文化和旅游发展的科学思路和扎实举措,着力推进文化铸魂、发挥文化赋能作用,着力推进旅游为民、发挥旅游带动作用,着力推进文旅融合、努力实现创新发展。

《规划》系统阐明了"十四五"文化和旅游发展的总体要求、发展目标、主要任务、重要举措等。《规划》提出,要坚持正确方向、坚持以人民为中心、坚持创新驱动、坚持深化改革开放、坚持融合发展,大力实施社会文明促进和提升工程,加快建设新时代艺术创作体系、文化遗产保护传承利用体系、现代公共文化服务体系、现代文化产业体系、现代旅游业体系、现代文化和旅游市场体系、对外和对港澳台文化交流和旅游推广体系,提高文化和旅游发展的科技支撑水平,优化文化和旅游发展布局。力争到2025年,我国社会主义文化强国建设取得重大进展,文化事业、文化产业和旅游业高质量发展的体制机制更加完善,人民精神文化生活日益丰富,中华文化影响力进一步提升,中华民族凝聚力进一步增强,文化事业、文化产业和旅游业成为经济社会发展和综合国力竞争的强大动力和重要支撑。《规划》坚持引领性与可操作性相结合,着眼于补短板、强弱项、增后劲,设计了62个重点工程项目作为《规划》实施的重要支撑。

《规划》从前期研究、专题调研到文本起草、征求意见,历时近两年编制完成,汇集了各方智慧,凝聚了广泛共识,是"十四五"文化和旅游发展的路线图和任务书。《规划》出台后,文化和旅游部还将陆续推出一系列专项规划,不断健全"十四五"规划实施机制,推动"十四五"文化和旅游发展的各项任务落地生根。

来源:政策法规司.文化和旅游部发布《"十四五"文化和旅游发展规划》[EB/OL].(2021-06-04)[2023-12-30]. https://zwgk.mct.gov.cn/zfxxgkml/zcfg/zcjd/202106/t20210604_925006.html.

旅游经济活动的运行离不开供需两个方面,旅游供需的协调是旅游经济活动得以顺利进行的条件,而旅游宏观调控体系的建立,其根本目标就是要通过创造良好的供需环境来促进旅游经济活动的发展。通过一系列宏观调控措施,一方面,可为游客创造良好的旅游环境,以吸引更多的游客前来消费,为旅游业的可持续发展创造更为坚实的市场基础;另一方面,可为旅游企业创造良好的经营环境,使旅游业能够在公平合理的市场环境中展开良性竞争,通过优胜劣汰,为旅游业的可持续发展创造更具竞争力的供给基础。

知识讲解

任务 8-1 旅游经济运行的过程与特点

一、旅游经济运行的基本过程

旅游经济运行是指一个国家或地区在一定时期内旅游总需求和旅游总供给的发展变化以及均衡运动过程,不仅反映一定时期旅游产品的生产、交换、分配和消费的总运动过程,也反映一定时期旅游经济活动(流量)的状况和特征,以及特定时点旅游经济成果(存量)的数量和特点。旅游经济运行必须具备一定的基础和条件,其基础是国民财富,包括自然资源、国民财产、劳动力、科学技术等;其条件是经济环境,包括旅游企业、旅游市场、政府部门等。旅游经济总体运动过程包括实物运动过程和价值运动过程。

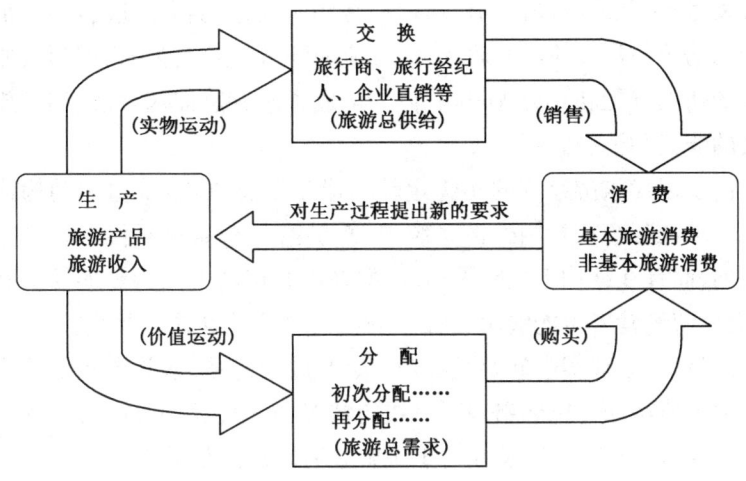

图 8-1　旅游经济运行的基本过程

为了揭示旅游经济运行过程,假定旅游经济是一个相对独立的封闭经济系统,那么在现代市场经济条件下,旅游经济运行通常表现为两种相对的运动过程(如图 8-1),一种是旅游产品的实物运动过程,另一种是旅游产品的价值运动过程,两种运动始终处于对立统一,既分离又结合地运行之中。

(一) 旅游经济的实物运动

现代旅游经济的实物运动是指旅游产品的生产、交换和消费的运动过程,反映了旅游产品在旅游经营者和旅游者之间的流动过程。现代旅游经济的实物运动通常经过以下三个环节来完成。

首先,以生产为主的旅游企业生产旅游产品的过程,如旅游景区景点提供的观光游览产品、旅游饭店提供的住宿设施、旅游交通提供的运输设施和服务、旅游购物场所提供的购物品和相应服务等。

其次,以销售为主的旅游企业销售旅游产品的过程,如旅行商、旅游经纪人或旅游企业等对各种单项或组合旅游产品进行销售,从总体上形成了旅游总供给,以便旅游者购买和消费。

最后,旅游者对旅游产品的购买,消费和评价过程。

因此,旅游经济的实物运动实质上就是旅游产品从生产开始,经过流通环节的交换,最后进入消费领域的全部运动过程。

(二) 现代旅游经济的价值运动

现代旅游经济的价值运动,是从价值角度反映旅游产品的生产、分配和消费的全部运行过程,反映了旅游收入在各旅游经营者和各相关部门之间的分配和再分配过程。如果把旅游经济作为一个封闭的经济系统来考虑,则旅游经济的价值运动是和实物运动相伴随的,即全部旅游产品的价值形成旅游总收入,通过流通环节进行交换后,就形成旅游收入的初次分配和再分配,从总体上构成了旅游总需求,最终用于旅游产品的购买和消费。

由于现代旅游经济的实物运动形成旅游总供给,价值运动构成旅游总需求,因此,在封闭经济系统中,总供给与总需求不仅在总量上是平衡的,而且在结构上也是平衡的,即在旅游市场上旅游者能够买其所需,而旅游经营者也能够卖其所有,实现了旅游总供求的平衡。

但是,由于现实中旅游经济是一个开放经济系统,旅游经济的实物运动和价值运动往往会出现不一致的情况,有时供不应求,有时供过于求,甚至出现结构失衡,从而产生旅游总需求和总供给在总量和结构上的矛盾和问题,必须对旅游经济运行和发展进行宏观调控。

(三) 现代旅游经济的存量、流量及其关系

旅游经济存量是反映旅游经济在某个特定时点上发展状态的变量,如在某个时点上旅游饭店客房数、旅游景区景点数量、旅游交通运输能力、旅游职工数量和旅游固定资产数量等。旅游经济存量一般没有时间维度,只是反映了一定时点上旅游经济发展的规模和水平状况,因此对其测量通常不涉及时间长度。

旅游经济流量,是反映旅游经济随着时间变化而改变的变量,如接待旅游者的数量、旅游收入、旅游消费支出、旅游投资等。旅游经济流量是有时间维度的,反映在一定的时间区间内旅游经济发展变化的状况,因此对其测量是以一定的时间区间为依据的,不同时间区间的流量是可以相加的。

旅游经济存量和流量的关系是不断变化运动的。一方面,旅游经济存量和流量是完全不同的概念,如旅游者的出入境是流量,而在某一时刻的旅游者人数则是存量;旅游收入和消费支出是流量,而在某一时点上的旅游收入或消费支出数则是存量;旅游投资是流量,而投资所形成的旅游饭店或景区景点则是存量。另一方面,旅游经济存量和流量又是不断变化的,即由存量转化为流量,如固定资产提取折旧、食品材料制成佳肴美味等;或者由流量转化为存量,如旅游收入用于补偿固定资产消耗、购买新的食品材料等。因此,旅游经济存量和流量始终是处于存量—流量—存量的变化和运动之中的。

二、旅游经济运行的基本规律

由于旅游经济活动是商品生产和商品交换发展到一定程度的必然

产物。在商品经济条件下,旅游经济活动的运行必然受到供求规律、价值规律等一系列规律的影响和支配。受整个社会经济技术发展水平的影响和制约,旅游经济活动的运行规律可以从两个方面来分析。

(一) 从需求方面来分析

受社会经济技术发展水平的约束,旅游需求从范围和规模上呈现出由近到远、由单一到多样的发展规律。首先,作为旅游消费主体的游客,无论是旅游动机,还是可自由支配收入、闲暇时间及身体状况等都与社会经济技术发展密切相关。早期旅游经济活动受限于生产力发展水平,短期近距离活动往往占据很大比例。但现代旅游经济活动条件下,旅行社介入其中,旅游交换活动大大简化,旅游经济的运行更加快捷、简便和经济。人们的出行距离、出游频率都大大提高,这种由近及远、由国内到国外的旅游经济活动是人们消费方式的自然转变。

随着国际旅游经济活动的不断发展,旅游需求的国际性日益增强。尤其是科技水平的提高,使得旅游经济活动的地域范围更加广泛。此外,科学技术水平的不断发展也刺激了旅游需求的个性化、多样化发展。

(二) 从旅游供给方面来分析

相对于旅游需求的综合性而言,旅游供给也具有较强的综合性。旅游供给的发展不仅要凭借旅游资源的优势,更重要的是要依托工业、农业、交通运输业、公共基础设施等多方面的发展——需要依托国民经济总体水平的提高。

旅游供给能力的大小、水平的高低与一个国家的国民经济发展状况密切相关。经济发展相对落后的国家或地区,受其经济基础条件限制,旅游发展所需投入较大,不仅要建设直接对客服务的设施设备,还需要大量改善基础设施,才能形成良好的旅游供给系统。经济发展较为发达的国家和地区,旅游发展所依托的其他产业基础雄厚,使得投资于旅游供给的力量能够集中于直接供给的部分,从而呈现出低投入高产出的投资效应。

三、旅游经济运行的特点

旅游经济的运行过程实际上是游客与旅游经营者间的旅游产品交换及由此引发的旅游行业同政府、国民经济其他相关行业间经济关系的总和。旅游产品交换过程的顺利实现,依赖于游客和旅游经营者对旅游产品及其运行的共同认知和理解。与一般商品经济运行一样,旅游产品交换由购买和销售组成。只有当游客在多种因素共同作用下形成购买动机,并实现购买行为时,旅游产品的销售才能实现。但与一般商品不同的是,在销售中它的物流与商流是分离的。一般商品在交换后,所有权便发生了转移,其商流和物流是结合在一起的。而在旅游经济运行中,旅游产品交换后并没有发生产品的转移,而是游客的移动,也没有发生产品所有权的转移,而是游客对目的地所提供的旅游产品具有暂时的占有权,体现为使用权的暂时转移。

任务 8-2　旅游经济核算

旅游经济核算是对一个国家或地区在一定时期内的整个旅游经济运行及其经济成果进行全面的统计、计算和测定,是规划旅游经济发展和旅游经济政策、加强旅游经济宏观管理的重要依据。为了加强旅游经济核算,必须建立一套包括旅游总消费、旅游总需求、旅游总供给、旅游增加值和旅游总就业在内的旅游经济综合指标体系,以综合反映和评估旅游经济发展的状况、水平及其在社会经济中的地位和作用。

一、旅游经济核算的重要性

旅游经济是一个涉及众多部门和单位的综合性经济,各部门、各单位各司其职、各尽所能,既有投入又有产出,构成一个有机整体。因此为了从总体上综合反映和掌握旅游经济运行的状况,就必须加强旅游经济核算。具体讲,旅游经济核算的重要性主要表现在以下几方面。

(一) 反映旅游经济运行的总体特征

在现代经济发展中,为了综合反映整个国民经济的发展状况和特征,就必须研究国民经济的数量关系,由此形成了国民经济核算的理论和方法。旅游经济是国民经济的重要组成部分,因此旅游经济核算是建立在整个国民经济核算基础上的,即在国民经济核算理论和方法的指导下,对旅游经济运行和经济成果进行具体的统计核算与分析研究。

旅游经济核算,通过建立一套系统、全面、科学的旅游经济指标体系,对一个国家或地区一定时期内旅游经济运行状况和经济成果进行计算、测定和分析,不仅能够综合地反映旅游经济运行的总体特征,而且能揭示旅游经济与国民经济之间的相互关系和内在联系,能反映旅游经济对国民经济的贡献,及其在经济社会中的重要地位和作用。

（二）增强旅游决策的科学性和正确性

任何经济决策的科学性，都离不开一套完善的经济指标体系和科学的数量分析。在过去缺乏旅游经济核算的情况下，人们只能根据旅游经济发展的规模状况，依靠对旅游市场现象的感知或有限的分析进行决策，这样的决策必然存在着一定的盲目性和主观性。

旅游经济核算，既要有一套有关旅游经济发展规模和质量的指标体系，又需要建立一套反映旅游经济运行和经济成果的综合指标体系。通过对旅游经济综合指标体系的分析和研究，不仅能够深入揭示旅游经济的流量和结构关系，综合反映旅游经济效益及影响旅游经济效益变化的主要因素，而且还有利于旅游企业和旅游目的地国家或地区科学分析存在的差距和问题，正确认识自己在旅游市场上的地位和竞争力，从而增强旅游企业经营决策和旅游经济宏观决策的科学性，促进旅游企业不断提高市场竞争力，促进旅游目的地国家或地区不断提升旅游经济综合素质和发展能力。

（三）促进旅游经济又好又快地发展

旅游经济核算的基础是旅游企业的经济核算和分析，离开了科学的旅游企业经济核算，或者旅游企业经济核算不健全、不可靠，则旅游经济核算就不能正确地进行。因此，通过旅游经济核算能够加强旅游企业的经济核算，促进对旅游企业财务结构和经营水平的分析，从而有利于加强旅游企业的经营管理，促进旅游企业的经营发展。

同时，通过对旅游企业经济指标的统计汇总和核算分析，不仅能够从总体上计算和测定一个国家或地区在一定时期内的旅游经济运行成果，而且有利于从整个国家或地区层面加强对旅游经济的总量分析，以针对不同时期旅游经济运行特点和发展趋势进行宏观调控，采取有效的旅游经济政策和手段，促进旅游经济又好又快地发展。

二、旅游经济核算指标体系

通常，对一个国家或地区旅游经济运行状况和发展水平的衡量和分析，一般是用接待旅游者总人数、旅游总收入等发展规模指标来反映，但由于这些经济指标与国民经济指标之间缺乏内在联系，无法从国民经济方面综合反映旅游经济运行状况和发展水平，也不能科学地评价旅游经济对国民经济的重要贡献和作用。因此，必须按照国民经济核算的原理，结合旅游经济自身的特点，从旅游总需求角度出发，建立一套能够反映旅游经济总体发展状况的综合指标体系。通过对包括旅游总消费、旅游总需求、旅游总供给、旅游增加值和旅游总就业在内的旅游经济综合指标体系的统计、核算和分析,综合反映旅游经济运行状况和发展水平,评价旅游经济效益及其在经济社会中的地位和作用。

(一) 旅游总消费指标

旅游总消费指标,是指一个国家或地区在一定时期内(通常为一年)接待旅游者而直接消费全部旅游产品或服务的市场价值总和指标,其从旅游活动的需求方面反映了一个国家和地区在一定时期内旅游经济发展的规模和水平。

旅游总消费指标,通常分为个人旅游消费支出、商务旅游消费支出、政府支出(个人)和旅游出口等指标,构成了旅游总需求的基础部分。其一,个人旅游消费支出,是指个人或家庭购买旅游产品或服务的消费支出;其二,商务旅游消费支出,是指企业经营人员和政府官员在进行商务和公务活动时所进行的、具有个人消费性质的各种旅游消费支出;其三,政府支出(个人)部分,主要指旅游目的地政府为保障个人旅游消费权益而发生的支出;其四,旅游出口,是指旅游目的地国家或地区向国际旅游者提供旅游产品或服务所获得的旅游收入,即国际入境旅游者的旅游消费支出。

(二) 旅游总需求指标

旅游总需求指标,是指一个国家或地区在一定时期内旅游活动对物质产品和服务消费的市场价值总和的指标,包括旅游者的直接旅游消费和为保证直接旅游消费而发生的各种间接消费,从旅游活动需求方面反映了整个旅游经济发展的总量和旅游消费支出的结构。

在旅游总需求指标中,除了旅游总消费中的四个具体指标外,还包括政府支出(集体)、资本投资和非旅游出口等指标。其一,政府支出(集体),是为了满足旅游者直接旅游消费而发生的各种间接消费,如政府用于各种公共基础设施和社区发展所发生的支出;其二,资本投资,是指所有私人部门和公共部门为旅游者提供各种接待设施而发生的资本投入;其三,非旅游出口,是为旅游者和旅游业服务而发生的其他非旅游产品的出口等。从宏观旅游经济角度看,上述指标也属于一种旅游消费,可以纳入旅游总消费范畴,因此旅游总消费也等同于旅游总需求。

(三) 旅游总供给指标

旅游总供给指标,是指一个国家或地区在一定时期内,向旅游者和旅游经营者提供的全部物质产品和服务产品的市场价值总和的指标,也是全部旅游要素收入之和加上旅游进口的总值,具体包括劳动报酬、折旧、税收、利润和进口支出等。从旅游活动的供给方面看,旅游总供给指标包括了旅游经济直接和间接新增价值、旅游直接和间接进口等,是从供给角度反映一个国家或地区在一定时期内的旅游总产出规模和水平。

由于旅游总需求指标和旅游总供给指标,是从需求和供给两个不同角度反映整个旅游经济运行的状况,因此在旅游经济核算账户体系中旅游总需求和旅游总供给应该是相等的,故一般在旅游经济运行分析中,往往直接用旅游总需求反映整个旅游经济运行的总供给规模和水平。

(四) 旅游增加值指标

旅游增加值指标也称为旅游国内生产总值,是指一个国家或地区在一定时期内全部最终旅游产品或服务的市场价值总和,即整个旅游经济运行过程中形成的新增价值,体现了总体旅游经济增长与发展的成果和效益。

从旅游总需求角度看,旅游增加值是旅游总需求减去旅游转移价值的余额;从旅游总供给角度看,旅游增加值是全部旅游要素成本的收入,再加上旅游进出口净值所构成的总和。因此,把旅游增加值指标与旅游总收入指标相比较,旅游增加值指标更能够综合反映旅游经济对国民经济的贡献,也有利于将旅游增加值指标与国内生产总值进行比较,从而正确认识和评价旅游经济在国民经济中的重要地位和作用。

> **学习小贴士**:国内生产总值(GDP)是指一个国家或地区在一定时期内(通常是一年)运用生产要素所生产的全部最终产品(物品和劳务)的市场价值。从理论上说,按支出法、收入法和生产法计算的 GDP 在量上是相等的,但实际核算中常有误差,因而要加上一个统计误差项来进行调整,使其达到一致。实际统计中,一般以国民经济核算体系的支出法为基本方法,即以支出法所计算的国内生产总值为标准,也就是如下公式:$GDP=C+I+G+NX$,其中,C 代表消费,I 代表投资,G 代表政府购买,NX 为净出口。

(五) 旅游总就业指标

旅游业作为一个以提供服务为主的经济产业,也是一个提供就业岗位较多的行业。因此,旅游总就业指标是指一个国家或地区在一定时期内,随着旅游经济发展而直接和间接吸收社会就业人数的总量指标。

旅游总就业，既包括旅游业本身所吸收的就业人员，也包括为旅游业提供产品和服务的相关部门所吸收的就业人员，前者构成旅游直接就业人员，后者形成旅游间接就业人员，两者共同构成旅游总就业人员指标。正确地统计和计算旅游总就业指标，有利于分析和评价旅游经济对带动社会就业的重要作用，有利于全面认识旅游经济在经济社会发展中的重要地位和作用。

三、旅游卫星账户

（一）旅游卫星账户出现的背景

20世纪90年代初，世界贸易组织（WTO）和经济合作与发展组织（OECD）就旅游业对社会经济重要性做了大量的研究工作，着力解决了如何描述旅游经济以及如何测度旅游对经济的影响等难题，这对后来卫星账户的设立起了重要的作用。20世纪90年代中期，旅游卫星账户核算方法一经出现就受到了世界有关经济学家和统计学界的推崇。2000年3月联合国统计委员会正式批准了世界旅游组织提交的《旅游附属账户：建议的方法框架》，使旅游业成为第一个拥有获得联合国首肯的国际性标准来测量和计量的产业。

旅游卫星账户（TSA，Tourism Satellite Account）又称为旅游附属账户，是一种宏观统计计量方法。它是以国民经济核算为统计基础，按照国际统一的国民账户概念和分类标准，在国民经济核算总账户下单独设立的一个子系统。通过编制这一账户可以把由于旅游消费而引发的国民经济各行业中的直接和间接的旅游产出，从相关行业中分离出来单独进行核算，从而达到在国际统一的统计框架下对旅游经济进行全面测量和分析比较的目的。旅游卫星账户区别于传统的旅游统计体系，为各旅游发展国家提供了一个国际统一标准的计量方法，不仅大大提高了旅游统计数据的可信度和区域间的可比性，还能够准确全面地测度旅游经济在整个国民经济中的地位和作用，实现国家间的可比和对旅游业经济影响的量化分析。

旅游卫星账户为政策制定者提供了对旅游部门的概览，以及与其他经济部门的比较。该账户遵守国民核算原则，设置了一系列全球标准和定义来测量旅游对GDP、就业、资本投资、税收等的贡献，以及旅游业在国家收支平衡中的重要作用。目前，加拿大、挪威、澳大利亚、西班牙、法国、新西兰、瑞士、波兰、美国等国相继进行了旅游卫星账户编制的实践。他们大部分以"框架"为基础，并根据本国的实际情况进行了一定补充。

（二）中国建立旅游卫星账户的尝试

近年来，我国旅游业蓬勃发展，对国民经济发展起到了重要作用。由于现在的国民经济核算中，旅游业被分散在各个部门，不能正确地核算旅游业对国民经济的影响。所以提出采用旅游卫星账户来进行旅游业的核算，我国先后在厦门、秦皇岛、桂林等地区，开始建立区域旅游卫星账户进行试点，主要是因为中国TSA在建立过程中还存在以下几点问题：一是成本高昂，搜集旅游相关的详细数据任务艰巨。尤其是在数据收集方面存在数据不够全面和数据落后等问题，极大影响了中国TSA的建立和账户数据的准确性。二是TSA所依赖的统计数据并不能经常更新，原因也在于数据更新成本高昂。三是TSA所采用的一些定义和结论形式与旅游传统上所采用的并不一致，可能造成一些误用和无用，或者无法理解和无法使用。四是中国在旅游卫星账户的建立上虽然有外国经验可以借鉴，但是中国TSA的建立也要从本国的实际出发。

2002年9月江苏省旅游卫星账户编制试点工作组完成了《江苏旅游卫星账户体系构建》，较系统地提出了江苏区域旅游卫星账户的构想。2006年国家旅游局和国家统计局联合组成工作组，正式启动国家级旅游卫星账户研究编制工作。2007年3月1日"中国国家级旅游卫星账户"项目工作组召开的汇报鉴定会，由国家统计局和国家旅游局有关专家组成的研究小组，经过长期的研究工作，以联合国统计委员会批准的《旅游附属账户：建议的方法框架》为基本原则，利用2004年全国第一次经济普查和国民经济核算的相关资料，初步编制完成"中国国家级旅游卫星账户"的部分账户表。

（三）旅游卫星账户的内容

WTTC旅游卫星账户从产业角度定义"旅游消费"的概念，从经济角度定义"旅游需求"概念，由此引出旅游消费和旅游业、旅游需求和旅游经济两对概念。

1. 旅游业与旅游消费

旅游消费是指由旅游者使用的或为他们而生产的产品和服务的价值。旅游消费包括个人消费支出、商务旅游支出、政府支出（个人部分）和旅游净出口四部分消费支出。

旅游业是与旅游消费相对应的概念，它是指为旅游者旅行和旅游消费而生产和提供各种物质产品和服务的行业的总和。它只包括直接影响的、定义明确的生产方行业的等价物，用于与其他任何行业进行比较。

（1）个人旅游消费支出，既包括本地居民出游的个人服务消费和国内外旅游者对服务产品（包括住宿、餐饮、交通、娱乐、金融服务等）的购买和消费；也包括当地居民为提供旅游服务而对耐用品和非耐用品的购买，以及用于国内外旅游者消费的各种旅游商品（如工艺品、当地产品、礼品等）。

（2）商务旅游支出，是指企业经营人员和政府官员在进行各种商务或公务活动之余所进行的，具有上述个人性质的各种旅行和旅游消费支出，包括交通、住宿、餐饮、娱乐、购物和其他产品和服务消费支出等。

（3）政府支出（个人部分），是指政府的各种机构和部门为保障国内外旅游者的合法权益所进行的各种消费支出，如用于各种文化场馆（博物馆、美术馆等）、国家或地方公园、旅游景区景点、海关、移民局等方面的消费支出。

（4）旅游出口，是指国际游客在旅游接待国或地区购买各种旅游产品和旅游服务的消费支出。通常要统计其净出口（扣除旅游接待国或地区的旅游者的国际旅游消费支出后的余额）。

2. *旅游经济与旅游需求*

旅游需求不仅包括上述旅游消费部分，还包括为旅游业发展而派生的消费需求，它被用来构建广义的旅游经济。

旅游经济是与旅游需求相对应的概念，它涵盖了旅游业更为广泛的"经济"影响。因而它不仅包括直接为旅游者消费提供的各种物质产品和服务的行业（即上述旅游业的内容），同时也包括为旅游业发展而提供的各种物质产品和服务的行业。旅游需求除了包括上述旅游消费外，还包括以下几方面：

（1）政府支出（公共部分），是指与旅游活动相关的各级政府部门和机构用于旅游目的地公共目的的消费支出，如用于旅游促销、航空管理、旅游安全和医疗卫生设施及服务等方面的消费支出。

（2）资本投资，是指为旅游者提供各种旅游设施、设备和基础设施的私人部门和公共部门的投资，它不仅构成旅游需求的重要支出部分，也是保持旅游经济持续发展必不可少的投入。

（3）非旅游产品出口，是指运往国外向旅游者提供的其他最终消费品（如服装、电器和汽油等）的出口和向旅游业服务的厂商所提供的各种资本品（如飞机和轮船）的出口的总和。统计净出口时应扣除运往国内的相应进口。

按照投入产出分析，对应旅游总消费和旅游总需求，旅游卫星账户可以区分出"旅游业"和"旅游经济"，甚至区分出旅游业进口和旅游经济的进口；然后将两种供应总量（行业和经济）划分为国内生产总值的直接影响和间接影响，即旅游业 GDP 和旅游经济（GDP）及其各组成部分，包括工资、税收、利润、折旧等等。

3. 旅游就业

通过旅游卫星账户可以明确地对"旅游业"和"旅游经济"的就业情况和影响力进行测算和分析。具体包括以下四方面，其中前两方面的就业属于旅游业的就业范围，而旅游经济的就业范围则包括了四种就业类型在内。

（1）旅游直接就业一般是指那些直接为旅游者提供各种服务的工作岗位，如航空公司、旅游宾馆、出租车、餐馆、零售商店和娱乐场所等方面的服务工作等。

（2）旅游间接就业通常是指提供与旅游相关的辅助性服务工作岗位，如航空食品供应、洗涤服务、食品原料供应、批发销售、医疗卫生、金融保险等方面的服务工作等。

（3）旅游业供给者的直接就业，通常是指旅游业政府代理机构、资本品制造业、建筑业和出口旅游商品等行业的就业。

（4）旅游业供给者的间接就业，主要是指为旅游业供给者提供各种如钢材、木材、石油化工产品等生产资料行业的就业。

旅游卫星账户作为一个国民经济核算的工具，除了提供国民经济核算中有关旅游业的准确内容与数据之外（如游客消费、旅游产业活动的供给等），从经济学意义上来看，它还可以较全面地反映旅游活动的供需情况、供需的对应与平衡问题，即：游客消费是由哪些产业提供和满足的，满足程度如何（国内生产或进口比例情况）。可以较深入地了解和分析游客消费、旅游供给的总量和结构状况，从而了解旅游需求和产业的市场总体均衡状况；可以核算旅游业的产业规模（如旅游业的 GDP 值、旅游就业的总体情况），从而全面分析旅游业在国民经济中的产业地位。此外，作为一个较全面的数据库，旅游卫星账户的基础数据还可以为政府的公共政策提供依据（如游客消费政策、旅游就业政策等）。旅游卫星账户的建立，对推进我国国民经济核算体系的改革，完善旅游统计体系都将产生积极的促进作用。

任务 8-3　旅游经济运行的调控

现代市场经济条件下，旅游经济运行是建立在旅游市场和市场机制作用基础之上的，旅游市场的功能是通过旅游市场机制来实现的。

旅游市场机制指旅游市场中交换双方在交换活动中形成的相互影响、相互制约的内在联系形式,具体来说就是各旅游市场主体在旅游市场进行经济活动时形成的供求、价格、竞争、风险等因素有机结合、相互影响、相互制约的运动过程,具体表现为供求机制、价格机制、竞争机制和风险机制的共同作用过程。

旅游市场机制具有一般市场机制的基本特征,当市场机制正常运转时,能够自动调节市场的供求。但是,旅游市场机制同样也存在缺陷。由于旅游资源的公共性、旅游产品特征和旅游市场失灵等因素,决定了不能完全依靠旅游市场的自发调节来实现旅游经济的有效运行,必须通过政府宏观调控来促进旅游经济的健康发展。

市场机制和政府调控是实现旅游要素资源配置的两种不同的手段。它们相互补充、共同作用、缺一不可。在充分发挥旅游市场机制作用的基础上,必须进一步明确旅游经济运行调控的目标和内容。根据世界旅游组织和中国旅游发展的实践,我国旅游经济调控的目标和内容也相对比较明确。

> **学习小贴士**:一切经济政策的制定都是以一定的经济目标实现为出发点和归宿。宏观经济政策目标包括一般目标和具体目标。一般目标又称总体目标或最终目标,指通过宏观经济政策调控经济运行,以实现社会资源的充分利用和社会福利的最大化,达到社会福利可持续发展。它需要通过一整套具体目标来实现,宏观经济政策的具体目标包括充分就业、物价稳定、经济增长和国际收支平衡四个方面。宏观经济政策在考虑总体目标实现的同时,在某一特定时期会有所侧重,政府将围绕某些具体目标而制定一系列的政策措施。

一、旅游经济调控的目标

(一)满足人们不断增加的旅游需求

这是旅游经济运行调控的首要目标和内容。只有人们得到休息、度假和自由旅行的机会,旅游业的发展才是可能的。休息的权利,特别是由于工作权利而带来的度假、旅行和游览自由的权利,都被《世界权利宣言》和许多国家的法律法规视为实现人类自我价值的一个重要方面。

(二)促进旅游经济的持续增长

旅游业作为现代经济中的新兴产业,在促进社会经济发展方面具有重要的地位和作用。因此,必须把促进旅游经济的持续增长作为旅游经济运行调控的目标。

（三）实现旅游经济的总量平衡

旅游经济的总量平衡，是指旅游总需求与总供给的平衡。要采取各种合理有效的经济杠杆，实现旅游经济的总量平衡。一方面要通过加强旅游供求管理，利用各种经济政策和经济杠杆来刺激或抑制旅游供求的变化，实现旅游总供求的平衡。另一方面，要通过旅游发展计划和各种经济杠杆，对旅游需求流量进行合理引导和分流。

（四）扩大旅游业的社会就业

作为劳动密集型产业，我国旅游业不仅为城市新增就业人员提供了大量岗位，也为农村剩余劳动力的转移和下岗职工再就业提供了广泛的就业岗位。不断扩大旅游业的社会就业岗位，一方面要调整旅游经济结构，加快旅游经济发展，不断扩大旅游就业的范围和领域，为社会提供更多的就业岗位；另一方面，要加强旅游教育培训，不断提高旅游人才的素质和能力，为旅游经济发展输送更多旅游人才，促进旅游经济快速发展。

（五）有效地保护和利用旅游资源和生态环境

旅游资源和环境是旅游经济发展的重要生产因素。许多旅游资源是不可再生资源，旅游环境是旅游经济可持续发展的必要条件，必须坚持旅游资源保护与开发并举、旅游环境保护与利用并重的原则，把对旅游资源和环境的保护放在首位，在保护的前提下进行合理的开发利用，促进旅游经济的可持续发展，这是旅游经济调控的重要目标之一。

二、旅游经济调控的主体、对象及内容

（一）旅游经济调控的主体

对旅游经济活动进行宏观调控的主体主要包括两类：一类是对旅游企业经营的一般环境进行调节的主体，即政府管理部门；另一类是对旅游企业经营的特殊环境进行调节的主体，即行业管理组织。

旅游企业作为一个经济实体存在于社会之中，与其他企业一样都要接受国家的宏观管理。政府管理部门为所有的企业提供信贷、财政、工商、税务等方面的服务，这些政府部门通过制定国家宏观政策，来引导所有的企业行为朝着符合国家产业政策的方向发展，企业则接受这些部门的指导和监督，从而形成了政府对所有企业的一般调控。

不同的行业在国民经济中的地位各不相同,而且不同行业在国民经济中的发展阶段和发展前景有较大的区别,不同行业都有自身的发展规律。因此,所有的企业在接受国家宏观调控的同时,还必然受其所在行业的宏观指导和调控。这样才能使该行业既能与国民经济其他行业相协调,同时也能在行业内建立符合发展规律的行业结构,促进整个行业健康发展。

(二)旅游经济调控的对象及内容

"按照政企分开的原则,转变政府职能。政府的经济管理职能要真正转变到制定和执行宏观调控政策,搞好基础设施建设,创造良好的经济发展环境上来,把不应由政府行使的职能逐步转给企业、市场和社会中介组织。"未来体制改革的总体框架应是构筑间接的宏观调控体系,其调控的对象应由具体的企业转变为其所处的市场环境,通过营造良好的外部经营环境来为旅游企业的发展服务,通过市场信号的变化来引导企业作出有利的经营决策。

通过对旅游行政管理部门的职责分析,旅游宏观调控的主要内容包括四大类:指引方向类、完善市场类、服务企业类、协调关系类。

(1)指引方向类。主要是指为旅游业发展指明方向的一系列工作,如确定旅游业发展的战略目标,编制旅游业发展的长远规划和年度计划,指导行业的投资和经营方向。

(2)完善市场类。主要是指完善市场运行机制,建立市场运行规则的一系列工作,如通过制定并执行旅游业各项行政法规、行业标准等来建立一系列市场规则;通过产业政策的调整和经济杠杆的运用来完善宏观的间接调控机制;通过执法队伍的建设监督企业经营行为,处罚那些扰乱市场正常运行的违规行为;完善市场的经济性约束和政府的行政性、法律性约束机制。

(3)服务企业类。主要是指为旅游企业正常运营提供的各项服务,如制定、实施国际旅游市场开拓规划,进行国家整体形象宣传促销带动旅游产品促销;向旅游企业提供整个国民经济发展的有关信息,提供全国旅游统计资料,为旅游企业提供信息服务;组织重大经济技术项目的配置论证工作;处理旅游企业设立、运营、投诉中的各项工作。

(4)协调关系类。主要是指对旅游业与国民经济其他管理部门及其企事业单位之间的关系进行协调的一系列工作。如代表旅游业利益参与制定和协调与旅游业有关的财政、税收、外汇、信贷、价格等政策和规章制度,会同有关部门协调旅游交通运输、景区秩序、旅游购物品生产销售、旅游安全、旅游娱乐等工作。

三、旅游经济调控的方法和手段

从市场经济发展的要求,结合旅游经济发展客观规律,旅游经济调控的方法和手段主要有以下几个方面。

(一) 发展规划调控

在现代市场经济体制中,应用发展规划调控旅游经济是一种重要的必不可少的方法和手段。旅游发展规划调控,不同于传统的指令性计划,而是一种建立在市场经济上的以指导计划和中长期发展规划为主的调控手段。应用发展规划调控旅游经济运行和发展有以下要求:一是要正确确定旅游经济发展的宏观目标,这个目标必须综合平衡经济、社会和环境等各种因素,有利于政府从宏观上有计划、有调控地发展旅游业,指导旅游经济的健康运行和发展。二是旅游规划制定的科学性和可能性。三是发展规划的内容既要全面又要突出重点,规划内容要充分考虑旅游经济发展的各个方面,必须协调发展,同时在不同时期或阶段又应有不同重点,成为阶段性调控旅游经济运行的目标和内容。四是发展规划要有明确的量化指标和要求。以便进行定期的检查和比较,并根据不同时期经济社会环境的变化做出及时的调整。

(二) 经济政策调整

经济政策,是由政府制定并用于指导旅游经济活动,调整各种经济利益关系,促进旅游经济发展的各种准则和措施,是充分认识客观经济规律基础上对旅游经济进行宏观调控的主要手段和方法之一。

根据对现实旅游经济运行的分析,旅游经济调控的经济政策主要有收入政策、产业政策、财政政策、货币政策、汇率政策等,其中收入政策、产业政策和汇率政策对旅游经济运行调控具有十分明显的作用。

> **学习小贴士:** 财政政策一般指为促进就业水平提高,减轻经济波动,防止通货膨胀,实现经济稳定增长而对政府收入和支出等进行管理调控的政策。财政收入政策如税收、公债等政策,财政支出政策如政府购买、转移支付等政策。
>
> 货币政策指一国根据既定目标,通过中央银行运用政策工具,调节货币供给量和利率,进而影响投资和整个经济活动水平,达到既定目标的经济政策,又称金融政策。央行倾向政策工具主要包括公开市场业务、调整再贴现率和改变法定存款准备金率等三项主要政策工具,以及一些辅助性工具。

（三）经济杠杆调控

经济杠杆，是指对旅游经济运行具有调节和转化作用的各种手段和方法。现实经济中，政府不可能也不必要对所有的旅游经济活动都进行调控，可以通过制定各种旅游经济政策和利用经济杠杆调控旅游市场，充分发挥旅游市场机制的作用，对旅游企业的经营活动进行间接调控。政府间接调节旅游经济的经济杠杆一般有财政杠杆、信贷杠杆、价格杠杆、对外经济杠杆。价格杠杆是指根据价值规律的要求，通过确定旅游产品的指导价格，规定最高限价和最低限价等，以规制和引导旅游企业的经营行为，保证旅游经济的健康运行和发展。

（四）行为规制调控

行为规制，通常指政府或社会为实现一定的经济社会目标，对旅游市场中各经济主体做出直接或间接的具有法律或准法律约束力的行为规范及相应的措施，简言之，就是政府或社会对各旅游经济主体及其行为进行限制、规范的具体行动和措施。在旅游经济运行中，按照行为规制调控实施的主体不同，一般有政府规制、社会规制和行业规制。

政府规制是政府对旅游企业和旅游者行为采取的具有法律约束力的限制和规范，是针对旅游市场失灵而采取的治理行为和措施，目的是维护良好的旅游市场秩序，限制市场垄断势力，提高市场配置资源的效率，保护旅游者和旅游经营者的利益。

社会规制通常指市场机制对旅游经济主体行为的各种直接或间接的准法律的约束、限制和规范，以及社会为促进旅游经济主体行为而采取的符合上述规制的各种行动和措施。

行业规制是指由旅游行业协会自主地对旅游企业行为进行约束和规范的行动和措施，是一种旅游企业之间相互约定的组织规则。

项目小结

重点概念：

旅游经济运行　　　旅游卫星账户
旅游经济调控　　　经济杠杆
经济政策

练习与测试：

1. 名词解释：旅游经济调控；旅游卫星账户；经济杠杆
2. 概述旅游经济调控的目标与内容。
3. 简述旅游经济调控的方法与手段。

延伸阅读：
旅游经济调控的方法与手段案例。

实验实训

1. 实训任务

将学生进行编组，每组 4—8 名同学，组内学生自行分工合作，进行资料收集、整理、制作、美化、展示、汇报等工作。教师可以发布实训任务一览表中的任务，每组同学以此任务作为主题，利用课余时间进行展示材料的整理与制作。在此基础上，教师将利用 2—4 课时时间，用于学生自行汇报展示其工作成果。任务目的在于了解旅游经济运行的过程与规律、旅游经济调控的必要性、旅游经济调控的目标与内容、旅游经济调控的方法与手段等内容。

实训任务一览表

序号	实训任务名称	实训学时
01	旅游经济运行的过程与规律	2—4
02	旅游经济调控的目标与内容	
03	查找并收集资料，说明旅游经济调控的方法与手段	

注：教师可根据需要选用实训项目和学时。

2. 成果要求

每组同学制作完成一份 WORD 文档和一份展示 PPT，WORD 文档用于图文资料的整理汇总，PPT 文件用于课堂汇报展示，并将上述两个文件放入文件夹，命名规则为：班级名称＋小组编号＋任务名称。

3. 考核标准

评价标准与打分表

项目	考核内容和要求	分值	得分	备注
态度	能够按时完成，积极主动，组内分工合作	20		
内容	导向正确，内容完整、准确，逻辑清晰	20		
形式	格式规范、语言简洁、图表样式美观	20		
展示	仪态形象得当，表达清楚，语言流畅	20		
创新	内容、格式、展示过程有创意，特色明显	20		
	小计	100		

4. 其他备注

项目九 旅游服务贸易

【项目目标】

知识目标：了解国际贸易的原因及相关贸易理论，理解旅游服务贸易的四种模式，了解旅游服务贸易的经济效应的主要内容。

技能目标：能够区分旅游服务贸易的不同模式，举例说明旅游服务贸易的原因及旅游服务贸易的经济效应的内容。

能力目标：收集、整理、分析相关案例和资料，通过制作、美化、展示、汇报等工作，掌握旅游服务贸易不同模式的案例。

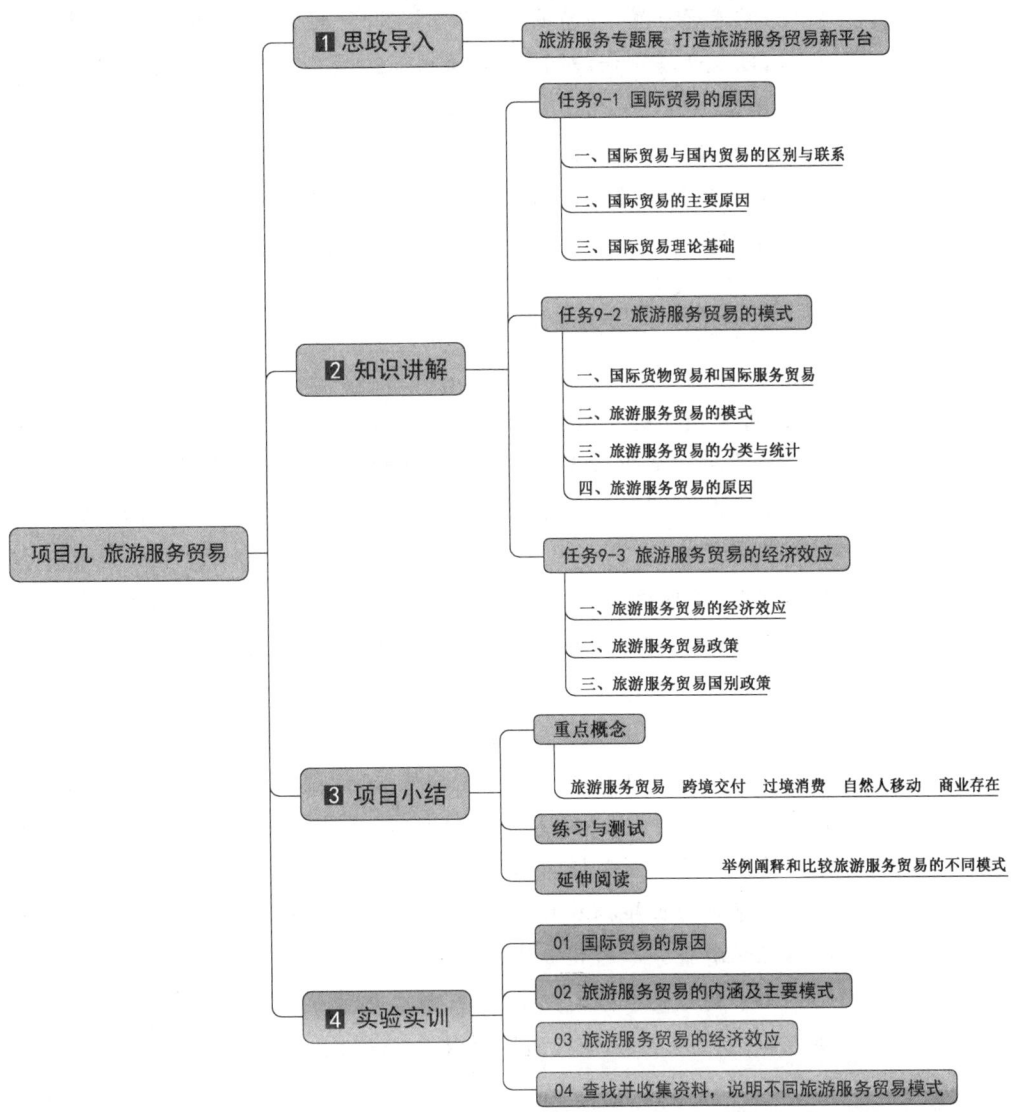

思政导入

旅游服务专题展　打造旅游服务贸易新平台

随着中国对外开放力度的进一步加大,我们与其他国家在商品、技术、管理、金融等方面的交流更加方便顺畅,无疑会大大促进中国旅游服务贸易的发展。企业应多参加国际旅游交易会,主动出击,开拓海外市场。参加交易会不仅能使企业增强营销意识,而且还能增加联系客户特别是大客户的机会,有利于开拓销售渠道和新的市场。要把国际旅游服务竞争看成国家形象的竞争、国家实力的竞争。

背景导读:2020 中国国际服务贸易交易会的旅游服务专题展,将围绕"旅游连通世界,点亮美好生活"主题,开展展会、论坛、商洽三大核心内容,以及两场论坛,对接国际国内商洽资源,努力打造旅游服务贸易的新平台。

旅游服务专题展由市文化和旅游局主办,在国家会议中心将设置 1 万平方米的线下展区,同时围绕北京国际交往中心功能定位,邀请各国驻华使馆和外国旅游局、国际组织及专业国际买家线上参展,促进国际交流和经贸交往。

线下展览部分,将在服贸会 12 个专业领域板块展览展示中,呈现 1 家旅游行业国际组织,即世界旅游城市联合会,以及 2 家旅游行业头部企业,即中国旅游集团和首旅集团的风采。

世界旅游城市联合会(WTCF)是由北京发起的世界首个以城市为主体的全球性国际旅游组织。服贸会上,该展区将借助虚拟现实技术、远程服务技术、全息影像技术等展示 WTCF 成立以来在促进各国旅游城市交往、民间外交及国际旅游投融资发展等方面的成果,展示 200 多个会员城市优质的旅游资源和发展国际旅游业的坚定信心。

中国旅游集团将重点展示旗下旅行服务、旅游投资和运营、旅游零售、酒店运营、旅游金融、战略创新孵化六大事业群主要产品及服务。首旅集团将展示其在老字号餐饮品牌焕新、国际化酒店管理运营、个性化汽车出行服务、全渠道旅行综合运营、现代商业新模式、景区运营、航旅产业及文化创意新区的品牌和服务。

北京作为世界旅游目的地城市的整体形象、特色资源和工作成果也将在旅游服务专题展上展出。

北京的七大世界文化遗产、三个文化带等历史文化资源,以及城市新地标、重大文旅项目将通过科技展陈手段,以现代表达方式,为观众带来强大的视觉冲击。旅游扶贫助小康展、旅游惠民公共服务展、京郊旅游精品民宿展也将亮相。届时,北京市16区文旅局和北京经济技术开发区宣传文化部将组织近百家企业,充分展示优质旅游资源、特色产品和发展成果。

为适应新冠疫情防控工作常态化要求,旅游服务专题展区利用云技术平台搭建了线上展览展示平台。该平台可实现参展商信息展示、旅游目的地远程推广、远程点对点洽谈等功能。线上展会将常年开展,打造永不落幕的服贸会旅游服务专题展。

来源:李洋.旅游服务专题展 打造旅游服务贸易新平台[EB/OL].北京日报,(2020-08-11)[2023-12-28].https://www.beijing.gov.cn/ywdt/gzdt/202008/t20200811_1978840.html.

政府和企业应了解自己的权利与义务,熟知GATS(服务贸易总协定)规则和旅游业的入世承诺,充分把握加入WTO后给旅游服务贸易提供的机遇,只有这样才能提升国际旅游服务贸易的竞争力。

知识讲解

任务9-1 国际贸易的原因

国际贸易(international trade)是指不同国家(和/或地区)之间的商品和劳务的交换活动。国际贸易也叫世界贸易,从一个国家的角度看国际贸易就是对外贸易(foreign trade)。国际贸易是商品和劳务的国际转移,是各国(或地区)在国际分工基础上相互联系的主要形式,反映了世界各国(或地区)在经济上的相互依赖关系,是由各国对外贸易的总和构成的。

一、国际贸易与国内贸易的区别与联系

贸易能够促进专业化,而专业化则能提高劳动生产率。从长期视角来看,扩大的贸易和更高的劳动生产率能够使所有国家人们的生活水平都得到提高。于是各国都会逐渐认识到,向全球贸易体系中开放自己的市场,是经济通向繁荣的最佳途径。国际贸易是一个制度体系,各国都经由它来出口和进口商品、服务及资本。从根本上讲,贸易

无需考虑从事它的人是在国内还是在国外。但是国内贸易和国际贸易间仍然存在着一些差异。

第一,从定义来看。国际贸易也称通商,是指跨越国境的货品和服务交易,所以也称世界贸易。国际贸易可以调节国内生产要素的利用率,改善国际供求关系,调整经济结构,增加财政收入等。而国内贸易主要是指在中国国内进行的商品买卖、现货仓单市场交易等在境内发生的交易的总称。

第二,跨国界的贸易涉及不同国家或地区的居民和厂商。每个国家或地区都是一个相对封闭的经济实体,都会对跨国界商品和资金流动进行管制,这与国内贸易明显不同,具体表现为:

(一) 语言、法律及风俗习惯不同

国际贸易是在经济结构、生产条件、生产力水平、经济政策、产业政策、贸易政策显著不同的国家间的商品交换。

国际贸易是和外国商人做生意,必须克服语言障碍。世界各国的生活风俗习惯不同,宗教和信仰也有差别。这些都会导致消费习惯的差异,从事国际贸易必须随时掌握世界市场动态,了解贸易对象的资信状况,熟悉目标市场的法律制度和相关规则。

而国内贸易则是在同一经济法律制度下国内进行的商品交换,语言风俗习惯的差异较小,在同一市场上了解各方面资讯都容易得多。

(二) 货币(汇率)、度量衡、海关等制度不同

各国各地的商业习惯不同,对国际贸易中的规则和条例理解也可能不一致,这些都需要双方进行沟通,求得一致,避免贸易纠纷,世界各国都设有海关,对于货物进出口都有许多规定。

货物进出口要履行报关手续,而且出口货物的种类、品质、规格、包装和商标也要符合相关国家各种规定,跨国货物运输和保险、国际结算和汇兑也增加了国际贸易的复杂性。

(三) 经济政策不同

各国的经济政策主要是为本国经济发展作用的,但是又会在一定程度上影响国际贸易的开展,而且许多政策会因不同的经济形式,不同的执政者而变化。其中包含金融政策、产业政策、进出口管理政策、关税政策。国际贸易主要受到本国和外国的经济政策影响,而国内贸易主要受本国经济政策的影响。

(四) 国际贸易的风险大于国内贸易

国际贸易具有线长、面广、环节多、难度大、变化快的特点，因此要比国内贸易风险大。在国际贸易中，自买卖双方接洽开始，要经过报价、还价、确认而后订约，直到履约的整个流程。在此期间将会发生各式各样的风险，主要表现在以下几个方面：

1. 信用风险

信用风险是指由于交易对手不履行契约或履行不完全所产生的风险。在交易过程中，买卖双方的财务状况可能发生变化，有时甚至危及履约，出现信用危机。

2. 汇兑风险

汇兑风险是指在交易期限内，因合同计价货币汇率变动所产生的风险。交易期限越长，交易风险愈大。广义的汇兑风险，除汇率变动风险外，还包括外汇转移风险，即因外汇不足或政府实施外汇管制，导致无法汇出外汇的风险。

3. 政治风险

政治风险即因国内政治情况发生变化或法令规章有所变动导致无法履行合约的风险。国际贸易政策法令不断修改，有些国家由于自身经济等方面的问题，再加上一些国家内部的政局变动，经常使国际贸易商承担许多国内贸易不需承担的政治风险。

4. 价格风险

对外贸易多是大宗交易，贸易双方签约后，货价可能上涨或下跌，对买卖双方而言存在价格风险。

5. 商业风险

国际贸易中由于买卖双方在订立合同前没有进行充分的磋商，导致进口商在履约时往往以货样不详、交货期晚、单证不符等各种理由拒绝收货，这对出口商而言就是商业风险。这些理由在货物被拒收前是无法确定的。

6. 其他外来风险

国际贸易中货物要经过长途运输，在运输过程中会遇到各种自然灾害、意外事故和各种其他意想不到的外来风险。

二、国际贸易的主要原因

国际贸易模式背后的经济因素有很多,但是各国都发现参与国际贸易有利可图的,背后的原因主要有三种:一是各国生产条件的多样性;二是各国需求偏好不同;三是生产成本随规模递减。

(一) 自然资源多样性

从客观上讲,各国自然资源和要素禀赋存在差异。一国可能拥有大量肥沃的土地,而另一国则可能拥有丰富的劳动力资源。一个多山的国家可以大量用水力发电再卖给邻国,而一个拥有深水港的国家却可以成为一个国际航运中心。正是由于资源和禀赋的差异,很大程度上决定了各国生产条件的差异。由于生产可能性的多样化,各国间才会发生贸易。

(二) 需求偏好不同

贸易的第二个原因在于偏好。即使所有国家和地区的生产条件都是相同的,但如果它们对商品的偏好不同,则国与国间还是需要进行贸易的。例如,假设挪威和瑞典两个国家从海里捕的鱼和在陆地上生产的肉类食品在数量上差不多,但瑞典人更喜欢吃肉,而挪威人更偏爱吃鱼。那么,对双方都有利的贸易便会发生,即:挪威出口肉到瑞典,瑞典出口鱼到挪威。两国都将从这种贸易中获利,国民的满足程度会提高。

(三) 成本差异

制造业生产往往可以从规模经济中受益,即当产量扩大时,平均生产成本就会降低。所以,当某个国家在某一产业上具有先发优势时,就可以作为该产业高产量、低成本的制造商。规模经济使它比其他国家占有明显的成本和技术优势。其他国家会发现,从成本更低和技术更领先的厂商那里购买,比自己动手制造要更加便宜和实惠。

三、国际贸易理论基础

(一) 绝对优势理论

亚当·斯密于1776年出版的《国富论》(*An Inquiry into the Nature and Causes of the Wealth of Nations*)中对国际贸易进行阐述时,提出了绝对优势(absolute advantage)理论。在当时重商主义

(mercantilism)氛围弥漫的情况下,大家都认为"国富"的外化体现是"多金",而实现的途径就是"贸易顺差"。在当时的认识下,国际贸易是一个"零和博弈"(zero-sum game),即"各国得失的总和为0",那凭什么有的国家在得(顺差带来财富净流入),另一些国家在失?

"绝对优势"就是斯密给出的解释,认为国际贸易的原因是国与国之间绝对成本的差异,如果一国在某一商品的生产上所耗费的成本绝对低于他国,该国就具备该产品的绝对优势,从而可以出口;反之则进口。

所谓绝对成本,是指某两个国家之间生产某种产品的劳动成本的绝对差异,即一个国家所耗费的劳动成本绝对低于另一个国家。亚当·斯密的绝对成本说主要阐明了如下内容:

1. 分工可以提高劳动生产率,增加国民财富

斯密认为,交换是出于利己心并为达到利己目的而进行的活动,是人类的一种天然倾向。人类的交换倾向产生分工,社会劳动生产率的巨大进步是分工的结果。他以制针业为例说明其观点,分工前,一个粗工每天至多能制造20枚针;分工后,平均每人每天可制造4 800枚针,每个工人的劳动生产率提高了几百倍。由此可见,分工可以提高劳动生产率,增加国民财富。

2. 分工的原则是成本的绝对优势或绝对利益

斯密进而分析到,分工既然可以极大地提高劳动生产率,那么每个人专门从事他最有优势的产品的生产,然后彼此交换,这样对每个人都是有利的。即分工的原则是成本的绝对优势或绝对利益。他以家庭之间的分工为例说明了这个道理。他说,如果一件东西购买所花费用比在家内生产的少,就应该去购买而不要在家内生产。

3. 在国际分工基础上开展国际贸易对各国都有好处

国际分工是各种形式分工中的最高阶段,在国际分工基础上开展国际贸易,对各国都会产生良好效果。斯密由家庭推及国家,论证了国际分工和国际贸易的必要性。他认为,适用于一国内部不同个人或家庭之间的分工原则,也适用于各国之间。国际分工是各种形式分工中的最高阶段。他主张,如果外国的产品比自己国内生产的要便宜,那么最好是输出在本国有利的生产条件下生产的产品,去交换外国的产品,而不要自己去生产。他举例说,在苏格兰可以利用温室种植葡萄,并酿造出同国外一样好的葡萄酒,但要付出比国外高30倍的代价。他认为,如果真的这样做,显然是愚蠢的行为。每一个国家都有

其适宜于生产某些特定产品的绝对有利的生产条件,如果每一个国家都按照其绝对有利的生产条件(即生产成本绝对低)去进行专业化生产,然后彼此进行交换,则对所有国家都是有利的,世界的财富也会因此而增加。

4. 国际分工的基础是有利的自然禀赋或后天的有利条件

斯密认为,有利的生产条件来源于有利的自然禀赋或后天的有利条件。自然禀赋和后天的条件因国家而不同,这就为国际分工提供了基础。因为有利的自然禀赋或后天的有利条件可以使一个国家生产某种产品的成本绝对低于别国而在该产品的生产和交换上处于绝对有利地位。各国按照各自的有利条件进行分工和交换,将会使各国的资源、劳动和资本得到最有效地利用,将会大大提高劳动生产率和增加物质财富,并使各国从贸易中获益。这便是绝对成本说的基本精神。

(二) 比较优势理论

绝对成本说解决了具有不同优势的国家之间分工和交换的合理性。但是,这只是国际贸易中的一种特例。斯密给出的答案,本身设定就比较单一,难以做更一般化的推广。18世纪后期以来,随着詹姆斯·瓦特成功改良蒸汽机的发明,一些国家先行完成了产业革命,综合国力大幅提升,国际贸易模式也发生了较大变化。如果一个国家在各方面都处于绝对的优势,而另一个国家在各方面则都处于劣势,那么,它们应该怎么办？对此,斯密的理论无法回答,这个问题得以解决是大卫·李嘉图的功劳。

比较优势(comparative advantage)又称相对优势,比较优势原则认为,如果各国专门生产和出口其生产成本相对低的产品,就会从贸易中获益。或者反过来,如果各国进口其生产成本相对较高的产品,也将从贸易中获益。

比较成本说是对绝对成本说的继承和发展,进一步完善了古典学派的国际贸易理论。它由英国古典经济学派的另一著名代表人物大卫·李嘉图创立。比较成本学说认为:国际贸易产生的基础并不限于生产技术的绝对差别,只要各国之间存在着生产技术上的相对差别,就会出现生产成本和产品价格的相对差别,从而使各国在不同的产品上具有比较优势,使国际分工和国际贸易成为可能,进而获得比较利益。总之,比较利益学说,揭示了国际贸易所具有的互利性和国际分工的必要性。它证明各国通过出口相对成本较低的产品,进口相对成本较高的产品就可能实现贸易的互利。

李嘉图比较成本学说的核心是比较优势原则。比较成本说揭示了人类分工协作的大道理。自其创立的一百多年来,一直被西方国际经济学界奉为经典,并成为国际贸易分工理论发展的主线。即使在当代,它也是研究国际贸易理论的逻辑起点。比较成本说的启示:"各国应该实行自由贸易政策,以保证参加国际分工和贸易所能得到的利益。"然而这个理论只提出国际分工的一个依据,未能揭示出国际分工形成和发展的主要原因和价值规律的国际内容。

(三) 赫克歇尔—俄林理论(H-O理论)

早期的两种优势理论只基于劳动而不考虑要素禀赋(factor endowments)。赫克歇尔—俄林继承和发展了李嘉图的比较成本理论,提出了要素禀赋论,用生产要素的丰缺来解释国际贸易产生的原因。俄林认为,商品价格的绝对差异是由于成本的绝对差异,而成本的绝对差异是由于:第一,生产要素的供给不同,即两国的要素禀赋不同;第二,不同产品在生产过程中所使用要素的比例不同(要素密集程度不同)。

生产要素禀赋理论自创立以来,虽然受到里昂惕夫等学者的质疑,但仍被奉为当代国际经济理论中的圭臬,西方经济学界认为该理论构成了对古典学派李嘉图比较成本说的重大挑战,奠定了现代国际贸易理论的基石。俄林理论有助于我们分析、判断和预测世界各国的贸易模式,并制定相应对策,在充满风险的国际竞争中知己知彼,掌握主动权,此外,我们应认识到一国的生产要素实际是变量,随着生产力的提高,科技和教育的发展,生产要素的数量、质量和结构相应发生变化。

当代技术革命已改变了要素的内涵,促进了人力资本,技术创新信息资本等无形要素和有形要素的融合,赋予生产要素以全新的内涵。因此我们不能片面静止地对待要素禀赋上的比较优势,这是我们借鉴俄林理论应持有的科学态度。

任务9-2 旅游服务贸易的模式

20世纪70年代以来,国际服务贸易有了突飞猛进的发展。1970年,世界服务贸易总额只有710亿美元,而到1980年增至3830亿美元,10年间增长5倍多。1980年以后,国际服务贸易依然保持着迅速增长的势头,年平均增长率约5%,是同期国际货物贸易年平均增长率2.5%的两倍。到1993年,世界服务贸易额达到10300亿美元,在全球贸易总额中的比重超过1/4。人们预计,随着关贸总协定"乌拉圭回合"协议的实施和世界贸易组织(WTO)的正式运行,各国将进一步开放服务市场,服务贸易也会随之进一步发展。

一、国际货物贸易和国际服务贸易

国际贸易可以分为国际货物贸易和国际服务贸易。虽然它们两者都属于国际贸易不可缺少的部分,但从名称上就可以看出区别。一个主要是针对大宗货物的贸易,另一个是针对服务行业的贸易。国际货物贸易和国际服务贸易的区别主要体现于以下几点:

一是贸易标的物不同。国际服务贸易的标的物是无形产品,而货物贸易的标的物是有形商品。

二是贸易标的物的使用权和所有权不同。在服务贸易中的技术贸易是技术供应方在一定条件下将技术贸易标的物的使用权转让给接受方使用,并不转让所有权;货物贸易中标的物则在买卖过程中实现所有权和使用权的同时转移。

三是服务贸易涉及的法律相对复杂,货物贸易则相对简单。

四是服务贸易一般不体现在海关统计上,但体现在国际收支平衡表上;货物贸易则体现在海关统计上。

《服务贸易总协定》(GATS)从服务贸易的基本模式上进行了范围的界定:自一成员领土向任何其他成员领土提供服务;在一成员领土内向任何其他成员的服务消费者提供服务;一成员的服务提供者通过在任何其他成员领土内的商业存在提供服务;一成员的服务提供者通过在任何其他成员领土内的自然人存在提供服务。其中"服务"包括任何部门的任何服务,但在行使政府职权时提供的服务除外。而行使政府职权时提供的服务指不依据商业基础提供,也不与一个或多个服务提供者竞争的任何服务。

二、旅游服务贸易的模式

旅游在中国服务贸易部门中多年保持着最大顺差,是服务贸易部门中最重要的创汇来源。旅游服务贸易所交易的产品兼具旅游产品特殊性质和贸易品的普遍共性。

对于旅游服务贸易的界定主要依据 GATS 的范围界定,应当包含四种基本的贸易提供模式,主要包括跨境交付、过境消费、自然人移动和商业存在四种模式(图 9-1),其中模式 3 和模式 4 涉及旅游生产要素的跨界流动。

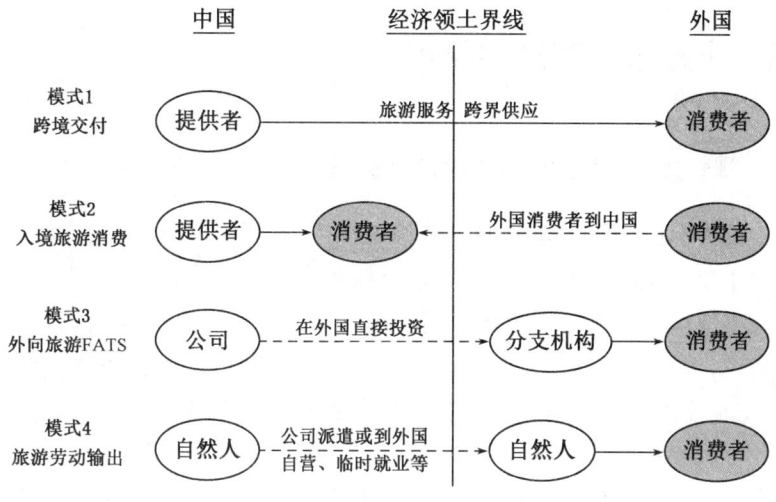

图 9-1 提供者角度的旅游服务贸易模式界定

三、旅游服务贸易的分类与统计

旅游服务贸易的形式和类型,一般以国际服务贸易的划分办法为基础。但是由于服务内容的复杂多样性,对服务贸易的形式和类型的划分存在不同的观点。

GATS 提出的四种模式的服务贸易内容其实包含了跨境和非跨境两类交易活动。其中跨境交付、境外消费和自然人移动,属跨境交易,主要涉及居民与非居民间的服务贸易交易;商业存在为非跨境交易。因此完整的旅游服务贸易分类应包含跨境旅游服务贸易和非跨境旅游服务贸易的全部内容。由于目前世界上只有少数国家,如美国提供了四种模式的服务贸易数据,因此在对旅游服务贸易进行统计时将模式 1、2、4 作为一个整体来考虑,即跨境旅游服务贸易,有时基于简化规则,以过境消费模式作为跨境旅游服务贸易的替代。

对于模式 3(商业存在)这一非跨境旅游服务贸易形式,按照各国和国际组织专家惯常的做法来寻找基本满足 GATS 服务贸易定义的统计途径:现行机制中有关国际直接投资(FDI)的统计,而外国附属机构是外国投资企业中的一种,FDI 统计一般包括了对外国附属机构资本情况的统计,只要在此基础上对其提供的服务进行统计,就能获取对应于第三种提供模式"商业存在"的全部,但囿于统计数据的限制,现阶段还无法取得中国关于此方面统计的连续数据。

四、旅游服务贸易的原因

(一) 现代比较优势理论与旅游服务贸易

以 H-O 理论为基础而形成的现代比较优势理论认为贸易的基础来源于要素禀赋的差异,要素禀赋包括两个基本概念,即要素丰裕度和要素密集度。要素丰裕度指一国所拥有各种可用生产要素间的相对丰裕关系,可以有两种常见的度量方法:一是各种要素存量的实物量的比率;二是要素相对价格。旅游服务贸易的四种提供模式中,过境消费方式的旅游服务贸易对于旅游资源的依赖是非常强的,而旅游资源常常具有一定的垄断性,并不完全是比较优势理论假设的完全竞争市场状态。因而对于旅游服务贸易影响因素的分析,必须从更加现实的不完全市场竞争去解释。

(二) 新贸易理论与旅游服务贸易

新贸易理论是以规模经济、差异产品和不完全竞争为基础的贸易理论,该理论认为不完全竞争是国际贸易的直接原因。就理论所要解释的贸易现象看,现代比较优势理论能够较好地解释因要素禀赋或者偏好等方面的差异所引起的产业间贸易,这部分贸易一般发生于经济发展水平差距较大的国家之间,而新贸易理论则对要素禀赋、偏好和技术水平等经济结构、发展水平较为接近的国家间的产业内贸易。

1949 年至改革开放初期阶段,中国旅游服务贸易主要以入境旅游为主,目的也较为明确,即更多地赚取外汇,来购买其他必要的商品。因而这段时期的旅游服务贸易具有产业间贸易的特点。随着经济全球化和区域经济一体化的发展,中国及世界各国的贸易开放度大大提高,中国的经济实力也大幅度提升,导致了旅游需求的日益旺盛,产业内旅游服务贸易现象逐渐普遍。

(三) 竞争优势理论与旅游服务贸易

根据竞争优势理论的"钻石模型",旅游服务贸易竞争力取决于以下四个基本因素:

(1) 生产要素条件。既包括一国的自然旅游资源等天然禀赋资源,也包括一国的人文景观旅游资源,竞争优势将前者界定为初级要素,后者称为高级要素,而且更加强调后者的竞争优势,这就要求一国在进行旅游产品开发时,必须在尊重初级要素比较优势的前提下更加注重对旅游吸引物的创新。

（2）需求条件。在波特的钻石模型中需求条件主要指本国的需求结构与规模，但是要讨论旅游服务贸易必然要涉及贸易对象国的需求市场，因而此处需求条件与波特不同，主要强调国外旅游客源市场的需求影响因素。

（3）相关旅游支持产业。包括上游供给产业及其他相关产业的国际竞争优势情况，这些产业可以根据旅游卫星账户的特征产业和相关产业来界定，如食、住、行、游、购、娱等行业、批发零售业、通讯邮电业等等。

（4）旅游企业的战略、结构与竞争程度，包括旅游企业的形成与组织管理方式、竞争激烈程度、创新与企业家才能等方面的因素相互作用、良性搭配将共同构成一个动态的竞争优势的形成机制。

此外，在四大要素之外还存在两大变数：政府与机会，机会是无法控制的，而政府政策的影响是不可忽视的。

（四）国际直接投资理论与商业存在旅游服务贸易

根据 GATS 的界定，旅游服务贸易包括四种模式，而其中跨境交付、过境消费和自然人移动三种模式的旅游服务贸易被称为跨境旅游服务贸易，适用于贸易相关理论解释；而商业存在形式的旅游服务贸易则是传统商品贸易理论所无法解释的，因而必须运用国际直接投资理论进行解释，在国际贸易理论与国际直接投资理论之间寻找到平衡和兼容点。

主流国际直接投资理论大致沿着两条主线发展：第一条主线以产业组织理论为基础，研究跨国公司对外直接投资的决定因素和条件，将对外直接投资视为企业发展到一定阶段和具有某种垄断优势时的必然选择，以垄断优势论、内部化理论为代表；第二条主线以国际贸易理论为基础，强调一国资源禀赋的差异也是国际直接投资的决定因素，以产品周期理论、小岛清的边际产业扩张论为代表。到了 20 世纪 70 年代后期，不同流派的国际直接投资理论出现了互相融合的趋势，以邓宁的国际生产折衷理论为代表，折衷论认为国际直接投资由垄断优势、内部优势和区位优势等三组变量共同决定，三组变量的不同组合决定了跨国公司在出口贸易、直接投资与许可证贸易间的选择，邓宁综合吸收了其他理论的观点，比较系统地解释了国际直接投资的决定因素。

为什么很多"新"的贸易理论产生的情况下比较优势理论仍然还在流行，并依然占据贸易理论的主导地位？为什么不同的贸易理论能够同时并存？贸易理论的各种实证检验都证明了不同的贸易理论都有其存在的合理内核。"我们很难期望仅仅通过一种理论来解释所有的贸易现象。"即,我们可以运用多种理论来解释同一类贸易现象。

任务 9-3　旅游服务贸易的经济效应

不管是"贸易是经济增长的发动机"还是"贸易是经济增长的侍女",抑或"贫困化增长学说",对外贸易与经济增长间总是存在着千丝万缕的联系,这种联系有直接的影响渠道,也会有间接的变量来承接这种经济效应。

一、旅游服务贸易的经济效应

旅游服务贸易一般会通过三种机制来影响一国经济增长:首先是旅游服务贸易的短期影响机制,主要是通过凯恩斯渠道作用于经济增长的相关变量,凯恩斯主要分析消费与投资对国民收入的决定作用,而旅游服务贸易正是以消费和投资等中间变量对经济增长的决定因素产生影响从而作用于经济增长;其次是旅游服务贸易的中长期影响机制,主要是通过对古典、新古典、新贸易理论等渠道作用于经济增长的相关变量,贸易理论主要从比较优势、要素禀赋、规模经济等入手分析贸易的原因、基础或源泉,贸易主要通过产品或要素的国际流动来实现,而贸易的最终目的是要为各国带来财富的增长和福利的改善,因而最终会对劳动、资本、技术等经济增长的直接决定因素产生影响,因而将直接与经济增长建立关联;最后是通过贸易效应(贸易创造和贸易转移效应)来改变贸易量或结构从而影响各国的福利水平,进而影响经济增长的决定因素,贸易效应也属于短期效应的一种。

(一) 旅游服务贸易发展经济效应的短期机制

从短期来看,旅游服务贸易将主要通过凯恩斯理论框架、旅游服务贸易创造和旅游服务贸易转移理论框架三种机制对国民经济相关变量产生影响。

从短期渠道看,凯恩斯认为一国经济增长主要取决于投资、消费和净出口三大需求因素,也即通常所说的拉动经济增长的三驾马车(消费、投资和净出口)。分析旅游服务贸易对经济增长的影响便可以从分析其与消费、投资和净出口间的关系出发,例如:旅游服务贸易与消费的关系中对于居民消费倾向的改变或影响;旅游服务贸易与投资的关系中对于固定资产投资的促进作用、基础设施的改进等等;旅游服务贸易与净出口关系中贸易差额(国际收支)的影响等等。

表 9-1 旅游服务贸易发展的短期经济效应渠道

凯恩斯国民收入决定论	消费 C	消费倾向(c)	平均消费倾向($ac=C/Y$)
			边际消费倾向($mc=\Delta C/\Delta Y=dC/dY$)
		收入(Y)	
	投资 I	利率(i)	货币需求(L)(交易、预防、投机三大动机货币需求)
			货币供应量(M)
		资本边际效率(r)	预期收益率(r)
			资产收益率(R)(资本的内部报酬率)
	净出口 X−M	出口(X)	
		进口(M)	
贸易效应	贸易净效应	贸易创造(trade creation)	
		贸易转移(trade diversion)	

表 9-1 中的贸易创造与贸易转移理论是分析自由贸易区和关税同盟得失的有效工具,最早由加拿大经济学家瓦伊纳在 19 世纪 50 年代初提出,瓦伊纳认为关税同盟不一定意味着向自由贸易过渡,因为它在伙伴国之间实行自由贸易,而对外部世界实行保护贸易,这种自由贸易和保护贸易相结合的格局会产生两种效果:贸易创造和贸易转移。关税同盟内部实行自由贸易,使国内成本高的产品为伙伴国成本低的产品所替代,原来由本国生产的产品现在从伙伴国进口,由此新贸易被"创造",本国可以把原来生产高成本产品的资源转向生产成本低的产品从而收益;同时,关税同盟对外实行统一关税,对第三国的歧视导致从外部进口减少,转为从伙伴国进口,使贸易方向发生转变,产生"贸易转移",由于原来从外部世界进口成本低的产品改为从伙伴国进口成本较高的产品,造成了一定的损失。

1. 旅游服务贸易与消费

在 20 世纪 80 年代以前,对于普通中国百姓来讲,出门旅游还是一个较为奢侈的想法,根据凯恩斯的相关理论,可以重点从两个方面进行剖析:一方面是国民收入尚处于温饱线上下徘徊;另一方面是国民旅游消费意识的缺乏,旅游消费倾向很低。新中国成立至改革开放初期,旅游业主要作为中国外交事业的延伸和补充,承担着民间外事接待功能,尚不具备现代产业特征。由于受到种种限制,改革开放初期国内旅游的方针政策是"不提倡、不宣传、不反对",因而国内旅游市场没有正式形成,旅游尚未进入普通民众视野。当时在接待设施和交通条件非常落后的条件下,国家发展旅游业的重点是赚取紧缺的外汇,因而形成了入境旅游"一枝独秀"的局面,入境旅游总体上保持了高速增长并成为改革开放一道靓丽的风景线。这段时期主要以接待海外入境旅游者为主,国内旅游仅有小规模的差旅和公务活动,不存在严格意义上的出境旅游,旅游市场格局相对单一。进入 21 世纪后,国际经济环境和国内发展环境均发生了重大变化,国家把发展旅游业作为拉动消费和树立国际形象的重要产业。如今,中国旅游客源市场真正发展成为入境旅游、国内旅游、出境旅游三足鼎立的格局。

2. 旅游服务贸易与投资

利用国际资金、借鉴国际先进经验和技术始终是旅游业提高发展水平的一条捷径。通过外资的大量引进,全国很多旅游城市和经济发达地区相继建设了一批新型旅游饭店,使得住宿接待设施紧张的状态得到了一定程度的缓解;同时外资的进入也伴随着经营管理人员的流动,从而大大提高了中国旅游饭店的经营服务水平,为中国旅游业的可持续发展奠定了坚实的基础。

20 世纪 80 年代中期以来,旅游工作的重点逐渐转移到旅游产业体系的培育方面。1985 年国务院批转国家旅游局的《关于当前旅游体制改革几个问题的报告》中提出:要从只抓国际旅游转为国际、国内一起抓;从以国家投资为主建设旅游基础设施转变为国家、地方、部门、集体、个人一起上,自力更生与利用外资一起上;从主要搞旅游接待转变为开发、建设旅游资源与接待并举。该项指导方针积极促进并引导了各类资本向旅游业的聚集,标志着中国旅游业进入全面构建旅游产业体系新阶段。

中国旅游产业体系的培育经历了从计划到市场、从封闭走向开放的渐变过程。加入 WTO 以后,旅行社业开始面向世界开放,大大加快了我国旅游业的国际化进程,目前我国旅行社业已经向境外资本和民间资本两个市场同时开放,市场竞争格局全面形成。

3. 旅游服务贸易发展与国际收支

从历史来看,中国入境旅游发展较早,国家一直非常重视对入境旅游市场的宣传与开发,并在政策上给予较多的倾斜。在特定历史时期,重商主义倾向的贸易政策为国家经济建设带来了重要的外汇资源。从中国目前的经济发展水平和阶段特点来看,对于入境旅游的倾斜政策在相当长的时期内是必需的。

第一,中国拥有发展旅游项目的丰富资源,而旅游服务贸易也将为中国成为世界服务贸易大国起着重要的支撑作用,旅游项目的国际收支顺差也将成为降低和扭转中国服务贸易国际收支逆差的关键项目。

第二,根据世界旅游市场发展的一般规律,人均GDP超过3 000美元,洲际旅游需求才会兴盛。从旅游市场发展规律看,中国尚不具备大规模发展出境旅游的经济基础。

(二) 旅游服务贸易发展经济效应的长期机制

凯恩斯采用的是短期、静态均衡分析方法。现代经济理论认为,一国对外贸易对经济增长的贡献,可以从短期和长期两个角度来分析。从短期看,一国的经济增长主要取决于投资需求、消费需求和净出口需求三个因素。但是如果从长期供给的角度分析,经济增长的主要因素则是要素供给的增加和全要素生产率的提高两大类。旅游服务贸易影响经济增长的渠道也不会超越这两个基本途径或渠道。

1. 旅游服务贸易发展与要素报酬

对于贸易与要素间关系的讨论主要体现在古典与新古典贸易理论中。古典经济学家亚当·斯密和李嘉图对于贸易与要素间关系的解释主要基于劳动价值论基础,古典贸易理论假定经济中只存在劳动这一种生产要素,各国贸易的基础是基于劳动生产率不同引起的比较优势,而贸易对经济增长的影响也主要通过劳动工资的比率变化来体现。新古典贸易理论主要以要素禀赋为基础,认为国际贸易可以使贸易双方获利,此外新古典贸易理论还阐述了贸易与要素的关系,其中最具代表性的理论是要素禀赋理论(H-O理论)、要素价格均等化定理(H-O-S定理)、斯托帕—萨缪尔森定理(S-S定理)和罗伯津斯基定理(R定理)。

H-O定理和H-O-S定理涉及国际要素和商品价格的变化趋势;S-S定理和R定理则涉及了国内要素价格变化间的关系。因而旅游服务贸易对国内旅游服务生产要素的影响可以在两个递进的步骤下进行:第一是要素收益在国际的传递,第二是要素价格在国内各区域间的传递。

2. 旅游服务贸易发展与全要素生产率

经济增长的来源主要可以分为两类因素:一类是生产要素资源数量规模的增加;另一类是生产要素、生产手段、生产模式或产品技术进步等因素引致的经济增长。第二类因素可以统称为技术进步因素,而根据技术进步来源方式的差异又可将经济增长划分为外生经济增长和内生经济增长两类。外生经济增长理论认为技术进步如天赐之物,是外生的,经济增长依赖于外生人口增长率和投资增长率等要素,以上古典贸易理论和新古典贸易理论皆属于外生经济增长类别;内生经济增长理论认为技术进步来源于经济活动本身,如研究与开发、教育与培训、干中学等,技术进步是内生的,如新贸易理论以及新兴古典贸易理论都属于内生经济增长类别。

从贸易理论的发展路径以及经济增长模型的发展来看,贸易促进经济增长的理论渠道多种多样,各种渠道间的作用有增强作用,也有相互抵消的作用,但无论如何,各种理论与经济增长间的关系最终都将实际地表现在对经济增长要素的客观影响方面。如对劳动就业的推动、对旅游投资的促进、对地区经济结构的影响、对旅游资源的品牌整合等等。

二、旅游服务贸易政策

旅游服务贸易政策是一个国家或地区在一定时期开展旅游服务贸易时所遵循的国际规则、国际惯例和有关的对外法律、规章、制度和措施的总和,既是一个国家或地区开展旅游服务贸易的政策依据和准则,又是开拓国际旅游市场和促进旅游服务贸易发展的重要措施和手段。

旅游服务贸易政策既是一个国家对外贸易政策的重要内容,也是各国对外总政策的重要组成,其内容一般包括旅游服务贸易总政策、出入境旅游政策、旅游要素进出口政策和旅游服务贸易国别政策等。

(一) 旅游服务贸易总政策

旅游服务贸易总政策指一个国家或地区从整个国民经济出发,根据其经济社会发展状况和总体发展战略,结合国际旅游发展水平和在国际市场中的地位,在一定时期内制定并实施的有关旅游服务贸易的基本政策。通常可分为自由贸易政策和保护贸易政策两大类。

从国际旅游发展的实际看,大多数发达国家或地区通常采取自由贸易政策。但随着全球性问题和矛盾的日益凸显,许多发达国家或地区也在总体实行自由贸易政策的基础上,采取一定的贸易保护政策措施,以维护和加强其在国际旅游市场上的主导地位和竞争优势,甚至把旅游服务贸易政策作为实现其政治利益的重要工具,使旅游服务贸易政策的政治属性日益明显。

保护贸易政策一般是发展中国家或地区所采取的政策。在旅游服务贸易中,一方面限制外国旅游企业的进入和旅游生产要素的流动,以保护本国旅游市场和旅游企业的利益,促进旅游服务贸易的出口,赚取更多的外汇收入;另一方面,通过一定程度上限制国内出境旅游,以减少本国国民收入和外汇的流出,为平衡国际收支做出贡献。此外,发展中国家或地区实行保护性的旅游服务贸易政策,还往往出自国家利益中的文化利益保护的需要,通过限制入境或出境旅游规模来减少外来文化的冲击和影响。

(二)国际出入境旅游政策

国际出入境旅游政策是一个国家或地区在旅游服务贸易总政策指导下,根据本国旅游发展的状况和水平,制定的有关国际出境和入境旅游的具体政策,是一个国家或地区进行旅游服务贸易的重要政策。具体分为出境旅游政策和入境旅游政策两个方面。

出境旅游政策是指一个国家或地区有关本国或本地区居民出境旅游的政策。由于出境旅游一般会引起国民收入和外汇的流出,从而导致国民财富的漏出,使许多国家或地区,特别是发展中国家或地区都会采取一定的政策而限制出境旅游,即使是发达国家或地区,在特定时期内或特殊情况下也会采取一定的政策措施,限制本国居民的出境旅游。

入境旅游政策指一个国家或地区在遵循旅游服务贸易国际规则的基础上,通过制定有关入境旅游的法律法规、制度和措施,采取更加开放的政策措施来促进入境旅游发展政策。由于大力发展入境旅游,不仅能够增强旅游服务贸易出口能力,促进本国对外贸易的发展;而且能够增加外汇收入和平衡国际收支,积累国内建设资金,促进本国或地区经济社会发展。因此,具备旅游服务出口国家或地区普遍都采取积极的入境旅游政策,来推动本国或本地区旅游服务贸易的发展。

(三)旅游要素进出口政策

旅游要素进出口政策指一个国家或地区对于旅游人才、资金、技术和管理的进口和出口的有关政策。因为现代旅游服务贸易的发展,不仅表现为旅游者、旅游服务在国家间的流动,还表现为各国旅游生产要素的国际流动,所以旅游要素进出口政策也是旅游服务贸易政策的重要内容。

在经济全球化、区域一体化和跨国公司发展的背景下,生产要素的国际流动已经成为一个显著的特征。在旅游服务贸易中,许多国家或地区不仅制定积极的旅游要素进口政策,以吸引国外旅游人才、资金、技术和管理的输入,提高本国或本地区旅游产品开发和旅游服务的水平;同时也制定相应的旅游要素出口政策,鼓励本国、本地区旅游企业"走出去",通过人才、技术、管理的输出及对外投资,利用国际和国内旅游要素资源,积极开拓和占领国际旅游市场,不断增强本国旅游企业的国际竞争力,以促进一个国家或地区对外旅游服务贸易的发展。

三、旅游服务贸易国别政策

旅游服务贸易国别政策指根据一个国家的旅游服务贸易总政策，在遵循国际贸易规则的前提下，按照该国对外经济贸易关系的需要，对不同国家或地区采取的有区别的贸易政策、策略和措施，是一国旅游服务贸易政策的重要组成部分。

旅游服务贸易国别政策，包括开放旅游市场、旅游签证政策、差别关税税率、差别优惠待遇等。开放旅游市场，主要是对不同国家或地区开放不同的入境旅游范围，或者不同的出境旅游范围；旅游签证政策，主要指对不同国家或地区的旅游者或其他旅行人员实行不同的签证规定，如免签、口岸签证和入境前签证等；差别关税税率指对不同国家或地区的旅游要素进出口征收不同的关税；差别优惠待遇则是对不同国家或地区的旅游者、投资商、经营者给予不同的政策优惠和待遇。

旅游服务贸易国别政策，主要是为各国的对外贸易总政策服务的，随着各国对外国际关系的发展变化，旅游服务贸易的国别政策也会发生相应的调整和变化。

项目小结

重点概念：

旅游服务贸易	跨境交付
过境消费	自然人移动
商业存在	

练习与测试：

1. 名词解释：旅游服务贸易；商业存在；过境消费
2. 概述旅游服务贸易的原因。
3. 简述旅游服务贸易的经济效应的主要内容。

延伸阅读：

举例阐释和比较旅游服务贸易的不同模式。

实验实训

1. 实训任务

将学生进行编组，每组4—8名同学，组内学生自行分工合作，进行资料收集、整理、制作、美化、展示、汇报等工作。教师可以发布实训任务一览表中的任务，每组同学以此任务作为主题，利用课余时间进行展示材料的整理与制作。在此基础上,教师将利用 2—4 课时时间,用于学生自行汇报展示其工作成果。任务目的在于了解国际贸易的原因、旅游服务贸易的概念与内涵、旅游服务贸易的经济效应等内容。

实训任务一览表

序号	实训任务名称	实训学时
01	国际贸易的原因	2—4
02	旅游服务贸易的内涵及主要模式	
03	旅游服务贸易的经济效应	
04	查找并收集资料,说明不同旅游服务贸易模式	

注:教师可根据需要选用实训项目和学时。

2. 成果要求

每组同学制作完成一份 WORD 文档和一份展示 PPT,WORD 文档用于图文资料的整理汇总,PPT 文件用于课堂汇报展示,并将上述两个文件放入文件夹,命名规则为:班级名称+小组编号+任务名称。

3. 考核标准

评价标准与打分表

项目	考核内容和要求	分值	得分	备注
态度	能够按时完成,积极主动,组内分工合作	20		
内容	导向正确、内容完整、准确、逻辑清晰	20		
形式	格式规范、语言简洁、图表样式美观	20		
展示	仪态形象得当,表达清楚,语言流畅	20		
创新	内容、格式、展示过程有创意,特色明显	20		
	小计	100		

4. 其他备注

_____
_____
_____
_____
_____
_____

项目十 旅游经济增长与发展

【项目目标】

知识目标：了解旅游经济增长和发展的概念，了解两种主要旅游经济增长方式内涵，了解旅游经济发展的影响因素及不同发展模式的异同，理解我国旅游经济发展模式。

技能目标：能够举例说明旅游经济发展的主要模式，理解选择不同旅游经济发展模式的原因。

能力目标：收集、整理、分析相关案例和资料，通过制作、美化、展示、汇报等工作，掌握旅游经济增长理论和旅游经济发展模式。

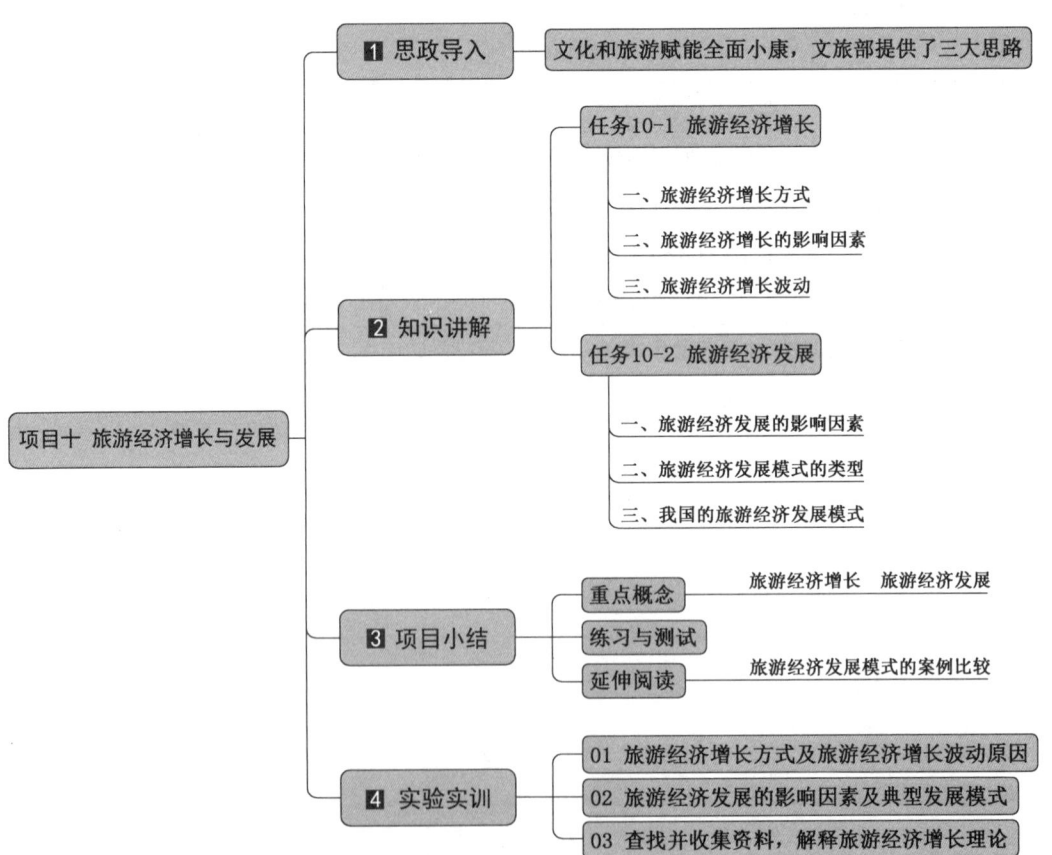

思政导入

文化和旅游赋能全面小康,文旅部提供了三大思路

经济增长与经济发展是两个既紧密联系又不完全相同的概念。如果说经济增长是一个单纯的量的概念,那么经济发展就是比较复杂的"质"的概念。经济发展不仅包括经济增长的速度、增长的平稳程度和结果,而且还包括国民的平均生活质量,如教育水平、健康卫生标准等,以及整个经济结构、社会结构等方面的总体进步。经济发展是经济持续增长的结果,国民生活水平的提高、经济结构和社会形态等的进步也都很大程度上依赖于经济增长。

背景导读:今日,国务院新闻办公室新闻发布会,文化和旅游部部长胡和平从推进文化和旅游扶贫、推动文化繁荣发展和促进旅游高质量发展三方面介绍了文化和旅游赋能全面小康的有关情况。

一是致力推进文化和旅游扶贫,为打赢脱贫攻坚战贡献力量。深入贯彻中央关于决战决胜脱贫攻坚、全面建成小康社会的决策部署,推动贫困地区文化建设和旅游发展纳入新型城镇化建设、乡村振兴等工作大局,实现跨越式发展。立足自身特色,发挥"扶志""扶智"优势,以优秀文艺作品、文化产品引导群众立脱贫志,以特色文化产业、乡村旅游等带动群众走致富路。

二是致力推动文化繁荣发展,为全面建成小康社会凝神聚力。加大舞台艺术和美术创作力度,鼓励文艺工作者多创作、多演出、多办展,提供更多营养丰富、群众喜闻乐见的文化食粮,让人民群众在畅享艺术大餐的同时,振奋全面建成小康社会的精气神。完善覆盖城乡的六级公共文化设施网络,实施文化和旅游惠民工程,支持群众自办文化活动,保障群众享有基本公共文化服务,丰富精神世界、实现全面发展。目前,全国共有群众文艺团体44万多个,每天都有千百万群众在城乡各地跳广场舞、搞大家唱。大力发展文化产业,培育文化市场,丰富优秀文化产品供给,让群众多样化、高品质文化需求得到更好满足,也为国民经济发展提供新动能。2019年,文化及相关产业增加值达44 363亿元,占GDP比重达到4.5%。加强考古和文物保护利用、非物质文化遗产保护传承,让文化遗产"活起来",到博物馆看展览逐渐成为社会新风尚,许多非遗产品进入"寻常百姓家",中华优秀传统文化得到广泛弘扬,全社会文化自信不断增强。

三是致力促进旅游高质量发展,为全面建成小康社会添动能。构

建以 A 级旅游景区、旅游度假区、乡村旅游、红色旅游等为主要载体的旅游产品供给体系,培育体育旅游、工业旅游、研学旅游、沉浸式体验等新业态,产业发展基础更加坚实、群众旅游选项更加多元。利用北京冬奥会契机,吸引越来越多的群众走向冰场、走进雪场,让"三亿人参与冰雪运动"逐步成为现实。把握机构改革契机,推动文化和旅游深度融合,让"诗"和"远方"浑然一体,让人们更好领略自然之美、文化之美、生活之美。利用革命文物、新时代红色地标等资源发展红色旅游,成为许多游客参观游览必选项,2019 年红色旅游人次达到 14.1 亿。培育繁荣有序的国内游、入境游、出境游市场,发展智慧旅游、完善旅游设施,群众享受旅行更方便更快捷、旅游体验更舒适更美好。2019 年,国内旅游总人次超过 60 亿,入出境旅游人次近 3 亿,旅游总收入达 6.63 万亿元,综合带动作用发挥明显。

　　胡和平指出,文旅部将立足新发展阶段、坚持新发展理念、服务和融入新发展格局,坚定文化自信,推进文化铸魂、发挥文化赋能作用,繁荣舞台艺术和美术创作,完善现代公共文化服务体系,保护好传承好利用好文化遗产,推动文化产业提质增效、文化市场繁荣有序,更好满足人民文化需求、增强人民精神力量;促进旅游业高质量发展,完善旅游产品和服务供给体系,繁荣国内旅游、入出境旅游市场,推进旅游为民、发挥旅游带动作用,释放"一业兴、百业旺"的乘数效应;坚持"以文塑旅、以旅彰文",推动文化和旅游融合发展,以文化引领旅游发展、用旅游促进文化繁荣,推动文化和旅游工作开创新局面,为建成社会主义文化强国、建设社会主义现代化国家作出新的更大贡献。

　　来源:刘佳. 文化和旅游如何赋能全面小康?文旅部从这三方面发力[EB/OL]. 人民网,2021-08-27[2023-12-30]. https://ent.people.com.cn/n1/2021/0827/c1012-32210635.html.

　　一般所指的经济发展包含四种含义:一是经济增长,测量指标一般用国民生产总值来衡量经济增长水平和速度。二是结构变迁,即指产业结构的变化,这是广义的产业结构变化,包括分配结构,职业结构,技术结构,产品结构等,以及各个层次上经济结构的变化。三是福利的改善,即社会成员生活水平的提高。发达地区与欠发达地区居民收入水平存在巨大差异,政府必须采取有力的政策措施使欠发达地区的教育、医疗、文化、营养、健康、公益事业等有基本的保障。四是环境与经济可持续发展,即经济发展不能以危害环境为代价,可持续发展要求一个国家或地区的发展不应影响其他国家或地区的发展,可持续性意味着维持人类福利的自然资源基础,使生态环境和经济社会协调发展。

> 知识讲解

任务 10-1　旅游经济增长

旅游业的发展对社会经济发展具有重要作用,对资源、环境和社会文化带来了积极的作用,也有负面的影响,因此研究旅游经济增长及增长方式、增长波动、影响因素,以及旅游经济发展模式显得十分重要。

一、旅游经济增长方式

旅游经济增长是指一个国家或地区在一定时期内,旅游经济在数量上的增加和规模上的扩大,具体表现为旅游经济总产出数量的增加和规模上的扩大,反映了一个国家或地区旅游经济总量的变化状况。

> **学习小贴士:** 经济增长代表的是一国潜在的 GDP 或国民产出的增加。也可以说,当一国生产可能性边界(PPF)向外移动时,就实现了经济增长。与此密切相关的一个概念是人均产出增长率。它决定一国生活水平提高的速度。国家主要关注的是人均产出的增长,因为它将带来平均收入的提高。
>
> 无论是穷国还是富国,经济增长的四个轮子或者说经济增长的要素就是:人力资源,包括劳动供给、教育、纪律、激励等;自然资源,包括土地、矿产、燃料、环境质量等;资本,包括机器、工厂、道路等;技术,包括科学、工程、管理、企业家才能等。通常,经济学家用总生产函数来表明这些因素间的关系。总生产函数将国民总产出、总投入和技术联系在一起。它的数学表达式是:
>
> $$Q=AF(K,L,R)$$
>
> 其中 Q 为产出,K 为资本对产出的贡献,L 为投入的劳动,R 为投入的自然资源,A 代表经济中的技术水平,F 是生产函数。
>
> 每个国家都希望经济增长,但用什么方式实现经济增长,人们却有很多看法。一些经济学家和政策制定者强调务必要增加投资,一些人则主张用政策鼓励研发活动和技术变革,还有一些人看重培训对劳工队伍的作用,另一些人甚至认为推行经济保护主义是很有效的。

旅游经济增长方式是指决定旅游经济增长的各种因素的结合方式和实现旅游经济增长的主要途径。根据现代旅游经济的实践，旅游经济增长方式一般有两种，即粗放型增长方式和集约型增长方式，也称为数量扩展型增长方式和质量效益型增长方式。

(一) 粗放型增长方式

旅游经济粗放型增长方式，是指在旅游生产要素质量、结构和使用效率不变的情况下，主要依靠旅游生产要素的大量投入，即通过大量开发旅游资源、增加旅游投资和劳动力投入来实现旅游经济的增长。粗放型增长方式的实质是以数量增长为中心，其经济效益一般相对较低。如大量观光旅游者虽然可以扩大接待旅游者的规模和数量，但由于观光旅游者的消费支出较低，经济效益通常都不高，对促进旅游经济增长的作用也相对有限。因此，任何国家和地区在旅游业发展初期通常都采取粗放型增长方式，以实现快速的旅游经济数量增长和规模扩大；当旅游经济发展到一定时期后，必然推动旅游经济增长方式的转变，从粗放型转向集约型，以追求旅游经济效益的提高和实现旅游经济的增长。

(二) 集约型增长方式

旅游经济集约型增长方式，是依靠提高旅游生产要素质量和使用效率，优化旅游生产要素组合和利用效率，即通过旅游科技进步和应用，提高劳动者素质和旅游资源、资金、技术和设备的利用率来实现旅游经济的增长。集约型增长方式的实质是以效益增长为中心，其经济效益通常相对较高。

(三) 旅游经济增长方式的转变

旅游经济增长方式是在一定的社会经济历史条件下形成的，并受一定的经济发展水平和经济体制制约和影响。例如，我国旅游业虽然起步较早，但一直发展缓慢，从实行改革开放以后，我国旅游业才真正实现快速发展。到 2002 年接待国际入境过夜旅游者总人数已经达到 3 680 万人次，国际旅游收入达到 203.9 亿美元，迅速跻身于世界旅游接待大国之列，位居世界旅游接待大国的第五位。但是，旅游经济综合效益还不高，国际入境旅游者人均消费水平多年一直徘徊在 1 000 美元左右，与美国、西班牙等旅游发达国家人均消费 1 500 美元相比仍有较大差距。因此，必须加快旅游经济增长方式的转变，走旅游经济集约型增长道路，实现从旅游大国向旅游强国的跨越。

加快旅游经济增长方式的转变，是提高旅游业整体素质和竞争力，参与国际旅游市场竞争的客观需要；是实现旅游经济内涵式增长，不断提高旅游经济效益的客观要求；是合理有效利用旅游资源，加强生态环境保护，实现旅游经济可持续发展的客观要求。为了加快旅游经济增长方式的转变，必须采取以下对策和措施。

（1）积极推动旅游科技进步，这是实现旅游经济集约型增长的基础，尤其是旅游业广泛应用现代高新技术，必将为旅游经济快速增长注入新的动力和活力。

（2）加快旅游教育和培训，不断提高劳动者素质和能力，这是实现旅游经济持续增长的重要保障，也是提高旅游经济整体竞争力的核心内容。

（3）加大旅游经济结构调整力度，改善旅游产品结构，增加高素质旅游客源，合理布局旅游区域结构，优化旅游产业结构，促进旅游经济结构的合理化和高度化发展。

（4）积极推进旅游经济体制改革，建立适应现代市场经济的产权制度和法人治理结构，为旅游经济增长提供制度化保证。

（5）加强旅游管理的现代化，不断提高旅游经济的投入产出效益，促进旅游经济保持合理持续的增长。

二、旅游经济增长的影响因素

旅游经济增长受多种因素影响，主要包括以下几个方面因素：

（一）旅游资源及其开发和利用的程度

资源禀赋一方面决定着一国或一地区能否发展旅游业，另一方面又影响着该国或地区旅游经济的增长。丰富的旅游资源是开发优质旅游产品，吸引众多国内外游客，促进旅游经济增长的前提条件。但值得注意的是，拥有丰富的旅游资源并不一定能实现旅游经济的增长，只有对旅游资源进行科学地开发和有效利用，才能将资源优势转化为经济优势，实现旅游经济的增长与发展。

（二）旅游投资增长率及投资效率

旅游投资是旅游经济中各种投入要素的价值体现。单独的旅游资源并不能自动转化为旅游经济，它必须经过人们有意识的投资活动，将各种要素有机结合起来。因此，旅游经济的增长离不开旅游投资的推动，一般情况下，旅游经济增长率同旅游投资增长率成正比。此外，旅游投资的效率也要影响旅游经济的增长率，在投资总量不变的情况下，投资效率的提高表明投资对旅游经济的推动力量加大，从而旅游经济的增长速度也更高。

(三) 旅游从业人员的数量和质量

旅游从业人员对旅游经济增长的作用是两方面的。一方面，在现有旅游设施设备未能得到充分利用的情况下，旅游从业人员的增加将使原本闲置的各种旅游资源得到利用，从而促进旅游经济的增长；但另一方面，在从业人员已经饱和的情况下，增加人员将会降低劳动生产率，又会制约旅游经济的增长。因此，是否增加从业人员主要看旅游设施设备的使用情况。此外，从业人员的质量对旅游经济增长也有重大影响。一支高素质的旅游从业人员将会大大提高劳动生产率，促进旅游经济的增长。

(四) 旅游科技进步程度及利用情况

旅游科技水平及其利用程度直接影响旅游资源的开发利用程度和旅游产品的吸引力。不断研发新的旅游技术，开发新的旅游产品，将提高现有既定旅游资源的利用和旅游者对旅游产品的需求，从而推动旅游经济的增长。

(五) 旅游业的对外开放水平

现代旅游活动已经发展为一种全球性的经济活动，这就决定了一国旅游经济的增长必然受国际社会的影响和制约。扩大对外开放水平，吸引国外游客进入和消费本国旅游产品，将极大地促进本国旅游经济的增长。同时，加强国际旅游产品、人才、管理技术等的交流和合作，取长补短，相互促进，也会对本国旅游经济增长产生影响。

三、旅游经济增长波动

现代经济发展实践表明，经济增长是在波动中实现的，旅游经济也不例外。从理论上分析，旅游经济增长波动是实际增长偏离潜在增长的反映。所谓旅游经济的实际增长，是指一个国家或地区在一定时期内实际旅游总产出水平的增加；旅游经济的潜在增长，是指所有决定旅游经济增长的条件都处于最优状态下的旅游总产出水平的增加。由于决定旅游经济增长的条件通常不可能都处于最优状态，因此旅游经济增长波动是客观存在的。旅游经济增长波动受多方面因素影响，主要有以下几方面。

(一) 旅游消费需求拉动

旅游消费需求是社会总需求的重要组成部分，也是影响旅游经济增长波动的重要因素。当旅游市场消费需求旺盛时,必然使旅游总需求超过旅游总产出,从而拉动实际的旅游经济快速增长;反之,当旅游市场消费需求不足时,会导致旅游总产出下降,旅游就业人数减少,使实际的旅游经济增长率下降。因此,旅游消费需求的波动变化会引起旅游经济增长的波动,通过刺激和扩大旅游消费需求,就能够促进旅游经济持续稳定的增长。

(二) 旅游者心理预期变化

心理预期是人们对未来旅游经济变化和趋势的一种主观判断和期望,旅游者心理预期的不稳定会直接影响旅游消费和旅游投资行为,从而影响旅游总需求的变化,导致旅游经济增长的波动。因此,树立良好的旅游目的地形象,正确进行旅游产品宣传促销,积极拓展旅游客源市场,保持稳定发展的旅游客源,是引导旅游者心理预期相对稳定、保证旅游消费需求不断扩大、实现旅游经济平稳增长的重要方法和手段。

(三) 旅游投资增长率变动

一般而言,旅游投资增长率与旅游经济增长率呈正相关关系。当旅游投资增长率保持在积累率允许的合理范围内,则旅游投资的增长必将促进旅游经济呈正常波动增长;反之,旅游投资增长率超过积累率允许的合理范围后,要么会因为旅游投资不足而引起旅游总供给不足,难以满足旅游消费需求增长的需要,要么会因为旅游投资过度而导致旅游要素供给不配套,难以形成新的旅游生产力。以上两种情况的结果都会使实际旅游经济增长率下降。

(四) 旅游要素资源供给状况

旅游经济增长过程也是各种旅游生产要素有效组合和利用的过程。当各种旅游生产要素(包括旅游资源、劳动力、资本要素)供给得到充分保障,并合理组合和最佳利用时,旅游经济就会保持快速增长;反之,当各种旅游生产要素供给不足,或者组合和利用不合理时,旅游经济增长就缓慢,甚至出现下降。因此,旅游要素资源供给是否适当,是否有效组合和最佳利用,就成为旅游经济保持平稳增长的重要影响因素。

(五) 政治经济形势变化

现代旅游经济是一种对环境依赖性较强的经济,因此旅游经济增长对政治经济形势的变化十分敏感。当国内外政治经济形势稳定时,旅游经济就呈现出平稳增长的态势;当国内外政治经济形势变动较大时,旅游经济增长就会出现波动,甚至出现超常波动。因此,政治经济形势变化对旅游经济增长波动具有重要的影响。

任务 10-2 旅游经济发展

旅游经济发展与旅游经济增长是两个既相互联系又不完全相同的概念。旅游经济发展比旅游经济增长内容更加广泛、内涵更加深刻。旅游经济发展不仅包括旅游经济总量的增长,还包括旅游服务质量提升、旅游经济结构优化、旅游资源有效利用、旅游生态环境改善、旅游经济效益提高和人们生活质量不断改善等,即整个旅游经济质的变化和提升。

一、旅游经济发展的影响因素

在现代市场经济条件下,旅游经济发展受许多因素的作用和影响,主要的因素有旅游经济结构、旅游资源开发及利用程度、自然生态环境、人民的生活水平、对外开放的程度以及国际政治形势等。

(一) 旅游经济结构与旅游经济发展

旅游经济结构通常包括旅游产品结构、市场结构、消费结构、产业结构、区域结构、管理结构等。旅游经济发展既离不开旅游经济总量的增长,也离不开旅游经济结构的合理化和高度化。

在旅游经济发展过程中旅游经济结构是否合理,直接关系到旅游经济增长的速度和旅游经济发展的质量。因此,从旅游经济发展的角度考虑,不能片面追求旅游经济的高速增长,必须在旅游经济增长的同时努力促进旅游经济结构的优化,实现旅游经济结构的合理化和高度化。

优化旅游结构的根本目的,是要使旅游资源得到合理地开发利用,使旅游供给体系不断完善和提高,使旅游产业结构更加合理和优化,使旅游产业外部和内部各种重要比例关系不断趋于协调,并不断向高级化方向发展,从而充分有效地发挥旅游经济的产业功能和经济优势,全面提高旅游业的综合经济效益,促进旅游经济快速增长和持续发展。

(二) 旅游资源利用与旅游经济发展

在现代旅游经济中,旅游资源作为旅游的对象物或客体与旅游经济发展有密不可分的关系,旅游资源的本质就是能够激发旅游者的旅游动机和行为,具有吸引旅游者的功能,因此旅游资源是旅游经济发展的物质基础。

旅游资源是能够为旅游业所利用的一切自然资源和人文资源的集合,其丰裕程度仅仅意味着自然和社会所赋予的资源优势,但还不是社会财富,要使旅游资源优势转化为经济优势并形成社会财富,就必须开发和利用旅游资源。因此,从旅游资源的角度看,旅游经济发展是指人们以经济效益为目的,以满足旅游者需求为重点,为了充分发挥旅游资源的吸引力,而围绕旅游资源所进行的一系列开发和建设的活动。通常,对旅游资源开发合理得当,会使旅游资源得到有效利用,不仅满足当代人的旅游需求,而且能够持续造福于子孙。但是,如果对旅游资源的开发利用和管理不当,就会造成旅游资源的破坏和毁损,从而影响旅游经济的可持续发展。

(三) 自然生态环境与旅游经济发展

良好的生态环境是旅游经济发展的前提和基础,因为任何旅游活动都是人类与周围环境进行物质和能量交换的过程,没有良好的生态环境就没有旅游。

旅游区的自然生态环境是旅游区地貌、空气、水和动植物等生态因子的总称,这些生态的有机结合促成了优美的旅游区环境。从人类审美的心理需求来看,自然景观美是基础,在一个空气污浊、水体污染、四周嘈杂的环境中,游客是无法去领略、欣赏、体会具体游览对象的各种美学特征的。特别是随着生产的发展和科技的进步,人们的闲暇时间逐步增加,城市居民外出旅游、回归自然,借自然环境的洁净达到锻炼和疗养身心的愿望正日益高涨。

由此可见,旅游经济发展与生态环境是紧密联系在一起的。旅游经济发展的实质就是利用优美的自然环境条件,按照人们的要求进行改善和提高,形成各种各样的风景旅游区和良好的旅游环境,满足人们不断增长的旅游需求。但是,如果在旅游经济发展中不重视生态环境保护,就可能对生态环境造成破坏,最终影响和制约旅游经济的可持续发展。

(四) 人们生活质量与旅游经济发展

旅游经济发展与人们的生活质量也是密切相关的。伴随社会经济的发展、人们生活水平的提高和生活方式及消费观念的改变,旅游已不仅仅是早期旅游观光、短期商务旅游等简单概念,它已经成为社会经济活动、人们工作和生活的重要组成部分。旅游不仅满足了人们的高层次文化与精神消费需求,而且对人们的身体健康也有益无害,因此随着人们收入水平的提高和生活质量的改善,人们对高层次精神文化的消费比重相对提高,必然增加对旅游产品的消费支出,从而促进旅游经济的不断发展。对于我国而言,进入21世纪以来,随着新兴中产阶层的逐步形成,个性化休闲度假时尚生活更是引领中国社会消费的新模式。

(五)国际形势与旅游经济发展

随着世界经济全球化加速,国际贸易自由化趋势加强,世界各国、各地区之间双边或多边政治、经济、文化交流日益密切。国际形势不断发生变化,各国社会经济发展也会不断调整,而国际、国内宏观环境的变化,也将影响国家旅游政策的调整,进而影响旅游经济发展的方向、方式和特点。

旅游经济的发展依赖世界政治经济形势的发展,相对乐观的经济预测为未来旅游业发展描绘了美好的蓝图。世界各国宏观经济政策的不断调整,贸易与投资的普遍增长,信息技术的急剧扩散以及私营企业的异常活跃,有利于全球经济的恢复与振兴。

当然,最近几年来,世界政治经济形势也存在不少令人忧虑之处。例如,战争与战后恢复,恐怖活动与反恐活动,灾难与灾后重建,高速经济发展与资源环境的制约等,其影响在不同的地区和时期会有不同的反应,这些因素会对世界旅游经济的发展产生消极影响。

二、旅游经济发展模式的类型

旅游经济发展模式是指旅游经济发展的基本运行方式和管理体制。具体地讲,旅游经济发展模式是以旅游经济发展的主要内容为目标,在一定社会经济条件下所形成的旅游经济运行方式和管理体制。由于旅游经济发展是与社会经济的发达程度及发展水平密切联系的,因此世界各国在地理位置、资源条件及政治、经济、文化等方面的差异,必然使世界各国旅游经济的发展模式不尽相同。

(一)超前型旅游产业发展模式和滞后型旅游产业发展模式

从旅游业的形成、发展及其与国民经济的关系出发,可分为超前型旅游产业发展模式和滞后型旅游产业发展模式。

1. 超前型发展模式

超前型旅游产业发展模式是指旅游业的形成与发展超越了国民经济总体发展的一定阶段,通过发展旅游业来带动和促进国民经济中与其相关联的其他产业和地区发展的一种发展模式。这种发展模式一般发生在经济欠发达的发展中国家,可以利用自己拥有的丰富的旅游资源,在本国政府的支持下首先发展入境旅游业,以获取经济发展所需要的外汇和推动相关产业和地区的发展。采取这种发展模式必须具备三个条件:第一,足以吸引旅游者的旅游吸引物是确定发展模式的内部条件;第二,在境外存在着对其旅游资源相应的旅游需求,并有必要的外部资金的注入,这是确定发展模式的外部条件;第三,政府的政策支持是确定发展模式的前提条件。

2. 滞后型发展模式

滞后型旅游产业发展模式又称自然发展型模式,它是国民经济发展到一定阶段后,旅游业自然形成和发展起来的一种模式。由于这种发展模式是建立在国民经济发展的基础上,即随着经济的发展,人们收入水平的提高,社会生产力水平的提高,人们的闲暇时间也随之增多,这样一方面在居民当中产生了对旅游的需求,另一方面社会也具备了适应这种需要的条件,因而滞后型旅游发展模式是一种常规的旅游产业发展模式,也反映了旅游经济活动发展的客观规律。

(二) 市场型旅游产业发展模式和政府主导型旅游产业发展模式

从旅游业发展的调节机制出发,可分为市场型旅游产业发展模式和政府主导型旅游产业发展模式。

1. 市场型旅游产业发展模式

市场型旅游产业发展模式是指旅游产业的发展主要依靠市场调节机制来推动的一种发展模式。市场调节机制主要包括价格、供求关系和竞争等。在这些机制的作用下,实现旅游产业资源的有效配置,推动旅游产业内部的自行调节和自行均衡,在供求不均衡—均衡—不均衡的适应和不适应的矛盾运动中实现发展。这种发展模式具有如下三个特点:第一,旅游产业发展主要依靠市场机制来实现旅游产业内部的自行调节和自行均衡;第二,政府的作用是间接的,主要通过一定的市场参数来实现调节;第三,国家产业政策对旅游产业的影响主要侧重于市场需求。

2. 政府主导型旅游产业发展模式

政府主导型旅游产业发展模式是指以各个时期旅游产业发展规划或通过制定旅游产业政策来实现其发展的一种发展模式。它通过制定旅游规划或旅游产业政策来制定各个时期旅游产业发展的战略、目标和实现战略目标的各种对策和措施,从而达到干预旅游产业发展的目标。这些对策和措施既有行政的、经济的和法律的,也不排除利用市场调节机制作用,然而相对于政府宏观调控来说,市场调节居于辅助地位。一般来说,这种旅游产业发展模式主要发生在下面两种情况:一种是具有传统干预和控制经济做法的国家或地区,另外一种是需要在短期内推进旅游经济快速发展的国家或地区。

(三) 延伸型旅游产业发展模式和推进型旅游产业发展模式

从旅游产业发展类别的先后顺序出发,可划分为延伸型旅游产业发展模式和推进型旅游产业发展模式。

1. 延伸型旅游产业发展模式

延伸型旅游产业发展模式是指旅游业的发展以发展国内旅游为先导,在国内形成旅游产业基础,再发展入境和出境旅游,最终实现国内旅游、入境旅游和出境旅游全方位发展的模式。这种模式的特点是由境内向境外延伸,在社会经济发展的基础上自然形成的。

2. 推进型旅游产业发展模式

推进型旅游产业发展模式是指先以发展入境旅游为主,在初级入境旅游产业基本形成的基础上,逐步规范、扩大入境旅游产业,直接激活和发展国内旅游,最终实现入境旅游的规模化和效益化,进而推动国内旅游和适度出境旅游的全面发展。

(四) 经济发展导向型旅游产业发展模式和创汇型创收导向型旅游产业发展模式

从旅游业发展的目标和基本任务出发,可划分为经济发展导向型旅游产业发展模式和创汇型创收导向型旅游产业发展模式。经济发展导向型模式是指把促进本地区国民经济总体发展,作为发展旅游业基本考虑的目标和任务;创汇创收导向型模式是指以获取旅游业的直接收入作为发展旅游业基本考虑的目标和任务。

上述两种模式并不矛盾,而是相辅相成的。旅游业是综合性产业,带动相关行业的能力非常强,带动的产业越多,创汇创收越多,对国家和地区国民经济发展的贡献越大。

三、我国旅游经济发展模式

结合我国旅游业发展现状和基本国情,中国旅游经济发展模式应选择以下几种。

（一）旅游经济的超前发展模式

世界旅游经济实践表明，各国在旅游发展模式上，可以有两种选择：一种是超前型发展战略模式；另一种是滞后型发展战略模式。超前型和滞后型发展战略模式，是不同经济条件下的世界各国在旅游发展道路上的两种选择，具有一定的客观必然性。与此同时，两种发展战略模式的运行环境和经济特点有着明显的差异。超前型发展战略模式的适应条件是：旅游的自然环境条件较好，旅游资源拥有量大且旅游产品吸引力强。适应范围主要是：经济基础较好的沿海地区和旅游资源丰厚且开发程度较高的地区。由于超前型发展战略模式是建立在国民经济较低水平之上的，因此该战略追求的不是本行业内在的经济效益而是旅游经济的波及效益，即利用旅游经济综合性特点，通过对旅游业的高强度投入，全面带动国民经济相关行业的发展。旅游业发展的兴衰，已经不是旅游业本身的问题，而是国民经济全行业发展的问题。旅游业的作用不仅是获取外汇和回笼货币，而且已成为经济腾飞的突破口。人们常说的"旅游搭台，经贸唱戏"就是这种战略下旅游业功能的形象化说明。

我国旅游业是伴随对外开放政策的实施而发展起来的一个新兴产业。从产业运行环境来看，这种产业是建立在较弱的经济基础之上的，要使旅游业在短期内形成较强的产业体系，就要加大对旅游业的资金投入。因此，从短期效益分析，产业的投入与产出严重失衡，在这种情况下，旅游业本身所具有的"投资少、见效快、收益大"的经济特性难以充分体现。如果仅从旅游产业自身效益分析，在国民经济基础较弱的条件下，旅游产业的投入似乎是没有道理的。但是，如果从旅游产业的宏观功能去分析，以下三点是值得思考的。

首先，从 1978 年以后，我国逐渐改变对外封闭的政策，打开国门，向全世界开放。实行对外开放政策，必须寻找一个开放的"切入点"，而这个"切入点"就是旅游业。旅游业是一个具有特殊优势的外向型国际性产业，它的运行依赖于世界范围的客源不断地注入，通过旅游业的发展可以广泛地吸引世界各国的旅游者，向他们提供产品和服务。大量来自世界各国的旅游者通过旅游这个对外窗口，了解我国对外开放的方针、政策及投资的各种有利环境，有利于我国对外开放政策的落实。

其次，旅游业具有较强的综合性特点。旅游产业体系的形成，涉及众多的相关产业，对旅游业高强度的资金投入，可以带动一定区域范围内国民经济的全面发展。尤其对那些拥有较丰富旅游资源的地区，旅游业的带动作用更为显著。

最后，中国经济大发展的历史时期里，需要借助国外的先进技术与设备。从国外引进技术与设备，就必须建立一大批创汇能力大、见效快的产业，以满足技术与设备引进对外汇资金的需要。与其他产业相比较，作为外向型产业之一的旅游业，在获取外汇方面，具有得天独厚的产业优势。大力发展旅游产业，在一个较短的时期内，可以得到一定数量的外汇流入，对于亟需外汇又缺乏强有力创汇产业的国家，不失为一种行之有效的举措。

综上所述，中国旅游经济发展现状和基本国情，使得中国的旅游业发展必须采取超前型发展战略。按照这种发展战略模式，在评价中国旅游产业运行质量时，不能就其产业内在效益去评价，而应从旅游产业外部效益，特别是从波及与连带效益方面去评价，只有这样才能对中国旅游业发展作出客观评价，提高对发展旅游业的认识。

(二) 旅游经济的推进式发展模式

世界旅游业有两种发展模式：一种是国内旅游向国际旅游延伸的常规发展模式；一种是国际旅游向国内旅游推进的非常规发展模式。所谓国内旅游向国际旅游延伸发展模式，是一种先发展国内旅游，通过国内旅游的发展、旅游地域的延伸，形成出境旅游，然后再发展国际接待旅游的模式。从社会经济背景来看，延伸发展模式的引入是内聚式生活消费方式的变化。在一些国家里，随着生产力水平的提高、科学技术的进步、工作节奏的加快，人们的生活方式也得到改变。在紧张工作和生活环境压抑下，人们需要暂时摆脱枯燥的城市生活环境，到大自然中寻求精神上的调整和体力上的恢复，于是旅游消费就成为这些国家居民生活消费的重要组成部分。最初，居民的旅游活动仅限于国内地域范围，随着国际政治经济关系的改善和旅游需求力度的增强，国内地域已不能适应旅游活动发展的需要，人们开始走出国门，去领略异国的自然风光和风土人情。发达国家以国内旅游为主的旅游结构，不仅充分满足了国内居民的旅游需要，而且伴随国际旅游需求的增长，原先用于本国居民的旅游资源和旅游设施，也逐渐用于接待外国旅游者，从而出现了国内旅游与国际旅游协调发展的局面。

所谓国际旅游向国内旅游推进模式，是一种先发展国际接待旅游，然后发展国内旅游，随着社会经济的发展和人民生活水平的提高，再发展出境旅游，最终形成以国内旅游为主、国内旅游与国际旅游协调发展的模式。这是一种先发展国际接待旅游，通过国际接待旅游的发展，来全面带动以城市为主体范围的旅游资源的开发、旅游设施的建设，逐渐形成以中心城市为重心的国际旅游体系。随着国内经济的发展，人民生活水平的提高，国内居民的旅游活动开始引入，成为这个体系的一个组成部分。

中国的社会条件、经济条件和消费条件决定,我国旅游业发展只能采用推进发展战略模式。采用这一模式使得我国旅游业发展具有以下几个基本特点:一是旅游业发展以基础和资源条件较好的城市为中心,由旅游城市向其他地区推进,逐渐形成我国的旅游业体系。因此,旅游城市便构成中国旅游业发展的基本框架。不论是旅游资源的开发、设施的建设,还是线路的设置、区域的划分,都是以旅游城市为依托的。二是旅游资源的开发是以现存的自然与人文景观为基础,由观光型旅游资源为主向混合型旅游资源推进。因此,目前中国旅游目的地大多是由自然景观与人文景观较为丰富的地区所构成的。三是旅游的组织方式,是以全程旅游路线为主体,由路线型产品向板块型产品推进,逐步形成路线型产品为基础,主题型产品与特种型产品为主体的旅游产品体系。四是旅游设施的建设以高等级为主体,由高档设施向中、低档设施推进,最终形成以中档旅游设施为主体,高、中、低相结合的旅游设施体系。

(三) 旅游经济跳跃式非均衡发展模式

旅游经济的跳跃式非均衡发展包含两层含义:跳跃式发展和非均衡发展。所谓跳跃式发展是指旅游业发展在历史阶段上的超越性,在较短的时间内走完常规发展的历程,这是在时间意义上的发展;所谓非均衡发展是指旅游业发展在地区布局上的不均匀状态,使旅游业在不同国家或地区的地位与作用不同,这是在空间意义上的发展。

从时间发展的意义而言,中国旅游经济发展应充分利用国情特点,选择跳跃式发展战略,有可能较快地跨越单一的接待海外入境旅游者阶段,而进入接待海外入境旅游者和接待国内旅游者共同发展的阶段,从而形成具有特色的旅游产业发展道路。这一判断的依据如下:

(1) 中国的旅游经济基础国情兼具发达国家与发展中国家双重特征。一方面由于人口众多,造成人均水平的诸多指标在世界各国排序中处于较低水平,表现出不发达的特点;但是另一方面国家整体经济实力并不弱,1988年已居世界第8位,产业门类齐全,特别是旅游所依托的相关部门已初具规模。旅游业是天然的外向型产业,国家总体对外实力水平至关重要,国家经济实力完全能够支撑我国成为入境旅游业的接待大国。

(2) 中国旅游业的客源市场广阔丰富。目前中国远离欧美等主要国外旅游客源产出地,使入境旅游规模受限且风险较大。但从长远来看,我国拥有可替代的巨大新市场,表现在拥有大量具有血统亲缘的华裔客源;拥有日本、东南亚等为代表的邻近国家或地区的旅游客源市场;再加上国内发达地区自然产生和"示范效应"激发的国内旅游者数量可观。多层次多渠道的巨大客源市场,将促使我国旅游业实现跳跃式发展。

从空间意义而言,国际上拥有旅游发达城市或国土面积相对狭小的国家,旅游业成为国民经济支柱产业甚至主体产业者不乏其例,如意大利、西班牙、奥地利、泰国、新加坡等。但是在美国、日本、德国等工业发达国家或旅游接待大国,旅游业都未成为支柱产业。在中国这样经济发展不平衡、地域广阔的国度中,加上旅游业本身具有的脆弱性等因素,决定了在相当长的时期内,旅游业很难成为支撑中国国民经济的支柱产业。但从旅游业在国家总体发展中所处的地位进行判断,并不妨碍旅游业在我国某些具备条件的地区和城市大有作为,如北京、西安、杭州、桂林、昆明、承德、深圳等城市,旅游业完全可能发展成为支柱产业。可以肯定,经过多方面的共同努力和国家对外开放程度的扩大,旅游业同样可以成为主导产业或支持局部地区国民经济与社会发展的重要产业,并将对国民经济的全局发展产生积极的影响。

项目小结

重点概念:

旅游经济增长　　　　旅游经济发展

练习与测试:

1. 名词解释:旅游经济增长;旅游经济发展
2. 概述旅游经济增长的影响因素。
3. 简述旅游经济发展模式的类型。

延伸阅读:

旅游经济发展模式的案例比较。

实验实训

1. 实训任务

将学生进行编组,每组4—8名同学,组内学生自行分工合作,进行资料收集、整理、制作、美化、展示、汇报等工作。教师可以发布实训任务一览表中的任务,每组同学以此任务作为主题,利用课余时间进行展示材料的整理与制作。在此基础上,教师将利用2—4课时时间,用于学生自行汇报展示其工作成果。任务目的在于了解旅游经济增长的内涵、增长方式,了解旅游经济发展的影响因素及典型模式,了解旅游经济增长相关理论等内容。

实训任务一览表

序号	实训任务名称	实训学时
01	旅游经济增长方式及旅游经济增长波动原因	
02	旅游经济发展的影响因素及典型发展模式	2—4
03	查找并收集资料,解释旅游经济增长理论	

注:教师可根据需要选用实训项目和学时。

2. 成果要求

每组同学制作完成一份 WORD 文档和一份展示 PPT,WORD 文档用于图文资料的整理汇总,PPT 文件用于课堂汇报展示,并将上述两个文件放入文件夹,命名规则为:班级名称+小组编号+任务名称。

3. 考核标准

评价标准与打分表

项目	考核内容和要求	分值	得分	备注
态度	能够按时完成,积极主动,组内分工合作	20		
内容	导向正确,内容完整、准确、逻辑清晰	20		
形式	格式规范、语言简洁、图表样式美观	20		
展示	仪态形象得当,表达清楚,语言流畅	20		
创新	内容、格式、展示过程有创意,特色明显	20		
	小计	100		

4. 其他备注

参考文献

[1] 冯丽萍. 旅游经济学. 北京:北京大学出版社,2008.
[2] 韩云. 旅游经济学导论. 天津:南开大学出版社,2010.
[3] 华桂宏. 经济学基础. 北京:中国人民大学出版社,2023.
[4] 黄国良. 旅游经济学基础. 北京:中国旅游出版社,2011.
[5] 李辉作. 旅游经济学. 北京:电子工业出版社,2009.
[6] 厉新建,张辉. 旅游经济学原理. 北京:旅游教育出版社,2008.
[7] 李志强,陈小刚. 经济学基础. 北京:北京出版社,2018.
[8] 李仲广. 旅游经济学——模型与方法. 北京:中国旅游出版社,2006.
[9] 刘徐方,高伟. 经济学基础. 北京:清华大学出版社,2022.
[10] 吕宛青. 旅游经济学. 北京:科学出版社,2009.
[11] 张建春,金世胜. 旅游经济学. 北京:高等教育出版社,2001.
[12] 罗明义. 旅游经济学. 北京:北京师范大学出版社,2009.
[13] 罗明义. 旅游经济学·分析方法·案例. 天津:南开大学出版社,2005.
[14] 罗明义,毛剑梅. 旅游服务贸易:理论·政策·实务. 昆明:云南大学出版社,2007.
[15] 田里. 旅游经济学. 2版. 北京:高等教育出版社,2006.
[16] 徐虹,秦达郅. 旅游经济学. 天津:南开大学出版社,2020.
[17] 王梓,张满林. 旅游经济学. 北京:中国林业出版社,2008.
[18] 魏鹏,杜婷. 旅游经济学. 北京:北京大学出版社,2016.
[19] 武瑞营,刘荣. 旅游经济学. 北京:化学工业出版社,2008.
[20] 杨爱华,苗长川. 旅游经济学. 北京:清华大学出版社,2009.
[21] 杨连升. 旅游经济学. 北京:现代教育出版社,2011.
[22] 张建春,金世胜. 旅游经济学. 北京:高等教育出版社,2001.
[23] 赵士德. 旅游经济学. 合肥:合肥工业大学出版社,2009.
[24] 〔美〕威廉·诺德豪斯,保罗·萨缪尔森. 经济学. 18版. 萧琛,译. 北京:人民邮电出版社,2008.
[25] 〔英〕亚德里恩·布尔. 旅游经济学. 大连:东北财经大学出版社,2004.
[26] 〔英〕约翰·斯沃布鲁克,苏珊·霍纳. 旅游消费者行为学. 北京:电子工业出版社,2004.